Fragen des Deutschen und Europäischen Insolvenzrechts

Schriftenreihe des Centrum
für Deutsches & Europäisches
Insolvenzrecht

Herausgegeben von Stefan Smid, Silke Wehdeking
und Mark Zeuner

Band 1

PL ACADEMIC RESEARCH

Stefan Smid (Hrsg.)

Fragen des Deutschen und Europäischen Insolvenzrechts

10. Kieler Insolvenzsymposium

PL ACADEMIC RESEARCH

Bibliografische Information der Deutschen Nationalbibliothek
Die Deutsche Nationalbibliothek verzeichnet diese Publikation in der Deutschen Nationalbibliografie; detaillierte bibliografische Daten sind im Internet über http://dnb.d-nb.de abrufbar.

ISSN 2194-4881
ISBN 978-3-631-66852-8 (Print)
E-ISBN 978-3-653-06085-0 (E-Book)
DOI 10.3726/978-3-653-06085-0

PL Academic Research ist ein Imprint der Peter Lang GmbH.

Peter Lang – Frankfurt am Main · Bern · Bruxelles · New York · Oxford · Warszawa · Wien

Diese Publikation wurde begutachtet.

www.peterlang.com

Vorwort

Der vorliegende Band der auf dem X. Kieler Insolvenzrechtlichen Symposium gehaltenen Vorträge deckt das Feld des gesamten Insolvenzrechts ab: Von praktisch höchst bedeutsamen Zuständigkeitsfragen internationalen europäischen Insolvenzrecht grenzüberschreitender Insolvenzen, dem bislang noch nicht ausgeleuchteten Recht der Genussrechte in der Insolvenz über insolvenzstraf- und insolvenzsteuerrechtliche Probleme, das insolvenzrechtliche Vergütungsrecht, das Gegenstand heftiger Diskussionen ist, nur scheinbar ausdiskutierten Fragen der Aus- und Absonderungsrechte bis hin zu Fragen des Verhältnisses von Insolvenzrecht und Gesellschaftsrecht reicht der Bogen der Themen, die verhandelt worden sind.

Der Reiz des Kieler Insolvenzrechtssymposiums speist sich aus den Begegnungen von Juristinnen und Juristen aus den verschiedenen Bereichen insolvenzrechtlicher Arbeitsfelder, aus denen die Lebhaftigkeit der vielen Diskussionen zu den Referaten und über die Arbeitssitzungen hinaus hervorgeht. Die Bandbreite dieser Diskussionen wird durch die hier wiedergegebenen Referate dokumentiert.

Stefan Smid (Hrsg.) Kiel, Juli 2015

Verzeichnis der Verfasser und ihrer Beiträge

Beitrag 1:
Aussonderung massefremder Gegenstände
Univ. Prof. Dr. Stefan Smid, Christian-Albrechts-Universität zu Kiel,
Max H. Kornhagen, studentische Hilfskraft am Lehrstuhl für Bürgerliches Recht und Zivilprozessrecht von Herrn Univ.-Prof. Dr. Stefan Smid, Christian-Albrechts-Universität zu Kiel

Beitrag 2:
Aktuelle Entwicklung des Vergütungsrechts
Richter am Amtsgericht Potsdam **Dr. Thorsten Graeber**

Beitrag 3:
Eine Strafnorm § 283c StGB – Die Gläubigerbegünstigung
Oberstaatsanwalt beim Landgericht Stuttgart **Dr. Hans Richter**

Beitrag 4:
Gesellschaftsrecht in Krise und Insolvenz
Rechtsanwalt und Notar **Prof. Rolf Rattunde** – Leonhard Rattunde, Berlin

Beitrag 5:
Offene Rechtsfragen bei der internationalen Zuständigkeit nach der EuInsVO
Univ. Prof. Dr. Andreas Konecny, Universität Wien

Beitrag 6:
Unternehmensrefinanzierung durch Genussrechte – Eigenkapitalähnliche (hybride) Finanzinstrumente und ihre Rolle in der Insolvenz
Dr. Friedrich L. Cranshaw, vorm. Banksyndikus/Leiter Abteilung Recht LBBW

Beitrag 7:
Sanierungssteuerrecht
Rechtsanwalt **Prof. Dr. Jan Roth** – Jost Roth Collegen Rechtsanwälte, Frankfurt a.M.

Inhaltsverzeichnis

Prof. Dr. Stefan Smid* und Max H. Kornhagen**

Aussonderung massefremder Gegenstände

In the introductory lecture „Segregation of assets not belonging to the insolvency estate", the segregation pursuant to Section 47 of the German Insolvency Act {Insolvenzordnung (InsO)} is discussed as such on the basis of three select exemplary cases. In doing so, the implementation of the segregation process in practice is examined in detail, whereby individual problems — in particular the disclosure obligation of the insolvency administrator vis-á-vis the beneficiary of the segregation and the distribution of the costs of segregation among the participants — are substantiated.

I. Einleitung

Das in der Insolvenzordnung in § 47 normierte „Aussonderungsrecht" ist sowohl den meisten Rechtstheoretikern und Studenten als auch den in der Praxis tätigen Insolvenzverwaltern und Richtern als solches bekannt. Jedoch wäre es – wie sich im Folgenden zeigen wird – ein Trugschluss, wenn man deshalb davon ausginge, dass das Recht der Aussonderung weniger diskussionswürdig sei als beispielsweise andere im Insolvenzrecht zu diskutierende oder sich im Rahmen eines Insolvenzverfahrens ergebende Probleme. Vielmehr wird aus folgendem Vortrag deutlich, dass sich bei der Realisierung der Aussonderung viele Probleme und Fragen auf Seiten aller Beteiligten ergeben können, die nach Lösungen und Antworten verlangen.

Der Vortrag vergleicht anhand drei ausgewählter Beispielsfälle zunächst das Aussonderungsrecht in der Theorie mit dem Aussonderungsvorgang in der Praxis und konkretisiert dabei einzelne Probleme wie das Auseinanderbauen von Aussonderungsgegenständen, die Ermittlungs- und Auskunftspflicht des Insolvenzverwalters sowie die Verteilung der einzelnen, im Rahmen der Aussonderung anfallenden Kosten zwischen allen Beteiligten.

* Der Autor ist Inhaber des Lehrstuhls für Bürgerliches Recht und Zivilprozessrecht an der Christian-Albrechts-Universität zu Kiel und Leiter des Centrums für Deutsches und Europäisches Insolvenzrecht.

** Der Autor ist stud. Hilfskraft am Lehrstuhl für Bürgerliches Recht und Zivilprozessrecht an der Christian-Albrecht-Universität zu Kiel.

II. Fallgruppen

1. Der „Waggon-Fall“

Sachverhalt: *Ein polnisches Unternehmen ist Eigentümer mehrerer Eisenbahnwaggons. Diese werden an ein deutsches Unternehmen, welches auf dem Gebiet des Transports tätig ist, vermietet. Aufgrund finanzieller Schwierigkeiten stellt das deutsche Unternehmen bei dem zuständigen Amtsgericht einen Antrag auf Eröffnung des Insolvenzverfahrens. Folglich wird das Insolvenzverfahren über das Vermögen des deutschen Unternehmens eröffnet.*

Als Eigentümer von 30 an die Insolvenzschuldnerin vermieteten Waggons wendet sich das polnische Unternehmen an den vom Amtsgericht bestellten Insolvenzverwalter und verlangt die ihm nach deutschem Recht zustehende Aussonderung. Das Begehren des polnischen Unternehmens, die Waggons auszusondern und an der deutsch-polnischen Grenze zu übergeben, nimmt der Insolvenzverwalter zur Kenntnis und wendet sich an den Geschäftsführer des zu verwaltenden Unternehmens. Dieser gibt Folgendes an:

Ganze 15 Waggons befänden sich bereits bei dem polnischen Unternehmen in Krakau, die übrigen 15 Waggons seien unauffindbar. Zudem seien die angemieteten Waggons im Gegensatz zu denen von deutschen Betriebsunternehmen noch nicht mit einem GPS-System versehen und ließen sich nicht orten; dies sei auch der Grund für den im Mietvertrag vereinbarten, niedrigen Mietzins gewesen. Auch mit Hilfe der Listen, die über den Verbleib der einzelnen Waggons geführt werden sollten, sei der aktuelle Standort nicht ermittelbar. Die Waggons würden täglich innerhalb Europas verwendet und verschoben werden. Wer nun genau über den Verbleib der Waggons Auskunft geben könne, wisse er leider nicht.

Diese Auskunft teilt der Insolvenzverwalter der polnischen Gläubigerin mit. Daraufhin verlangt diese (unter Androhung der persönlichen Haftung des Insolvenzverwalters gem. § 60 InsO) die Ermittlung des Standortes der Waggons sowie deren Überführung an die deutsch-polnische Grenze auf Kosten der Masse.

2. Der „Kran-Fall“[1]

Sachverhalt: *Die Schuldnerin vermietet gewerblich Spezialkrane, die jeweils nach dem Anforderungsprofil der Mieter aus durch Nummerncodes identifizierbaren Kranelementen zusammengefügt und nach Beendigung der Mietverhältnisse auseinandergeschraubt werden. Diese miteinander verbundenen Kranelemente bilden einzelne Krankomponenten, welche wiederum Abschnitte eines zusammengesetzten*

---

1 Angelehnt an BGH, Urteil vom 26.05.1988 – IX ZR 276/87 = NJW 1988, 3264.

Krans darstellen. Nach Ablauf der jeweiligen Mietvertragsdauer eines Krans mit der Insolvenzschuldnerin können die einzelnen Kranelemente auseinander und für weitere Aufträge zu anders konfigurierten Kranen erneut zusammengebaut werden.

Im Zeitpunkt der Eröffnung des Insolvenzverfahrens befinden sich ca. 8000 Kranelemente im Vermögen der Insolvenzschuldnerin. Davon sind 2000 Kranelemente an drei Kreditinstitute sicherungsübereignet sowie 4000 Kranelemente an acht Leasingunternehmen veräußert und wiederum angemietet („sale-and-lease-back"); die restlichen Kranelemente stehen im Eigentum der Schuldnerin. Derzeit sind aufgrund verschiedener Mietverträge mit einer Laufzeit von 6-48 Monaten 4000 Kranelemente auf weltweit 280 Baustellen und drei Betriebsgrundstücken der Schuldnerin verteilt bzw. zu einzelnen Kranen miteinander verbunden. Sowohl im „Fremdeigentum" stehende als auch „sicherungsübereignete" Kranelemente sind mit Kranelementen der Insolvenzschuldnerin zu Kranen zusammengefügt worden.

Ein Leasingunternehmen will die Kranelemente verwerten und begehrt gem. § 47 InsO die Herausgabe der ihm als Eigentümer gehörenden 500 Kranelemente, welche in der Tat in 500 verschiedenen Kranen verbaut sind, auf Kosten der Masse.

3. Der „Telefonanlagen-Fall"

Sachverhalt: *Die schuldnerische GmbH hat Räume angemietet; in diesen ist eine geleaste Telefonanlage eingebaut. Nachdem die GmbH beim zuständigen Amtsgericht einen Antrag auf Eröffnung des Insolvenzverfahrens gestellt hat, macht die Leasinggeberin als Eigentümerin ihr Aussonderungsrecht gem. § 47 InsO geltend und verlangt die Herausgabe der Telefonanlage auf Kosten der Masse.*

4. Hinweis

Es ist in allen drei Fällen davon auszugehen, dass sich der Insolvenzverwalter unter Berücksichtigung der §§ 104 f. InsO dazu entschieden hat, die Erfüllung bzw. das Fortsetzen der Miet- und Leasingverträge auf Kosten der Masse gem. § 103 Abs. 2 InsO abzulehnen. Es soll lediglich die „Aussonderung" als solche diskutiert werden.

III. Das Herausgabebegehren der Aussonderungsberechtigten

1. Theoretische Betrachtung der Aussonderung gem. § 47 InsO

Die drei dargelegten Fälle erscheinen einem Rechtstheoretiker auf den ersten Blick als übersichtlich und unproblematisch. Vorliegend handelt es sich zusammengefasst um eine polnische Vermieterin und zwei deutsche Leasinggesellschaften, die als Eigentümerinnen lediglich die Identifizierung und Herausgabe von 15

Waggons, mehreren Kranelementen sowie einer Telefonanlage vom Schuldner bzw. Insolvenzverwalter begehren.

Rechtlich betrachtet könnten alle drei Gläubiger aufgrund eines dinglichen oder persönlichen Rechts gem. § 47 InsO die Aussonderung ihrer Gegenstände verlangen. Während die Insolvenzmasse (§ 35 f. InsO) der Haftung der Insolvenzgläubiger dient, ist die Aussonderung als Verteidigung massefremder Rechte zu verstehen – als ein „die Verwertung hinderndes Recht i.S.d. § 771 ZPO".[2] Dabei wird häufig verkannt, dass es bei der Geltendmachung des Aussonderungsrechts keines expliziten Herausgabeanspruchs bedarf; vielmehr muss lediglich das die Aussonderungsberechtigten charakterisierende Recht i.S.d. § 47 S. 1 InsO geltend gemacht werden.[3] Folglich begründen derartige Rechte nicht etwa einen besonderen insolvenzrechtlichen Aussonderungsanspruch gem. § 47 InsO, sondern erkennen die Durchsetzbarkeit der unabhängig vom Insolvenzverfahren bereits bestehenden Ansprüche der im Insolvenzverfahren beteiligten Aussonderungsberechtigten gem. § 47 S. 2 InsO an.[4] Die Aussonderung kann nur an individuell bestimmten oder bestimmbaren Gegenständen erfolgen.[5]

Als Eigentümerinnen der 15 Waggons, der Kranelemente sowie der Telefonanlage stehen der polnischen Gläubigerin und den deutschen Leasinggesellschaften unstreitig dingliche Rechtspositionen zu, aufgrund welcher sich normalerweise (ohne Eröffnung des Insolvenzverfahrens und ungeachtet einer Einwendung i.S.d. § 986 BGB) ein Herausgabeanspruch gem. § 985 BGB geltend machen ließe. Alternativ ergäben sich aus den mit den Insolvenzschuldnern geschlossenen Miet- sowie Leasingverträgen (§§ 535 f. BGB) seitens der Gläubiger obligatorische Herausgabeansprüche (§ 546 BGB), die persönliche Rechte i.S.d. § 47 S. 1 InsO darstellten und aufgrund derer ein Aussonderungsrecht an den vorübergehend überlassenen Gegenständen bestünde. Darüber hinaus ist festzuhalten, dass die 15 Waggons zwar nicht per GPS zu orten, jedoch aufgrund ihrer Kennzeichen sowie der verkehrsrechtlichen Zulassung in Polen identifizierbar sind. Auch im zweiten Fall können die einzelnen Kranelemente mit Hilfe der jeweiligen, individuellen Codeziffer sowie der von der Schuldnerin entwickelten Software eindeutig ermittelt werden; gleiches gilt für die fest eingebaute Telefonanlage im dritten Fall. Bei

---

2 *Ganter*, in: MüKo, InsO, 3. Aufl. 2013, § 47 Rn. 5, insb. 490; *Henckel*, in: Jaeger, InsO, § 47 Rn. 10; vgl. auch *Prütting*, in: KPB, InsO, 62. Lfg., § 47 Rn. 5.

3 *Henckel*, in: Jaeger, InsO, § 47 Rn. 5; *Ganter*, in: MüKo, InsO, 3. Aufl. 2013, § 47 Rn. 5.

4 *Smid/Leonhardt*, in: LSZ, InsO, 3. Aufl. 2010, § 47 Rn. 1; *Brinkmann*, in: Uhlenbruck, InsO, 13. Aufl. 2010, § 47 Rn. 3.

5 *Ganter*, in: MüKo, InsO, 3. Aufl. 2013, § 47 Rn. 15 f.; *Prütting*, in: KPB, InsO, 62. Lfg., § 47 Rn. 7 f.

allen Gegenständen handelt es sich um bestimmte bzw. bestimmbare körperliche Sachen i.S.d. § 90 BGB.

Mithin sind die Voraussetzungen der Aussonderung gem. § 47 InsO erfüllt. Sowohl die polnische Vermieterin als auch die deutschen Leasinggesellschaften können ihr Aussonderungsrecht im Einzelfall geltend machen und die Gegenstände herausverlangen.

2. Praktische Betrachtung der Aussonderung gem. § 47 InsO

Im Folgenden soll deutlich gemacht werden, dass der Zusammenhang und die problematische Wechselwirkung zwischen Rechtstheorie und Rechtspraxis nicht immer wortlos unthematisiert dahin stehen und umgangen werden kann. Diesbezüglich wird die praktische Umsetzung der Aussonderung anhand der drei geschilderten Beispielsfälle näher betrachtet und diskutiert. Denn mag die Aussonderung in einzelnen Konstellationen auch unproblematisch realisiert werden können, so ist dies in den geschilderten Fallgruppen wohl weniger der Fall. Kurz gesagt: Zur Entscheidung alltäglicher und sich real zugetragener Fälle bedarf es stets einer praktischen Umsetzung der scheinbar so einfachen, anhand des Gesetzes entwickelten theoretischen Lösung.

a) Aussonderung aus Sicht der Gläubiger

In allen drei Fällen haben die Aussonderungsberechtigten nur ein Ziel: Das polnische Unternehmen will seine Waggons und die Leasinggesellschaften ihre Kranelemente bzw. Telefonanlage in kürzester Zeit und ohne einen weiteren Kostenaufwand zurückerhalten. Als Aussonderungsberechtigte berufen sie sich gegenüber dem Insolvenzverwalter, auf welchen die Verwaltungs- und Verfügungsbefugnis des Schuldners mit Eröffnung des Insolvenzverfahrens gem. § 80 InsO übergegangen ist, auf ihr Aussonderungsrecht gem. § 47 InsO. Dass die Geltendmachung des Herausgabeanspruchs gegenüber dem Insolvenzverwalter in der Praxis per einfacher Aufforderung erfolgt und unter gewissenhafter Darlegung der eigenen Rechtspositionen aus Sicht der Aussonderungsberechtigten keine weiteren Probleme aufwirft, ergibt sich freilich ohne weitere Erklärung.

b) Aussonderung aus Sicht des Insolvenzverwalters

Versetzte man sich jedoch in die Lage des jeweiligen Insolvenzverwalters, so brächte die Aufforderung der Aussonderungsberechtigten auf Herausgabe der restlichen 15 Waggons, der Kranelemente sowie der Telefonanlage erhebliche Probleme mit sich. Unter Berücksichtigung der einleitenden Fälle werden diese im Folgenden konkretisiert.

aa) Einleitende Maßnahmen zur Realisierung der Aussonderung

Wird das Insolvenzverfahren mittels Eröffnungsbeschlusses gem. § 27 InsO vom zuständigen Amtsgericht eröffnet und ein Insolvenzverwalter bestellt, so hat dieser die vorhandene „Ist-Masse“[6] gem. §§ 80, 148 InsO in Besitz zu nehmen und gem. § 151 InsO zu inventarisieren. Auch wenn letztere Norm nur von einem „Verzeichnis über die Insolvenzmasse“ spricht und die der Aussonderung unterliegenden Gegenstände nicht einbezieht, so ergibt sich die Inventarisierung der Aussonderungsgegenstände automatisch durch die notwendige Abgrenzung zu denen der Insolvenzmasse. Abgesehen von den auf den Insolvenzverwalter übergegangenen Buchführungs-, Rechnungs- und Steuererklärungspflichten[7], ist es ebenso dessen Aufgabe, die „Ist-Masse“ unter Berücksichtigung der §§ 35 f., 47 InsO zu berichtigen und die den Insolvenzgläubigern und Absonderungsberechtigten haftende „Soll-Masse“ mit Hilfe der Insolvenzordnung (insb. §§ 85 f., 129 f. u. 171 InsO) zu mehren. Werden gegenüber dem Insolvenzverwalter im eröffneten Verfahren Aussonderungsansprüche geltend gemacht, so bedarf es stets deren Überprüfung.[8] Es ist jedoch zu beachten, dass die Pflicht zur Überprüfung erst mit deren Geltendmachung gegenüber dem Insolvenzverwalter erfolgt. Eine eigenständige Prüfungspflicht besteht für den Insolvenzverwalter von Beginn an hingegen nur, sofern ihm konkrete Anhaltspunkte im Hinblick auf das Bestehen derartiger Rechte vorliegen.[9] Dies bedeutet aber auch, dass für den Insolvenzverwalter kein Anlass dazu besteht, selbstständig und unter einem enormen Arbeitsaufwand in den Geschäftsbüchern und im Lager des Schuldners nach bisher unbekannten Aussonderungsrechten zu recherchieren – vielmehr trifft den Aussonderungsberechtigten eine eigene „Darlegungslast“[10] bzgl. der geltend gemachten Rechtspositionen. Begründet werden kann dies mit dem äußeren Erscheinungsbild, welches dem Schuldner aufgrund dessen unmittelbaren Besitzes nicht nur den in § 872 BGB normierten Eigenbesitz zuspricht, sondern auch die in § 1006 Abs. 1 BGB normierte Eigentumsvermutung begründet. Bei Zweifeln hat der Insolvenzverwalter die Gegenstände vorerst einzubehalten und dies im Rahmen der Inventarisierung zu vermerken; bestehen keine Zweifel, so

6 Vgl. hierzu *Häsemeyer*, Insolvenzrecht, 4. Aufl. 2007, Rn. 9.06.

7 *Häsemeyer*, Insolvenzrecht, 4. Aufl. 2007, Rn. 13.09 f.; vgl. auch *Reischl*, Insolvenzrecht, 2. Aufl. 2011, § 5 Rn. 197.

8 *Prütting*, in: KPB, InsO, 62. Lfg., § 47 Rn. 78; *Ganter*, in: MüKo, InsO, 3. Aufl. 2013, § 47 Rn. 446 f.

9 *Ganter*, in: MüKo, InsO, 3. Aufl. 2013, § 47 Rn. 446.

10 Vgl. *Henckel*, in: Jaeger, InsO, § 47 Rn. 20; *Prütting*, in: KPB, InsO, 62. Lfg., § 47 Rn. 84.

sind die betroffenen Gegenstände aus dem Schuldnervermögen an die jeweiligen Aussonderungsberechtigten auszukehren.[11]

Selbst wenn die drei Gläubiger dem Insolvenzverwalter ihre Herausgabeansprüche auf substantiierte Weise dargelegt haben werden, wird der Insolvenzverwalter nicht etwa beeindruckt sein, sondern lediglich dankend die Telefonnummer sowie weitere Daten der vermeintlichen Aussonderungsberechtigten entgegennehmen und sich erst nach umfassender Überprüfung der behaupteten Rechte bei den jeweiligen Gläubigern zurückmelden. Sicherlich ist es in solchen Fällen ratsam, als erstes mit den Beteiligten zu reden. Um einer unangenehmen und gestörten Kommunikation mit den Aussonderungsberechtigten vorzubeugen, muss sich der Insolvenzverwalter vorerst über die sachlichen sowie rechtlichen Umstände und den daraus resultierenden Problemen bewusst werden. Unbesorgt einer potentiellen persönlichen Haftung gem. § 60 InsO sollte der Insolvenzverwalter, um die entstandenen Probleme bestmöglich zu lösen, Zeit gewinnen. Dies dient vor allem dazu, um zunächst einmal die Betriebsfortführung zu realisieren und den Gegnern, hier den Aussonderungsberechtigten, das Riskante ihres Verhaltens vor Augen zu führen; dem entspricht auch § 21 Abs. 2 S. 1 Nr. 5 InsO im Eröffnungsverfahren, der unter Anordnung des Gerichts potentiell auszusondernde Gegenstände im eröffneten Verfahren beim Schuldner belässt und ein Herausgabeverlangen vorerst verwehrt. Eine reibungslose Kommunikation gelingt in der Regel jedoch nur dann, wenn alle Beteiligten zu wirtschaftlich sinnvollen Lösungen gelangen wollen. Es ergeben sich u.a. folgende und anhand der Fälle zu diskutierende Fragen:

Wie mögen wirtschaftlich sinnvolle Lösungen in den zugrunde liegenden Fällen am Ende wohl aussehen? Ist es überhaupt möglich, auf irgendeine Art und Weise mit den Aussonderungsberechtigten zu verhandeln? Können die Aussonderungsberechtigten ihr Aussonderungsrecht überhaupt erfolgreich verfolgen? Dürfte der Insolvenzverwalter das Aussonderungsbegehren der Aussonderungsberechtigten unter Umständen verweigern? Ist der Insolvenzverwalter zur Auskunftserteilung, zur Demontage, zur Lieferung und zur Übergabe der Gegenstände an den Aussonderungsberechtigten verpflichtet oder muss der Aussonderungsberechtigte diese Handlungen selber vornehmen? Besteht für die Umsetzung der Aussonderung eine Frist – wenn ja, wie lange wäre diese? Wer trägt die bei der Aussonderung anfallenden Kosten? Und könnte den Aussonderungsberechtigten bei Ausübung eines ihnen zustehenden Rechts sogar Rechtsmissbrauch vorgehalten werden?

---

11 *Ganter*, in: MüKo, InsO, 3. Aufl. 2013, § 47 Rn. 446; *Prütting*, in: KPB, InsO, 62. Lfg., § 47 Rn. 81.

bb) Die Ausgangssituation aller Beteiligten

Abgesehen davon, dass man sich mit der polnischen Gläubigerin auf eine gemeinsame Verhandlungssprache einigen müsste, ist eine sofortige Übereinkunft zwischen den Beteiligten im Hinblick auf wirtschaftlich sinnvolle Lösungen unwahrscheinlich. Denn in allen drei Fällen verlangen die Aussonderungsberechtigten ihre Sachen heraus; dem Insolvenzverwalter dürfte es in der Regel nur schwer gelingen, die Aussonderungsberechtigten von ihrem Herausgabeverlangen abzubringen.

Lediglich im zweiten Fall könnte der Insolvenzverwalter unter Umständen mit der Leasinggesellschaft, die auf ihre aus den einst geschlossenen Mietverträgen stammenden Einnahmen verzichtet und die Kranelemente verwerten will, verhandeln. Aufgrund des fehlenden „Know-how" zur weiteren Verwendung bzw. Verwertung der herausverlangten Kranelemente, könnten vernünftig geführte Gespräche sowohl im Interesse der Leasinggesellschaft als auch im Interesse des Insolvenzverwalters stehen. Denn würden die Krane auseinandergebaut, um das Aussonderungsbegehren der Leasinggesellschaft zu befriedigen, so würde die Masse nicht nur erhebliche Einbußen erleiden, sondern dem Insolvenzverwalter sogar die Grundlage zur Verwertung des Unternehmens entzogen werden. Könnte der Insolvenzverwalter das Leasingunternehmen nicht dazu bringen, die dem Aussonderungsanspruch unterfallenden Kranelemente in der Masse des Schuldners zu belassen, so ließe sich eine Betriebsfortführung genauso wenig realisieren wie eine übertragende Sanierung. Es gäbe wohl keinen Erwerber, der an den an mehreren hundert Standorten nutzlos herumliegenden Kranelementen Interesse hätte; die einzelnen Arbeitsprojekte müssten abgebrochen, Baustellen geschlossen und verärgerte Vertragspartner bzw. Mieter zurückgewonnen oder neu angeworben werden.

Eine Alternative dazu stellte möglicherweise die Bildung eines Pools[12] aus den einzelnen Gläubigern zur Fortführung des Betriebes dar; dies müsste jedoch auf Vorschlag und unter Einbeziehung des Insolvenzverwalters erfolgen. Unabhängig davon, ob dies aufgrund der unterschiedlichen Stellung sowie der Ansprüche der einzelnen Poolmitglieder unter der geltenden Insolvenzordnung zu realisieren wäre, müssten die Einzelheiten im Hinblick auf die Befriedigung der einzelnen Poolmitglieder in einem vom Gericht bestätigten Insolvenzplan detailliert geregelt werden. Ansonsten verbliebe es vorerst bei der auf Seiten des Insolvenzverwalters dargestellten Problematik.

---

12 Vgl. zur generellen Bildung eines Pools die mit der Zeit dargestellten Ansichten von *Smid* NZI 2000, 505 f.; *Leithaus*, in: Andres/Leithaus, InsO, 3. Aufl. 2014, § 47 Rn. 13; *Henckel*, in: Jaeger, InsO, § 47 Rn. 90; *Ganter*, in: MüKo, InsO, 3. Aufl. 2013, § 47 Rn. 189 f.

cc) Darstellung der Aussonderung anhand der Einzelfälle

Selbst wenn der Insolvenzverwalter dem Begehren der Aussonderungsberechtigten unterläge sowie deren ausdrücklichen und nicht verhandelbaren Herausgabeverlangen nachkommen wollte, so ergäben sich weiterhin einige der bereits dargestellten und zu beantwortenden Fragen.

(1) Der „Waggon-Fall"

In dem „Waggon-Fall" verlangt das polnische Unternehmen vom Insolvenzverwalter nicht nur Auskunft über den Standort der 15 verschollenen Waggons, sondern auch deren Überführung an der deutsch-polnischen Grenze.

Der Insolvenzverwalter könnte gegenüber dem polnischen Aussonderungsberechtigten innerhalb einer bestimmten Frist dazu verpflichtet sein, die 15 verschollenen Waggons aufzufinden, der polnischen Aussonderungsberechtigten über deren Standort Auskunft zu erteilen und die Waggons an der deutsch-polnischen Grenze zu übergeben.

aaa) Auskunftspflicht des Insolvenzverwalters

Im eröffneten Verfahren trifft den jeweiligen Insolvenzverwalter im Rahmen der §§ 242, 809, 810 BGB gegenüber den Aussonderungsberechtigten eine allgemeine Auskunftspflicht über auszusondernde Gegenstände.[13] Die zugleich in § 47 InsO statuierte Nebenpflicht ist jedoch dahingehend begrenzt, dass der Insolvenzverwalter keine dem Aussonderungsberechtigten bereits bekannte Auskunft gewisser Umstände mitteilen muss.[14] Darüber hinaus ist er auch nicht dazu verpflichtet, einer im Vergleich zum Auskunftsinteresse der Aussonderungsberechtigten unzumutbaren und zeitaufwendigen Nachforschung nachzugehen[15]; hingegen kann er dem Aussonderungsberechtigten aber ausnahmsweise die Einsicht in die Unterlagen bzw. den Zutritt in die Geschäftsräume des Schuldners ermöglichen oder die Besichtigung des Aussonderungsgutes gewähren.[16]

---

13 *Henckel*, in: Jaeger, InsO, § 47 Rn. 160; *Ganter*, in: MüKo, InsO, 3. Aufl. 2013, § 47 Rn. 460 f.

14 *Andres*, in: N/R, InsO, 25. Lfg. 2013, § 47 Rn. 67; *Ganter*, in: MüKo, InsO, 3. Aufl. 2013, § 47 Rn. 461.

15 BGH, Urteil vom 07.12.1977 – VIII ZR 164/76 = NJW 1978, 538; *Brinkmann*, in: Uhlenbruck, InsO, 13. Aufl. 2010, § 47 Rn. 104; *Bäuerle*, in: Braun, InsO, 6. Aufl. 2014, § 47 Rn. 6.

16 *Ganter*, in: MüKo, InsO, 3. Aufl. 2013, § 47 Rn. 462.

Vorliegend begehrt das polnische Unternehmen keine Auskunft darüber, ob sein bereits geltend gemachtes Aussonderungsrecht an den 15 Waggons tatsächlich besteht, sondern vielmehr darüber, wo sich die 15 verschollenen Waggons tatsächlich befinden. Der Insolvenzverwalter muss bei einem insolventen Unternehmen in der Regel von einer nicht ordnungsgemäß geführten Buchhaltung ausgehen – sofern eine solche überhaupt vorhanden ist. Dementsprechend liegen dem Insolvenzverwalter wichtige Unterlagen, welche sowohl zur Lösung vieler im Insolvenzverfahren aufgeworfener Probleme als auch zur Realisierung der Aussonderung als solche dienten, nicht vor. Im Waggonfall wurden vom Schuldner zwar Listen zur Bestimmung des Standortes der Waggons geführt – diese sind jedoch unvollständig und nutzlos. Die Möglichkeit, die 15 verschollenen Waggons per GPS zu orten, ist dem Insolvenzverwalter aufgrund des technischen Zustands der Waggons verwehrt. Dennoch müsste er grundsätzlich, um seiner Nebenpflicht gem. § 47 InsO nachzukommen, die Ermittlung des Standortes der Waggons auf eine andere, ihm zugängliche Art und Weise betreiben. Dabei ist jedoch zu berücksichtigen, dass dies ohne entsprechende Dokumente einen so enormen und zeitintensiven Arbeitsaufwand mit sich bringen könnte, dass es in Anbetracht des Interesses der Aussonderungsberechtigten möglicherweise gem. § 242 BGB unzumutbar wäre, den Insolvenzverwalter nach den Waggons recherchieren zu lassen. Selbst der Geschäftsführer des schuldnerischen Unternehmens (als organschaftlicher Vertreter des Schuldners) konnte dem Insolvenzverwalter, welcher die Informationen an den Aussonderungsberechtigten weiterleitete, trotz Erfüllung der in § 97 Abs. 1 InsO normierten Auskunftspflicht nicht weiterhelfen. Folglich müsste unter Berücksichtigung des genauen Arbeitsaufwands bzgl. der Auskunftserteilung einerseits und der sich aus § 242 BGB ergebenen Zumutbarkeitsgrenze andererseits ermittelt werden, ob der Insolvenzverwalter im vorliegenden Einzelfall zur Ermittlung des Standortes und der Auskunftserteilung gegenüber dem polnischen Unternehmen überhaupt verpflichtet wäre.

bbb) Verweigerung der Aussonderung

Der Insolvenzverwalter könnte dem Aussonderungsberechtigten alle Einwendungen, die bei Nichteröffnung des Insolvenzverfahrens dem Schuldner zustünden, entgegen halten.[17]

Vorliegend kommen jedoch keine Einwendungen des Schuldners gegenüber der polnischen Aussonderungsberechtigten in Betracht.

---

17 *Häsemeyer*, Insolvenzrecht, 4. Aufl. 2007, Rn. 11.27; *Henckel*, in: Jaeger, InsO, § 47 Rn. 12.

ccc) Übergabe des Aussonderungsgutes

Der Insolvenzverwalter könnte gegenüber dem polnischen Unternehmen dazu verpflichtet sein, die dem geltend gemachten Aussonderungsanspruch unterfallenden 15 Waggons an der deutsch-polnische Grenze zu übergeben.

Sofern der Insolvenzverwalter dem Aussonderungsbegehren keine Einwendungen entgegenzusetzen hat, ist der Gegenstand an den Aussonderungsberechtigten herauszugeben. Es reicht aus, wenn der Insolvenzverwalter die Gegenstände am Ort der Verwahrung derart bereitstellt oder bereitstellen lässt, dass der Aussonderungsberechtigte daran den unmittelbaren Besitz begründen kann.[18] Sind die einzelnen Aussonderungsgegenstände an mehreren Orten verteilt, so bedarf es keiner Zusammenführung; der Insolvenzverwalter ist erst recht nicht dazu verpflichtet, dem Aussonderungsberechtigten das Aussonderungsgut zuzuschicken.[19] Sofern es sich bei den Gegenständen um bewegliche Sachen einer größeren Menge handelt, müssen die Gegenstände lediglich derart aussortiert werden, dass der Insolvenzverwalter seine Pflicht, das Aussonderungsgut zur Abholung bereitzustellen, erfüllt.

Für den „Waggon-Fall" ergibt sich aus diesen Überlegungen, dass der Insolvenzverwalter nur dafür Sorge zu tragen hat, die 15 Waggons derart bereitzustellen, dass der Aussonderungsberechtigte problemlos unmittelbaren Besitz an diesen begründen kann; hingegen muss er sie aber gerade nicht – wie in dem Herausgabeverlangen formuliert – an der deutsch-polnischen Grenze übergeben. Dabei ist jedoch zu berücksichtigen, dass die Pflicht zur Bereitstellung des Aussonderungsgutes nicht die Zumutbarkeitsgrenze der Auskunftserteilung des Insolvenzverwalters über das Aussonderungsgut unterlaufen darf. Es wäre nicht miteinander zu vereinen, den Insolvenzverwalter einerseits von einer unzumutbaren Nachforschungspflicht im Rahmen der Auskunftserteilung zu befreien, ihm andererseits aber genau diese aufgrund der Pflicht der tatsächlichen Bereitstellung des Aussonderungsgutes inzident aufzuzwingen. Mithin müsste das polnische Unternehmen als Aussonderungsberechtigter den Insolvenzverwalter bei der Ortung der Waggons in erheblichem Maße unterstützen (Übernahme von Aufgaben, Kosten etc.), um das Aussonderungsgut zeitnah einsammeln und den Besitz daran begründen zu können (vgl. zur Zumutbarkeitsgrenze oben).

18 BGH, Urteil vom 26.05.1988 – IX ZR 276/87 = NJW 1988, 3264.

19 *Brinkmann*, in: Uhlenbruck, InsO, 13. Aufl. 2010, § 47 Rn. 101; *Prütting*, in: KPB, InsO, 62. Lfg., § 47 Rn. 81.

ddd) Frist

Der Insolvenzverwalter könnte das Aussonderungsgut in einer festgesetzten Frist bereitzustellen haben.

Dadurch, dass der Insolvenzverwalter die geltend gemachten Aussonderungsrechte gründlich zu überprüfen hat, sollte ihm eine angemessene Frist zur sorgfältigen Erfüllung seiner gesetzlich normierten Pflichten und Aufgaben zustehen. Die Länge der Frist ist nicht nur von dem Umfang der Masse, sondern auch von der Anzahl der zu überprüfenden Aussonderungsansprüche abhängig.[20] Dabei ist zu berücksichtigen, dass die Frist einerseits der Beschleunigung des Insolvenzverfahrens dient, andererseits aber auch dessen ordnungsgemäße sowie sorgfältige Abwicklung garantieren soll – und zwar ohne, dass der Insolvenzverwalter in Verzug gerät.[21]

Vorliegend ist dem Insolvenzverwalter aufgrund mangelhaft geführter Listen über den Verbleib der 15 Waggons eine ausreichende und angemessene Frist zur Bereitstellung der Aussonderungsgegenstände einzuräumen; dies steht im Interesse aller Beteiligten.

(2) Der „Kran-Fall“

In dem „Kran-Fall“ gilt das zum Waggonfall bereits Dargelegte: Die Auskunftspflicht des Insolvenzverwalters ist unter Berücksichtigung des § 242 BGB beschränkt, jedoch kann der Standort einzelner Kranelemente aufgrund der Software und den entsprechenden Nummerncodes auf den einzelnen Kranelementen sowie der Mitwirkungspflicht des Schuldners gem. § 97 InsO problemlos festgestellt werden. Ohne die Frist genau bestimmen zu können, muss sie jedoch stets dem Aussonderungsvorgang entsprechend in zumutbarer Weise festgelegt sein.

Im Kranfall sind vor allem zwei andere Probleme näher zu betrachten.

aaa) Demontage der Kranelemente

Der Ausbau der 500 Kranelemente aus den auf 280 Baustellen verteilten Kranen in bis zu 40 Metern Höhe ließe sich weder mit einem Schraubenschlüssel und handwerklichen Fertigkeiten noch innerhalb kurzer Zeit und ohne hohe Kosten realisieren. Vielmehr benötigte man einzelne Krane zum Auseinanderbauen dergleichen. Dies wiederum erforderte den Einsatz eines Fachpersonals, welches im Umgang mit derartigen Geräten ausgebildet ist. Neben der Pflicht des

---

20 Vgl. hierzu *Brinkmann*, in: Uhlenbruck, InsO, 13. Aufl. 2013, § 47 Rn. 99 und 112 m.w.N.

21 Siehe *Brinkmann*, in: Uhlenbruck, InsO, 13. Aufl. 2013, § 47 Rn. 99 und 112.

Insolvenzverwalters, dem Aussonderungsberechtigten das Aussonderungsgut zur Abholung und Besitzbegründung bereitzustellen bzw. bereitstellen zu lassen, könnte auch das Auseinanderbauen der Kranelemente von dessen Pflichtenkreis umfasst sein.

Sofern das Aussonderungsgut innerhalb eines größeren Bestandes vermischt oder verbaut ist, hat der Insolvenzverwalter es entweder herauszusuchen oder ausbauen zu lassen.[22]

Vorliegend kann die Leasinggeberin und zugleich Aussonderungsberechtigte vom Insolvenzverwalter den Ausbau der ihr gehörenden Kranelemente aus den Kranen verlangen. Dies ist die Voraussetzung, um erneut den unmittelbaren Besitz an den eigenen Kranelementen begründen zu können. Inwiefern die Kosten von den einzelnen Beteiligten zu übernehmen sind, soll hier zunächst dahinstehen.

bbb) „Rechtsmissbrauch“ als Verweigerungsrecht des Insolvenzverwalters?

Dem Insolvenzverwalter stehen keine Einwendungen des Schuldners zu, welche gegenüber dem Aussonderungsbegehren ohne Eröffnung des Insolvenzverfahrens hätten geltend gemacht werden können. Da die Aussonderung im „Kran-Fall“ jedoch nur dazu dient, um die Kranelemente zu verwerten und den „Schrottwert“ zu erlangen, könnte durch die daraus resultierenden Folgen im Hinblick auf die Fortführung des Betriebes oder eine übertragende Sanierung durchaus über den Vorwurf des Rechtsmissbrauchs gem. § 242 BGB nachgedacht werden (vgl. oben); dabei sind sowohl das Interesse sowie die Rechtsstellung bzw. Rechtsposition der Aussonderungsberechtigten als auch der Zweck des Aussonderungsbegehrens im Hinblick auf die weitreichenden Folgen für das schuldnerische Unternehmen zu berücksichtigen.

(3) Der „Telefonanlagen-Fall“

Im „Telefonanlagen-Fall“ mag die praktische Umsetzung der Aussonderung im Vergleich zu den anderen beiden Fällen noch verhältnismäßig unproblematisch erscheinen. Aber auch in diesem Fall darf nicht unbeachtet bleiben, dass es bei dem Ausbau der Anlage eines extra engagierten Fachpersonals bedarf, welches die Telefonanlage beim Ausbau nicht beschädigt und dessen Funktionsfähigkeit erhält.

Bezüglich der Einwendungen und der Auskunftspflicht des Insolvenzverwalters, dem Bereitstellen des Aussonderungsgutes sowie dem Ausbau der Anlage gilt das bereits Dargestellte entsprechend.

---

22 *Ganter*, in: MüKo, InsO, 3. Aufl. 2013, § 47 Rn. 463.

(4) Verteilung der Aussonderungskosten

In allen drei Fällen entstünden im Rahmen der Aussonderung enorme Kosten. Neben der oben bereits dargestellten und zwangsläufig durchzuführenden Inventarisierung der Aussonderungsgegenstände, müssten die verschollenen Waggons im „Waggon-Fall" geortet und zur Abholung bereitgestellt werden. Bevor die einzelnen Kranelemente im „Kran-Fall" aus den Kranen ausgebaut werden könnten, bedürfte es zunächst einer Überprüfung vor Ort, ob die in der Software über den Standort einzelner Kranelemente vorhandenen Informationen mit den tatsächlichen Gegebenheiten auf den 280 Baustellen übereinstimmten. Auch im „Telefonanlagen-Fall" entstünden durch den Ausbau der Telefonanlage entsprechende Kosten. Sofern der Insolvenzverwalter dem Herausgabebegehren der Aussonderungsberechtigten im Einzelfall unterläge und der durchsetzbare Anspruch nicht rechtsmissbräuchlich wäre, stellten sich einem vor allem folgende Fragen:

Wer übernimmt die einzelnen Kosten der Aussonderung? Welche Kosten müssten durch die Masse beglichen und welche Kosten von den Gläubigern zur Tabelle angemeldet werden?

Grundsätzlich gehören die Inbesitznahme sowie die Verwahrung der „Ist-Masse" zu den Aufgaben des Insolvenzverwalters; zudem bedarf es auch einer Inventarisierung der auszusondernden Gegenstände (vgl. oben). Dabei wird oft verkannt, dass die Aussonderungsrechte im Rahmen der Inventarisierung gem. § 151 InsO im gleichen Umfang überprüft werden müssen wie die der Absonderungsberechtigten. Dass die Prüfung von Aussonderungsrechten Kosten verursacht, ergibt sich aus § 3 Abs. 1 lit. a) InsVV, wonach dem Insolvenzverwalter bei einer arbeitsaufwendigen Überprüfung von Aussonderungsrechten ein Vergütungszuschlag gewährt wird; dieser Zuschlag korreliert mit dem erhöhten Kostenaufwand auf Seiten des Insolvenzverwalters (Einsetzung zusätzlichen Personals etc). Unter der geltenden Insolvenzordnung ist zu berücksichtigen, dass die §§ 166, 170 und 171 InsO („Verwertungsrecht des Insolvenzverwalters", die „Verwertung des Erlöses" und die „Berechnung des Kostenbeitrages") im Rahmen der Aussonderung keine Anwendung finden; vorliegend handelt es sich im Falle der Waggons, der Kranelemente und der Telefonanlage gerade nicht um „Sicherungseigentum" oder ein „besitzloses Pfandrecht", sondern um das „Fremdeigentum" der einzelnen Gläubiger.[23] Der Insolvenzmasse kommt also keine Kostenpauschale zugute.

Abgesehen davon, ob der Insolvenzverwalter neben den Kosten der Inventarisierung auch noch andere Kosten wie z.B. für die Lagerung sowie Sicherung

---

23 *Smid*, Gedächtnisschrift für Jörg Eckert, 2008, S. 867.

des Aussonderungsgutes oder die Gemeinkosten als Aufwendungen i.S.d. § 994 BGB von den Aussonderungsberechtigten ersetzt verlangen kann, werden im Folgenden vor allem die Demontage- und Auskunftskosten näher betrachtet.

(aaa) Kosten der Demontage des Aussonderungsgegenstandes

Der Insolvenzverwalter könnte die Demontagekosten für das Aussonderungsgut mit der Insolvenzmasse zu begleichen haben.

Auf dem ersten Blick scheint die herrschende Lehre[24] sich darüber einig zu sein, dass die Kosten der Aussonderung gem. § 47 InsO generell von der Insolvenzmasse zu tragen sind. Der Insolvenzverwalter tätigt durch das Bereitstellen des Aussonderungsgutes, also das Heraussuchen und Ausbauen der einzelnen Gegenstände, in der Regel ein „Geschäft der Masse und nicht der Aussonderungsberechtigten".[25] Vergleicht man diese Ansicht jedoch mit der Kommentierung der herrschenden Lehre[26] zu § 38 InsO, so lässt sich hingegen feststellen, dass mietrechtliche Ansprüche in Bezug auf die Demontage von Einrichtungen, deren Mieter der Schuldner ist, als einfache Insolvenzforderungen zu behandeln sind. Bei genauerer Überlegung und unter Rücksichtnahme der Kommentierung zu § 38 InsO, drängt sich dem Leser folglich die Frage auf, inwiefern zwischen den einzelnen, im Rahmen der Aussonderung anfallenden Kosten, die entweder von der Masse zu tragen oder aber als einfache Insolvenzforderung der Gläubiger zur Tabelle anzumelden sind, zu differenzieren ist.

Berücksichtigte man ausschließlich die Kommentierung zu § 47 InsO, müsste davon ausgegangen werden, dass auch die im Rahmen der Aussonderung anfallenden Kosten der Demontage von der Masse zu begleichen wären. Im Zusammenhang mit der Pflicht des Insolvenzverwalters, den Aussonderungsgegenstand für den Aussonderungsberechtigten auszubauen und bereitzustellen, sowie der Tatsache, dass die Kosten nicht den Aussonderungsberechtigten zur Last fallen sollen und der Insolvenzverwalter die „Ist-Masse" zur „Soll-Masse" zu berichtigen hat, erscheint einem die Kostenverteilung im ersten Moment als sinnvoll; denn auch ohne Eröffnung des Insolvenzverfahrens hätte wohl der Schuldner, in dessen Interesse das Zusammenfügen mehrerer Kranelemente zu Kranen bestand, die Kosten einer Demontage übernehmen müssen. Vergleicht man dazu aber die

---

24 BGH, Urteil vom 26.05.1988 – IX ZR 276/87 = NJW 1988, 3264; *Brinkmann*, in: Uhlenbruck, InsO, 13. Aufl. 2010, § 47 Rn. 106 f.; *Prütting*, in: KPB, InsO, 62. Lfg., § 47 Rn. 85; *Smid/Leonhardt*, in: LSZ, InsO, 3. Aufl. 2010, § 47 Rn. 51.

25 *Ganter*, in: MüKo, InsO, 3. Aufl. 2013, § 47 Rn. 467, insb. 470.

26 *Smid/Leonhardt*, in: LSZ, InsO, 3. Aufl. 2010, § 38 Rn. 20; *Ehricke*, in: MüKo, InsO, 3. Aufl. 2013, § 38 Rn. 68; *Bornemann*, in: FK, InsO, 8. Aufl. 2014, § 38 Rn. 12, insb. 16.

bereits erwähnte Kommentierung zu § 38 InsO, so zeichnet sich eine Insolvenzforderung (im Vergleich zu Masseverbindlichkeiten) gerade dadurch aus, dass sie zum Zeitpunkt der Eröffnung des Insolvenzverfahrens bereits bestand bzw. der Schuldgrund bereits vor Verfahrensöffnung entstanden ist.[27]

In den drei Beispielsfällen wurden die Leasing- bzw. Mietverträge bereits vor der Eröffnung des Insolvenzverfahrens geschlossen. Daraus folgt, dass der nach der Verfahrenseröffnung in Anspruch genommene Insolvenzverwalter – als Partei kraft Amtes – mit der Demontage des Aussonderungsgutes kein eigenes und Masseverbindlichkeiten begründendes Geschäft tätigt, sondern lediglich eine bereits vor Verfahrenseröffnung festgelegte Schuld abwickelt. Daraus lässt sich im Hinblick auf die Kostenverteilung schließen, dass die Kosten der Demontage gerade nicht von der Masse zu begleichen, sondern von den Gläubigern als einfache Insolvenzforderungen zur Tabelle anzumelden sind.

Es ist festzuhalten, dass die Demontage nicht auf Kosten der Masse verlangt werden kann.

(bbb) Kosten der Auskunftserteilung

Im „Waggon-Fall" muss der Standort der Waggons genauso überprüft werden wie der der einzelnen Kranelemente. Wer überhaupt über die verschollenen Waggons oder die einzelnen Kranelemente Auskunft zu erteilen hat, hängt in der Regel von dem Zeitpunkt der Auskunftsbeanspruchung ab. Ist das Verfahren noch gar nicht eröffnet worden, so kann der Schuldner bzw. vorläufige Insolvenzverwalter entsprechende Auskunft erteilen. Wird das Insolvenzverfahren durch den Eröffnungsbeschluss gem. § 27 InsO eröffnet, sollte sich der Aussonderungsberechtigte jedoch an den vom Amtsgericht bestellten Insolvenzverwalter wenden, auf welchen die Verwaltungs- und Verfügungsbefugnis des Schuldners gem. § 80 InsO übergegangen ist.

Die Nachforschungskosten können aufgrund der tatsächlichen Umstände enorm hoch ausfallen. Einer Ansicht[28] nach ist dem Aussonderungsberechtigten die Auskunft kostenlos zu gewähren, sofern dies ohne einen enormen Arbeitsaufwand für den Insolvenzverwalter erfolgen kann. Würde die Zumutbarkeitsgrenze unter Berücksichtigung von Treu und Glauben gem. § 242 BGB jedoch

---

27 *Smid/Leonhardt*, in: LSZ, InsO, 3. Aufl. 2010, § 38 Rn. 18; *Bornemann*, in: FK, InsO, 8. Aufl. 2014, § 38 Rn. 18 f.

28 *Ganter*, in: MüKo, InsO, 3. Aufl. 2013, § 47 Rn. 469.

überschritten, so kann der Insolvenzverwalter auf eine Kostenbeteiligung oder Kostenübernahme durch den Aussonderungsberechtigten bestehen.[29]

In dem „Waggon-Fall" und dem „Kran-Fall" könnte der tätig werdende Insolvenzverwalter aufgrund der Komplexität und den tatsächlichen Schwierigkeiten der Auskunftserteilung von den Aussonderungsberechtigten verlangen, sich an den anfallenden Kosten zu beteiligen oder diese zu übernehmen. Sollte die Auskunftserteilung erhebliche Kosten verursachen, so ist es als sinnvoll zu erachten, die Aussonderungsberechtigten zur Kostenbeteiligung aufzufordern; denn nur so kann einer Verminderung der Insolvenzmasse entgegengewirkt werden.

Auch wenn bereits dargelegt wurde, dass der Aussonderungsberechtigte bei Geltendmachung seiner Rechtsposition gem. § 47 InsO das Aussonderungsgut abzuholen hat und für den Transport verantwortlich ist, so ist es nicht gleichbedeutend damit, dass er die ihm obliegenden Pflichten auch erfüllt bzw. seine Rechte wahrnimmt. Es bleibt also auch die Frage bestehen, was der Insolvenzverwalter unternehmen kann und muss, sofern der Aussonderungsberechtigte beispielsweise im „Kran-Fall" die ihm gehörenden Kranelemente nicht abholen will (etwa, weil die von ihm zu tragenden Transportkosten den zu erlangenden Schrottwert bei Veräußerung der Kranelemente übersteigen) und der Insolvenzverwalter aufgrund dessen einzelne Baustellen oder Lagerstätten nicht veräußern kann, um die Masse anzureichern und eine erhöhte quotale Befriedigung der einfachen Insolvenzgläubiger zu realisieren.

IV. Exkurs: Eröffnungsverfahren und Eigenverwaltungsverfahren

Die dargestellte Problematik der praktischen Umsetzung der Aussonderung lässt sich in ähnlicher Weise auf das Insolvenzeröffnungsverfahren sowie das Eigenverwaltungsverfahren durch den Schuldner übertragen.

Im Eröffnungsverfahren muss zunächst danach differenziert werden, ob das Gericht nebst Bestellung eines vorläufigen Insolvenzverwalters lediglich dessen Zustimmungsvorbehalt oder sogar ein allgemeines Verfügungsverbot für Verfügungen des Schuldners anordnet, § 21 Abs. 2 S. 1 Nr. 2 InsO. Dabei könnte einerseits die gerichtliche Anordnung gem. § 21 Abs. 2 S. 1 Nr. 5 InsO, wonach die Gläubiger die der Aussonderung unterfallenden Gegenstände nicht einziehen dürften und vorerst im Besitz des Schuldners belassen müssten, näher betrachtet werden. Andererseits könnte hinterfragt werden, ob der Schuldner im Falle der

29 *Ganter*, in: MüKo, InsO, 3. Aufl. 2013, § 47 Rn. 469.

gerichtlichen Bestellung eines Zustimmungsverwalters mit der Besitzübertragung der Gegenstände an die Gläubiger überhaupt (unerlaubte) Verfügungen tätigte und es bei diesen der Zustimmung des vorläufigen Insolvenzverwalters bedürfte.

Auch im Rahmen der Eigenverwaltung gem. §§ 270 f. InsO ergeben sich im Hinblick auf die im eröffneten Verfahren auszusondernde Gegenstände und deren Demontage relevante Fragen, die dringend nach einer Antwort verlangen:

Wer trägt die Demontagekosten des Aussonderungsgegenstandes im vorläufigen Eigenverwaltungsverfahren bzw. im eröffneten Eigenverwaltungsverfahren? Darf der Schuldner dem Eigentümer dessen Gegenstand auf eigene Kosten im Schutzschirmverfahren gem. § 270b InsO herausgeben? Könnte sich die Übernahme der Demontagekosten im Schutzschirmverfahren durch den Schuldner unter Umständen als Benachteiligung der übrigen Insolvenzgläubiger im eröffneten Verfahren herausstellen? Wenn ja, könnte oder müsste der Sachwalter diese Art der Rechtshandlung im eröffneten Eigenverwaltungsverfahren anfechten, vgl. § 280 InsO?

V. Fazit

Auch wenn das Bestehen eines Aussonderungsrechts im eröffneten Insolvenzverfahren vom Insolvenzverwalter unproblematisch festgestellt werden kann und es keiner weiteren Überprüfung bedarf, könnten sich bei der Realisierung der Aussonderung weitere und anhand des Einzelfalls jeweils zu entscheidende Probleme ergeben.

Im Rahmen eines eröffneten Insolvenzverfahrens ist der Insolvenzverwalter gegenüber den Aussonderungsberechtigten gem. §§ 242, 809, 810 BGB und § 47 InsO zur Auskunftserteilung verpflichtet. Der dabei anfallende Arbeitsaufwand und die daraus resultierenden Kosten dürfen eine anhand des § 242 BGB festzulegende Zumutbarkeitsgrenze nicht überschreiten; der Aussonderungsberechtigte hat dem Insolvenzverwalter unter Umständen helfend zur Seite zu stehen oder sich an den Kosten zu beteiligen.

Der Insolvenzverwalter hat den herausverlangten Aussonderungsgegenstand derart bereitzustellen (auszusortieren, herauszusuchen oder auszubauen), dass der Aussonderungsberechtigte problemlos den unmittelbaren Besitz daran begründen kann. Dabei ist jedoch zu beachten, dass die Demontagekosten des Aussonderungsgegenstandes bei vor Verfahrenseröffnung geschlossenen Verträgen nicht von der Masse zu tragen sind, sondern als einfache Insolvenzforderungen von den Gläubigern zur Tabelle angemeldet werden müssen.

Es bleibt abzuwarten wie die „Herausgabe von Aussonderungsgegenständen" im Eröffnungsverfahren bzw. im Eigenverwaltungsverfahren zu beurteilen und mit den einzelnen Rechtshandlungen des Schuldners umzugehen ist.

RiAG Dr. Thorsten Graeber*

Aktuelle Entwicklung des Vergütungsrechts

The lecture "Current developments in remuneration law" addresses the current developments regarding the remuneration of insolvency administrators. At the same time, reform proposals from the creditors forum, the Registered Association of Insolvency Administrators in Germany {Verband Insolvenzverwalter Deutschlands e.V. (VID)}, and the New Association of German Insolvency Administrators {Neuen Insolvenzverwaltervereinigung Deutschlands e.V. (NIVD)} with regard to the German Regulation on Remuneration in Insolvency Proceedings {Insolvenzrechtliche Vergütungsverordnung (InsVV)} are taken into account. In doing so, the speaker addresses, in particular, the implementation of an adjustment of the remuneration rates necessary due to inflation and the creation of new rules to simplify and accelerate proceedings, with the help of which the problems of practical application in legal practice are to be counteracted.

Das Vergütungsrecht ist ein weites Feld. In der Mitte hatten wir früher immer unsere Entscheidung vom BGH, die gut waren, schlecht waren – aber zumindest immer wieder Stoff zur Diskussion gaben. Seit einiger Zeit haben wir den BGH nicht mehr so darin.[1] Das Licht des Vergütungsrechts ist aus. Das liegt jetzt nicht daran, dass die Damen und Herrn dort nicht mehr entscheiden wollen, sondern sie können nicht entscheiden, weil ja kein LG so gerne seine Entscheidung nach oben gibt. D. h., richtig neue Entwicklungen haben wir nicht. Wir sollten die Entwicklung aufzeigen und nicht auf Rechtsprechung eingehen, die jetzt schon 1 ½ Jahre alt ist oder nicht. Was machen wir denn eigentlich. Wenn der BGH jetzt nichts vorgibt, kann man sich selber etwas ausdenken. Aber man muss sich nichts ausdenken.

I. InsVV und die Inflation

Es wäre vielleicht mal an der Zeit, um mal zu gucken, wie das eigentlich ist, mit den wirtschaftlichen Entwicklungen, die ja das Insolvenzrecht – vielleicht auch das Vergütungsrecht – vorgenommen hat. Wieweit ist denn das in dem bisherigen Vergütungsrecht überhaupt berücksichtigt worden oder nicht? Wie ist die InsVV

---

* Der Verfasser ist Richter am Insolvenzgericht Potsdam, Vorsitzender des Berlin/Brandenburger Arbeitskreises für Insolvenzrecht e.V. und des Deutschen Privatinsolvenztages sowie Lehrbeauftragter an der FU Berlin.

1 Vgl. inzwischen jedoch BGH, Beschluss vom 04.12.2014 – IX ZB 60/13 = NZI 2015, 141 (m. Anm. *Graeber*); diese Entscheidung wurde nach dem Vortrag veröffentlicht.

eigentlich entstanden bzw. wie alt ist sie? Die ist von 1994 – also jetzt über 20 Jahre her, dass die InsVV so gestrickt wurde, wie sie jetzt da ist. Und nach 20 Jahren könnte man sie vielleicht auch mal reformieren. Sie ist 1998 beschlossen worden und gilt seit dem 01.01.1999. Und mit den Zahlen von 1999 zu arbeiten ist vielleicht nicht mehr ganz angemessen. Es gab schon eine Diskussion darüber, ob die Regelsätze anzupassen sind, die auch vom NIVD[2] und einem Gläubigerforum[3] aufgenommen wurde.

1. Inflationsanpassung in Rechtsprechung und Literatur

Bevor das passierte, gab es eine Entscheidung aus Heilbronn, aus dem Juli letzten Jahres und die hatten sich erstmalig mit dem Thema befassen müssen – ist eigentlich so ein Inflationsausgleich (also die Teuerungsrate seit 1994, seit 1998, seit 1999) ein Grund, mal so eine Vergütung anzuheben, also einen Inflationszuschlag zu geben? Das LG Heilbronn[4] hat gesagt, dass ist generell kein Kriterium. Über diese Entscheidung habe ich gedacht, dass es so ja eigentlich auch nicht ist. Gegen diese Entscheidung, bzw. schon vorher, gab es die schon eine Meinung hier. Eine Meinung von Herrn *Stoffler*[5]. Das hatten die wahrscheinlich in Heilbronn noch nicht gelesen oder wollten es nicht lesen. Herr *Stoffler* (Rechtspfleger) arbeitet bei einem Insolvenzverwalter. Er hat gesagt, ein Zuschlag von 20 % sollte es sein. Nicht als Tätigkeitszuschlag, sondern einfach weil die Preise teurer geworden sind. Mit diesem Thema haben ich und meine Frau sich auch schon befasst. Und wir waren dagegen – nein, es gibt keinen Inflationsausgleichszuschlag. Das ist immer so eine Sache, wenn man ein Buch schreibt. In dem Moment mag es richtig gewesen sein. Aber die Zeit geht weiter. Man muss dazulernen. Auch Richter können dies. Und dementsprechend haben wir das Ganze noch einmal angeguckt und in der Aktualisierung der Kommentierung[6] haben wir gesagt, die Zeiten sind andere geworden. Wir haben einen anderen Lebenshaltungsindex. Insbesondere

---

2 Diskussionsentwurf für ein Insolvenzrechtliches Vergütungsgesetz (InsVG) der Arbeitsgemeinschaft der Neuen Insolvenzverwaltervereinigung Deutschlands (NIVD), nachzulesen in ZInsO 2014, 941.

3 Aktualisierter Diskussionsentwurf des Gläubigerforums zur Neuordnung des insolvenzrechtlichen Vergütungsrechts (ReformDiskE-InsO/InsVV), nachzulesen in ZInsO 2014, 650 ff.

4 LG Heilbronn, Beschluss vom 19.07.2013 – 1 T 255/13 Bm = ZInsO 2013, 1810.

5 *Stoffler*, in: KPB, InsVV, 62. Lfg., § 2 Rn. 29 ff., insb. 40; *Prasser/Stoffler*, in: KPB, InsO, 62. Lfg., § 63 Rn. 25.

6 *Graeber/Graeber*, InsVV, § 3 Rn. 214b.

auch noch ein Jahr mehr. Wir sagen jetzt wenigstens 20 % sollten es schon sein. Allein um ein wenig die bei Ihnen gestiegenen Kosten auszugleichen.

2. Die Ansicht von *Haarmeyer/Mock*

Es gibt auch Leute, die das nicht so schön finden. *Haarmeyer/Mock*[7] haben dagegen geschrieben und sagen, es gibt überhaupt keinen Grund, mehr zu machen. Die Lebenshaltungskosten sind zwar gestiegen – aber ihre Mitarbeiter kosten mehr, ihre Räume kosten mehr, die Versicherungen kosten mehr. Aber Sie sparen je erheblich dadurch, dass die Telekommunikationskosten billiger geworden sind und auch das Kopieren ist heute nicht mehr so teuer wie früher. Nicht zu vergessen. Die Kosten sind höher gegangen – auch die Berechnungsgrundlagen sind höher gegangen. Früher war ein Auto 10.000 Euro wert und da der Lebenshaltungskostenindex auch da zugeschlagen hat, ist das Auto jetzt 13.000 Euro wert. Ihre ganzen Massen sind dem Lebenshaltungskostenindex hochgegangen.

3. Konkursrechtliche Reminiszenzen

Wie war es früher. Die Situation hatten wir ja schon mal unter der KO bzw. haben sie aktuell noch. Es gibt ja noch Konkursverfahren, die nach der alten Vergütungsverordnung zu berechnen sind. Da arbeitete man nicht mit dem Regelsatz, den man aus der Tabelle herauskriegt, sondern man hat einen vielfachen Satz genommen. Warum haben die Leute in den 70er, 80er Jahren gesagt, wir nehmen nicht den einfachen Satz, sondern wir passen den Regelsatz auf den dreifachen, vierfachen, fünffachen Satz an und zwar nicht als Zuschlag, sondern als Standard. Beispiel eine Entscheidung vom LG Bielefeld von 1985.[8] Bei einem durchschnittlichen Konkursverfahren kann allenfalls der dreifache Satz festgesetzt werden. Und zwar nicht als Zuschlag, sondern weil der Verwalter den Job gekriegt hat und abgeschlossen hat, bekommt er den dreifachen Satz und muss nicht erklären, warum er einen Zuschlag haben will. Dreifach ist einfach normal. Jetzt ein Zitat aus der KTS von 1970. Vom Senatspräsidenten *H. Schmidt* aus Nürnberg. Zitat: Ein Konkursverfahren kann nicht eröffnet werden, weil sich keine Konkursverwalter finden.[9] Eine abstruse Situation, die wir uns heute nicht mehr vorstellen können. Heutzutage ist das Angebot von Konkursverwaltern marktdeckend. Das ist nicht das einzige Problem. Die Richter: Ich muss

---

7 *Haarmeyer/Mock* ZInsO 2014, 573; *dies.*, InsVV, 5. Aufl. 2014, § 3 Rn. 78.

8 LG Bielefeld, Beschluss vom 25.02.1985 – 3 T 172/85 = Rpfleger 1985, 206.

9 *H. Schmidt* KTS 1970, 147, 149.

jedes Mal bettelnd herumtelefonieren, bis ich endlich jemanden finde, der bereit ist, sich zum Konkursverwalter bestellen zu lassen. Das waren noch goldene Zeiten. Noch ein Zitat: Ich muss mich mit trägen und impotenten Verwaltern herumquälen. Woran liegt das, dass man keine Verwalter findet, dass man telefonieren muss, dass die träge und impotent sind? An der unzulänglichen Vergütung der Insolvenzverwalter. Das verrät und die Gedankenwelt, die 1970 dahinterstand. Man hatte keine Insolvenzverwalter, keiner wollte den Job machen und das lag an der schlechten Vergütung. Wir waren denn die Zahlen damals? Was sah das damals aus? Denn auch 1985 war die Vergütungsverordnung schon wieder sehr alt geworden. Sie ist von 1960, dann ist sie 1972 geändert worden und 1985 waren die Sätze dann auch nicht mehr angemessen. Gucken wir uns das Ganze einmal an. Wie war der Lebenshaltungskostenindex damals? Wenn man 2005 als Standard 100 nimmt, dann kann man im Internet beim Bundesamt für Statistik nachgucken, wie das war. 1972 im Verhältnis war es 39,1. Im Prinzip war von 1972 bis 2005 alles fast dreimal so teuer, nicht ganz, 2,5. 1983 war das schon auf 66,3 gestiegen. Das ist verhältnismäßig. Von 1972 bis 1983 eine Steigerung von 71 %. Eine Entscheidung vom AG Ahrensburg[10] von 1983 lautet: Der Regelsatz ist heute generell um das drei- bis vierfache zu erhöhen. Der vier- bis fünffache Regelsatz ist die Normalvergütung. Das hatte mit dem Lebenshaltungskostenindex von damals nicht viel zu tun. Der Grund dafür war, dass man es nicht wahrhaben wollte, dass man sich die Verwalter kaufen musste. Muss man heute nicht mehr. Damals ist man mit den Preisen sehr hochgegangen. Ist zugunsten der Verwalter von dem Regelsatz abgewichen, um die Verwalter zu kaufen, weil es zu wenig gab. Heute gibt es zu viele davon. Das wäre ja vielleicht ein Grund, nach unten abzuweichen. 1998 hat sich folgendes verändert. Bei den Benzinpreisen zu 2012 haben wir eine Veränderung von 66 %. Bier ist um 352 % mehr geworden. Ein Fahrschein in Berlin hat eine Steigerung von 49 %. Das ist ein schönes Bild. Sagt uns gar nichts. Vergleichbar ist die InsVV. Die hat sich nicht verändert. Keine Steigerung. Das ist das Problem. Der Lebenshaltungsindex hat sich verändert. Und zwar ist der im Jahr 2013 um 25 % gestiegen. Das Richtergehalt ist um 37 % gestiegen. Das Gehalt A9 – Rechtspfleger – um 47 %. Die Steigerung bei den Rechtspflegern ist höher als bei den Richtern. Bei einem Vergleich kann man also feststellen: Seit 1999 sind weitere Aufgaben für den Insolvenzverwalter hinzugekommen. Mit dem Arbeitsaufwand von 1999 – nach den gesetzlichen Regelungen – bekommt man heute kein Insolvenzverfahren mehr gebacken. Steuerliche Pflichten usw. Die

10 AG Ahrensburg, Beschluss vom 27.06.1983 – 6 N 46/76 = ZIP 1983, 1103.

Verwalter müssen heute mehr tun. Das spricht dafür, ihnen auch mehr Geld zu geben. Die Kosten haben sich allgemein erhöht in den meisten Bereichen. Was kann man überhaupt miteinander vergleichen. Ich meine, man könnte Nullmasseverfahren miteinander vergleichen. Seit 1999 haben wir die Verfahren, wo wir keine Masse drin haben, wo wir am Schluss dann über Stundung arbeiten. Also in den Entschuldungsverfahren hilft ihnen keine Steigerung. Nullmasse und 25 % = Nullmasse. Sie kriegen aber trotzdem die gleiche Vergütung. Es spricht einiges dafür, dass man das vergleichen sollte und ihnen mehr geben sollte. Man sollte vielleicht auch Verfahren mit den gleichen Massen verwerten. Das ist beispielsweise 50.000 DM im Jahre 1999. Das ist heute ein Verfahren mit 25.564 Euro. Wenn die Verwalter so ein Verfahren haben, haben sie dann mehr oder weniger zu tun, haben sie mehr oder weniger Kosten?

II. Querfinanzierung und Mischkalkulation

Die Frage, die dann auch Herr *Haarmeyer* und Herr *Mock* dann aufbringen, ist die Frage der Mischkalkulation. Das ist kein Problem, wenn Sie ein Großverfahren kriegen. Dann können auch die nicht lukrativen Verfahren damit finanzieren. Ich habe den Eindruck, die kleinen Verfahren häufen sich eher bei gewissen Verwaltern. Für die Großverfahren kommen doch nicht alle Verwalter in Betracht, sondern das kürzt sich dann auf einige 100, in Spitzenverfahren auf 1-2 Dutzend. Das ist vielleicht auch noch ein bisschen viel. Querfinanzierung klappt vielleicht auch nicht. Das ist die Meinung von einer Rechtsanwältin und einem Richter.[11] Daneben noch Herrn *Stoffler*. Inzwischen haben sich auch *Lorenz/Klanke*[12] dazu entschieden. Aber ob Sie das bei den Gerichten durchkriegen, ist natürlich eine andere Frage. Wenn sie mal mit denen darüber diskutieren, dann mit dem Hinweis, übrigens bei euch ist um 47 % hochgegangen – wir wollen ja nur einmal 20 %. Wir fangen erst einmal mit 20 % Zuschlag an. Eigentlich müsste man die Regelvergütung um 20 % erhöhen, um das dann auch auf den verschiedenen Zuschlägen wirken zu lassen.

III. Reformvorschläge

Man kann natürlich sagen – diese 20 %, das ist es doch nicht. Selbst wenn Sie die kriegen, ist das, was Sie jetzt mehr haben, in den Verfahren nicht ausgeglichen.

---

11 *Graeber/Graeber*, InsVV, § 3 Rn. 32.

12 *Lorenz*, in: Lorenz/Klanke, InsVV, 2. Aufl. 2014, § 2 Rn. 4a.

Dementsprechend gab es eine Diskussion, die InsVV zu reformieren. Es gibt verschiedene Reformvorschläge und diese zeige ich Ihnen einmal auf.

1. Diskussionsentwurf des Gläubigerforums

Der erste Vorschlag[13] eines Gläubigerforums. Dieses Forum wird von Herrn Prof. Dr. *Haarmeyer* geleitet und hier ist der Stand 02.04.2014. Zusammenfassung: Es soll vereinfacht werden, es soll transparenter werden – das ganze System. Es soll insbesondere die Festsetzungspraxis erleichtert werden. Die Beteiligten sollen angehört werden vor einer Vergütungsentscheidung. Die Staffelvergütung nach § 3 InsVV erhält eine Höchstgrenze, über die man nicht mehr hinausgehen sollte. Ab einem gewissen Betrag kommt nichts mehr hinzu – egal wie viel Masse Sie haben. Zur Verwirklichung und Absicherung professioneller Insolvenzverwaltung werden die Pauschalsätze massiv erhöht. Hört sich gut an. Seitens des Gerichts – uns ist das egal. Wenn ein Gesetz eine Verordnung vorsieht, wie die Vergütung zu berechnen ist, haben wir das Ganze zu machen. Auch wenn hohe Beträge rauskommen. Wer könnte was dagegen haben. Vielleicht die Gläubiger, die das ja bezahlen. Beim Schuldner ist es nicht ganz so schlimm, weil sein Geld sowieso weg ist. Die Pauschal- und Mindestvergütung werden dabei erhöht und die Zuschlagstatbestände wären auf einen enumerativen Kern reduziert. Die Zuschläge erhalten eine Höchstgrenze.

Der vorläufige Insolvenzverwalter bekommt seine Vergütung nur noch in Ausnahmefällen, nämlich dann, wenn er nicht Insolvenzverwalter wird. Ansonsten ist die Sache umsonst bzw. mit der Vergütung im eröffneten Verfahren mit abgedeckt. Sozusagen als Vorarbeit. Die Beauftragung verbundener Dienstleister wird untersagt. Einige Verwalter haben damit kein Problem, andere werden eins damit haben. Das ist die Idee, die dahintersteckt. Masseausgaben können durch Ausgleichsabschläge berücksichtigt werden. Auslagenpauschalierung wird auf die ersten beiden Jahre beschränkt. Die Vergütung der Gläubigerausschussmitglieder wird erhöht und das Ganze bleibt eine Verordnung. Das Gläubigerforum sieht nicht vor, dass das Ganze ein Gesetz wird.

13 Aktualisierter Diskussionsentwurf des Gläubigerforums zur Neuordnung des insolvenzrechtlichen Vergütungsrechts (ReformDiskE-InsO/InsVV), nachzulesen in ZInsO 2014, 650 ff.

2. Diskussionsentwurf für ein Insolvenzrechtliches Vergütungsgesetz (InsVG)

Das war das Gläubigerforum. Das ist natürlich nur ein Vorschlag. Daneben gibt es auch noch den Vorschlag vom NIVD.[14] Das Ganze durch Gesetz. Hat den Vorteil, wenn es im Gesetz drinsteht und der BGH mag die Formulierung nicht, dann kann er zum BVerfG damit gehen. Der Nachteil ist, dass man ein Gesetz nicht so schnell abändern kann wie eine Verordnung. Wir wissen, der Verordnungsgeber ändert die InsVV nicht ab. Damit ist das kein Nachteil. Daneben NIVD. Beibehalten bleibt der Abzug von Masseverbindlichkeiten – wie jetzt. Es werden Zuschlagstatbestände weggestrichen. Die Berechtigungsgrundlagen des vorläufigen Insolvenzverwalters werden erweitert um das belastete Vermögen und die insolvenzspezifischen Ansprüche. Die Vergütung der Gläubigerausschussmitglieder wird ein bisschen angehoben von 65 bis 300 Euro und den Ausschluss einer Pauschalierung – also keine Pauschalvergütung für Gläubigerausschussmitglieder.

3. Aussichten

Das sind die Vorschläge, die in die Welt geworfen wurden. Der VID und der NIVD werden sich zusammensetzen, weil sie festgestellt haben, dass sie von ihrem Konzept ja schon einigermaßen in der Nähe sind, um zu gucken, ob man das noch weiter angleichen kann.[15] Ob sie hier vielleicht auf einen Vorschlag kommen. Da ist die Frage, was passiert mit diesem Vorschlag denn sonst. Ob der Gesetzgeber da ran möchte, ob die Bundesregierung da ran möchte, das können Sie Herrn Wimmer fragen. Vielleicht wird das Ganze etwas schwierig. In der heutigen Zeit, den Abgeordneten zu verkaufen, dass die Insolvenzverwalter mehr Geld haben müssen, ist schwierig. Die Argumente sind ganz klar. Man muss anpassen. Die Frage ist – wie? Aber nein zu sagen, dass alles so bleiben sollte, ist sicherlich nicht richtig. Es gibt auch noch eine Diskussion, ob man nicht vielleicht Zwischenbescheide macht. Ob es nicht möglich wäre, im Rahmen des Verfahrens schon einige Punkte abzuschichten. Bei einer abgeschlossenen Unternehmensfortführung, alles übertragen und Sie arbeiten noch vielleicht an anderen Punkten weiter. Dass man dann schon einmal Zwischenbescheide machen könnte, über die Vergütung für die Unternehmensfortführung und vielleicht die Diskussion, die dann entsteht, um die ganzen Rechtsmittelwege noch im Verfahren zu haben. Ich würde

---

14 Diskussionsentwurf für ein Insolvenzrechtliches Vergütungsgesetz (InsVG) der Arbeitsgemeinschaft der Neuen Insolvenzverwaltervereinigung Deutschlands (NIVD), nachzulesen in ZInsO 2014, 941.

15 Vgl. auch *Smid* ZInsO 2014, 1247.

schätzen, dass bei der ganzen Diskussion und der Bereitschaft des Gesetzgebers an der Insolvenzordnung rumzupuzzlen, das nicht anfassen wird. Wenn das passiert, müssen Sie weiter mit diesen Sätzen klarkommen und müssten Ihre Insolvenzgericht überzeugen, dass man mit der Grundvergütung etwas anders machen sollte. Denn es geht nicht, dass die ganzen zusätzlichen Aufgaben in die anderen Zuschläge mit reingebastelt werden. Wir müssen an die Grundvergütung ran. Drei Kommentierungen sind schon mal da. Ich drücke die Daumen und wäre interessiert, was Sie von diesen Reformvorschlägen halten.

OStA Dr. Hans Richter*

Eine Strafnorm § 283c StGB – Die Gläubigerbegünstigung

The lecture „Preferential treatment of creditors — Section 283c of the German Criminal Code {Strafgesetzbuch (StGB)}" presents the barriers in criminal law to restructuring using numerous practical examples. In doing so, the topic „insolvency in the criminal practice" is addressed, as are the topics „preference in bankruptcy" and „investigating corporate insolvencies".

Ich will Ihnen über die Anwendung dieser Strafnorm reden, weil sie häufig Gegenstand von Ermittlungen, aber selten von Verurteilungen ist. Das hängt damit zusammen, dass Anzeigeerstatter, aber auch Polizeibeamte, die Norm in ihrer Struktur verkennen. Zum anderen gibt es wenige Erfahrungen über deren tatsächlichen Grundlagen. Deshalb habe ich Ihnen ein paar Fälle zur Diskussion mitgebracht.

I. Der Tatbestand der Gläubigerbegünstigung

Um Ihnen diese Fällen verständlich zu machen, gehe ich zunächst auf die Tatbestandselemente der Gläubigerbegünstigung gem. § 283c StGB ein. Schon die Normbezeichnung führt zu Missverständnissen: Strafrechtler verbinden mit der „**Begünstigung**" zunächst die Strafnorm des § 258 StGB oder – vergleichbar – die Begünstigung der Abgabenordnung im Steuerstrafrecht. Bei diesen Normen geht es aber um die Strafbarkeit der Hilfe bei der Beutesicherung. Das hat mit der Gläubigerbegünstigung des Insolvenzstrafrechts aber nichts zu tun.

Im Bankrottstrafrecht haben wir gleich zwei Begünstigungsnormen, die völlig unterschiedliche Strukturen und Inhalte haben: § 283c StGB – die **Gläubigerbegünstigung**, die ich Ihnen heute näher vorstellen will, und § 283d StGB, die **Schuldnerbegünstigung**. Die Bankrottnormen der §§ 283 ff. StGB sind grundsätzlich Sondernormen.[1] Tauglicher Täter ist nicht jedermann, sondern nur der Schuldner; in Fällen der Unternehmensinsolvenzen also die Organe der

---

* Dr. Hans Richter ist Oberstaatsanwalt und Abteilungsleiter bei der Staatsanwaltschaft Stuttgart (Schwerpunktstaatsanwaltschaft für Wirtschaftsstrafsachen – Abteilung für Insolvenz-, Banken- und Börsenstrafrecht).

1 *Radtke/Petermann*, in: MüKo, StGB, 2. Aufl. 2014, Vor §§ 283 ff. Rn. 26.

schuldnerischen Unternehmen. Jedenfalls nach der Rechtsprechung gehört dazu auch der „faktische Geschäftsführer“, also derjenige, der nicht formal bestellt ist, aber tatsächlich die Geschäfte führt[2]. Taugliche Täter sind über § 14 Abs. 1 StGB aber auch „sonstige Beauftragte“. Die Schuldnerbegünstigung (§ 283d StGB) ist die Ausnahme – Straftäter kann hier jedermann[3] sein. Gläubigerbegünstigung wiederum (§ 283c StGB) kennt nur die Täterschaft des Schuldners[4] (bzw. dessen Organe).

Der zweite Problemkreis liegt in der **Abgrenzung** von **Bankrott und Gläubigerbegünstigung**. Bankrott setzt eine Masseschmälerung voraus. Die ist nicht immer offenkundig. Beim Bankrott in Form der Strafnormen der Rechnungslegung (§§ 283 Abs. 1 Nr. 5 bis 7, 283b StGB), also die nicht ordnungsgemäße Buchführung, nicht rechtzeitige oder nicht ordnungsgemäße Bilanzerstellung und Verstöße gegen die Aufbewahrungspflicht wird zwar auf eine Quantifizierung verzichtet, wie dies etwa beim Verheimlichen, Beiseiteschaffen (ff.) der Sache nach erforderlich ist. Geschützt ist aber auch insoweit das Vermögen der Gläubiger, also die „Masse“, das durch die inkriminierten Handlungen gefährdet ist.[5] Anderes gilt aber bei der Gläubigerbegünstigung. Sie stellt gerade nicht die Minderung der Masse unter Strafe, sondern die Beeinträchtigung der Verteilungsgerechtigkeit zwischen den Gläubigern bei insgesamt nicht geschmälerter Masse. Deshalb wird der Täter der Gläubigerbegünstigung auch privilegiert.[6] Bankrottstraftaten können mit bis zu 10 Jahre Freiheitsstrafe geahndet werden, bei Gläubigerbegünstigung reicht der Strafrahmen nur bis 3 Jahre.

II. Insolvenzstrafrecht im Ermittlungsverfahren

Was bedeutet es nun aber ganz konkret, keine Masseschmälerung, dennoch aber Gläubigerbeeinträchtigung? Da kommt es zu Missverständnissen auf Seiten der „Insolvenzrechtler“. Diese haben nämlich im **Anfechtungsrecht** ähnliche – aber keineswegs identische – Fragestellungen zu beantworten.

Vorab möchte ich aber kurz ansprechen, wie es dazu kommt, dass sich die Strafverfolgungsbehörden mit Straftaten im Zusammenhang mit den

2 BGH, Beschluss vom 15.11.2012 – 3 StR 199/12 = NStZ 2013, 284.

3 *Radtke/Petermann*, in: MüKo, StGB, 2. Aufl. 2014, § 283d Rn. 4; *Heine/Schuster*, in: Schönke/Schröder, StGB, 29. Aufl. 2014, § 283d Rn. 1.

4 *Radtke/Petermann*, in: MüKo, StGB, 2. Aufl. 2014, § 283c Rn. 2.

5 BGH, Urteil vom 22.02.2001 – 4 StR 421/00 = NJW 2001, 1874.

6 *Heine/Schuster*, in: Schönke/Schröder, StGB, 29. Aufl. 2014, § 283c Rn. 1.

Unternehmensinsolvenzen beschäftigen. Typischerweise nicht – wie sonst – durch Strafanzeigen, sondern **von Amts** wegen. Werden Strafanzeigen eingereicht, sind in der Regel schon Ermittlungsverfahren eingeleitet. Die Staatsanwaltschaften müssen nämlich von den Vollstreckungsgerichten (sowohl von den Einzelvollstreckungsgerichten als auch von Insolvenzgerichten) von Amts wegen Mitteilungen bekommen, z. B. bei der Aufforderung zur oder Abgabe der eidesstattlichen Versicherung und bei Insolvenzentscheidungen (zulässiger, aber unbegründeter Antrag – Abweisung mangels Masse – oder Eröffnungsbeschluss). Diese Mitteilungen führen – allerdings mit großen regionalen Unterschieden – zur Überprüfung, ob ein Anfangsverdacht vorliegt oder nicht. Wird diese Prüfung pflichtgemäß wahrgenommen, führt sie regelmäßig zur Einleitung eines Ermittlungsverfahrens, weil es so gut wie keine Unternehmensinsolvenz ohne Straftaten gibt. Allerdings gibt es nach dem ESUG durchaus vereinzelte Anträge (insbesondere auch im Schutzschirmverfahren), die nicht zu Ermittlungsverfahren führen, weil professionelle Sanierer eingeschaltet wurden und diese Straftaten vermeiden (können).

Warum führen **Unternehmensinsolvenzen** in aller Regel zu **strafrechtlichen Verurteilungen**? Vielleicht hilft folgender Erklärungsansatz: Das (allgemeine) Strafrecht orientiert sich an den „10 Geboten" und die sind im StGB so verankert: *Du darfst nicht*! Bestraft wird also derjenige, der etwas tut, was er nicht darf (Du darfst dein Messer nicht in deinen Nachbarn stecken. Wenn du das doch tust, dann ist es eben strafbar). Im Wirtschaftsstrafrecht – insbesondere aber im Insolvenzstrafrecht – ist es ganz anders: Wenn ich zu einer Durchsuchung in einem Insolvenzstrafrechtsfall komme, dann höre ich als erstes vom Geschäftsführer: *Ich habe doch nichts getan*. Das ist dann ein frühes, erstes Geständnis, das strafmildernd zu berücksichtigen ist. Denn genau hierin besteht regelmäßig der wirtschaftsstrafrechtliche Vorwurf: Strafbar ist derjenige, der er etwas nicht tut, was er tun müsste. Und weil es gerade in der Krisensituation des Unternehmens dem Gesetzgeber gefallen hat (und allein dies ist für den Staatsanwalt der Maßstab seines Handelns – wir unterliegen dem Legalitätsprinzip!), den Betroffenen eine Fülle von Pflichten aufzuerlegen und er die Nichterfüllung unter Kriminalstrafe gestellt hat, ist die Vielzahl von Straftaten eben sehr naheliegend. Zudem ist leichter zu beweisen, dass jemand nichts getan, als dass er etwas Strafbewehrtes getan hat. Beispiele: Der Schuldner muss Bücher führen (richtig und zeitgerecht) und diese aufbewahren; er muss Bilanzen erstellen (und dies richtig und zeitgemäß); er muss Arbeitnehmeranteile abführen, zeitgerecht. Und er muss natürlich – zentral – den Insolvenzantrag rechtzeitig und richtig stellen – und all dies unter Drohung der Kriminalstrafe.

III. Die Ermittlung der Zahlungsunfähigkeit in der strafrechtlichen Praxis

Zentral wichtig für die Gläubigerbegünstigung ist auch die **Zahlungsunfähigkeit**, die ich aber nicht mit Ihnen diskutieren will, weil sie Ihnen besser als dem Strafrechtler bekannt ist. Bei § 283c StGB – um zur Gläubigerbegünstigung zurückzukommen – ist nur ein Handeln, Tun oder Unterlassen im Zustand der eingetretenen Zahlungsunfähigkeit strafbar; bei den sonstigen Bankrottnormen ist Strafbarkeit auch bei drohender Zahlungsunfähigkeit und Überschuldung und deren Herbeiführen gegeben – eine weitere, dem Fehlen der Masseschmälerung geschuldete Tatbestandsgrenze. Interessant mag dabei die „Zivilrechtsakzessorietät" sein – das Strafrecht definiert die Zahlungsunfähigkeit entsprechend dem Insolvenzrecht[7].

Auf einer anderen Grundlage beruht aber die Beweisführung. In der strafrechtlichen Praxis wird diese regelmäßig nicht nach der betriebswirtschaftlichen Methode festgestellt, die der Rechtsprechung des IX. Senats des BGH zugrunde liegt, sondern („kriminalistisch") auf der Grundlage von Beweisanzeichen.[8] Beweisanzeichen ergeben aber keine Prozentzahlen. Diese sind der Buchhaltung zu entnehmen und die muss auch richtig sein. In deren Fehlen oder Mangelhaftigkeit liegt der Grund für die Anwendung der „kriminalistischen Methode" zur Feststellung der Zahlungsunfähigkeit im Strafrecht. Dies begründet keinen Verstoß gegen die Unschuldsvermutung oder dem Zweifelsgrundsatz – die Anwendung dieser Methode wirkt sich vielmehr stets zugunsten der Täter aus (was aber ein Problem des Opferschutzes sein kann).

Die Feststellung der Zahlungsunfähigkeit nach der kriminalistischen Methode entbindet aber nicht von der Pflicht, den Tag festzustellen an dem die liquiden Mittel die fälligen Verbindlichkeiten nicht mehr decken: Es fehlt ein nicht ganz unerheblicher Betrag im Hinblick auf die fälligen Gesamtverbindlichkeiten. Wie bei der betriebswirtschaftlichen Methode kommt ein drittes Element hinzu – die „Prognose". Festgestellt werden muss, dass die Deckungslücke auch anhält, also nicht alsbald durch neue liquide Zuflüsse beseitigt werden kann.

Neue Fragen tauchen auf: Ist in diesem Prognosezeitraum nur der Zufluss liquider Mittel einzurechnen oder auch die in dieser Zeit fällig werdenden Verbindlichkeiten?[9] Die Strafrechtspraxis rechnet mit beiden Positionen: Einzubeziehen sind sowohl die zufließenden liquiden Mittel als auch die fällig werdenden Verbindlichkeiten.

---

7 *Heine/Schuster*, in: Schönke/Schröder, StGB, 29. Aufl. 2014, § 283 Rn. 50a.
8 Hierzu jüngst BGH, Beschluss vom 21.08.2013 – 1 StR 665/12 = NJW 2014, 164.
9 Vgl. für das Insolvenzrecht *Ganter* ZInsO 2011, 2297.

IV. Beispiele

Nun aber zu den versprochenen **Beispielsfällen**:

1. Erstes Beispiel

Eine GmbH ist zahlungsfähig, sie hat weitaus höhere fällige Verbindlichkeiten als die lediglich 1.000 Euro liquide Mittel in der Kasse. Da kommt der Gläubiger A und sagt: *Was höre ich, Zahlungsunfähigkeit ist eingetreten? Ich habe eine fällige Forderung von 1.000 Euro und bin auf die rasche Begleichung angewiesen, weil sonst meine eigene Insolvenz droht.* Es kommt hinzu der zweite Gläubiger, ein ergrauter Mitarbeiter der GmbH, Herr B. Er sagt: *Zahlungsunfähigkeit? Ich habe eine fällige Forderung aus Lohn über 1.000 Euro und außerdem bin ich dein Schwiegervater.* Der Geschäftsführer verfügt ja nun nur über 1.000 Euro. Was macht er? Er gibt sie dem B – Gläubigerbegünstigung?

Zahlungsunfähigkeit der Schuldnerin ist gegeben. Sonderdelikt: Der Schuldner ist die GmbH, die jedoch nicht Täter sein kann, weil nur Menschen taugliche Täter des deutschen Strafrechts sind. Die Überleitung der Täterqualifikation erfolgt nach § 14 Abs. 1 Nr. 1 StGB: Der Geschäftsführer ist als Organ der juristischen Person Täter. Andere können sich an seiner Tat nur als Teilnehmer, Anstifter oder Gehilfen (§§ 26, 27 StGB), strafbar machen.

Hat sich nun der Geschäftsführer wegen Gläubigerbegünstigung strafbar gemacht, indem er dem B und nicht dem A die 1.000 Euro gegeben hat?

Hatte B in Wahrheit keine Forderung, kann keine Gläubigerbegünstigung vorliegen. Durch die Bezahlung an den B wäre dann nämlich die Masse geschmälert, wonach Bankrott gem. § 283 Abs. 1 StGB gegeben wäre. Stand dem B aber die Forderung tatsächlich (als fällig) zu, ist die Masse nicht geschmälert. Zwar verkleinern sich die Aktiva um 1.000, aber eben auch die Passiva in gleicher Höhe. Hätte der B nur eine Forderung von 900, hat er aber 1.000 bekommen, dann ist die Masse um 100 geschmälert, insofern wiederum Bankrott nach § 283 StGB gegeben. Da B in meinem Beispiel tatsächlich eine fällige Forderung von 1.000 hatte und 1.000 bekam, liegt also keine Masseschmälerung vor. Strafbarkeit nach § 283c StGB? Nein – es fehlt nämlich an einer relevanten Beeinträchtigung der Verteilungsgerechtigkeit. Diese liegt nur dann vor, wenn – wie die Norm es definiert – der Gläubiger „etwas bekommen, worauf er zu dieser Zeit oder in dieser Art keinen Anspruch hatte“. Was hat nun B bekommen? B hat Geld bekommen – und zwar bei Fälligkeit, also etwas, worauf er zu diesem Zeitpunkt Anspruch hatte. Das ist unter dem Gesichtspunkt des § 283c StGB nicht strafbar.

Was ist aber dann strafbar? Wir fahren im Beispiel fort: Jetzt sieht der A im Hof der GmbH eine „alte Rostlaube“ – einen betagten VW Käfer. Der ist nicht völlig wertlos und gehört zur Masse. A frägt den Geschäftsführer, was das für ein Auto sei, worauf dieser wahrheitsgemäß antwortet, es gehöre zur Masse und habe einen Wert von 100 Euro. Was sagt der A? *Her mit dem Auto und ziehen Sie es mir von meiner Forderung ab.* Strafbarkeit als Gläubigerbegünstigung nach § 283c StGB? Ja: Keine Schmälerung der Masse, aber Beeinträchtigung der Verteilungsgerechtigkeit. A hat einen Pkw bekommen, also eine Sache, hatte aber Anspruch auf Geld – also auf „etwas anderes". Der Geschäftsführer hat sich als Täter strafbar gemacht, nicht aber der A, der nicht Täter sein kann.

Liegt aber vielleicht eine strafbare Teilnahme durch A an der Straftat des Geschäftsführers vor? Die „notwendige Teilnahme" ist allerdings nicht strafbar. Diese liegt aber nur vor, wenn der Teilnehmer nichts anderes tut, als die Begünstigung anzunehmen. Hier war es anders. A hat gesagt: *Her damit.* Das ist die Aufforderung zur Begünstigung und damit strafbare Anstiftung gem. § 26 StGB.

Wie zeigen sich die Fälle in der wirtschaftkriminalistischen Praxis? Wer ist **typischer Begünstigter**? Das wird stets ein Gläubiger sein, der über Kenntnisse der wirtschaftlichen Situation des Schuldners verfügt. Wer ist das? Zunächst der Kreditsachbearbeiter der Hausbank. Dieser erkennt die Illiquidität seines Kunden, stellt eine Deckungslücke bei seinen Sicherheiten fest, weiß aber auch, es gibt es noch Vermögenswerte – z. B. eine werthaltige Forderung oder ein Anlageprodukt, das nicht belastet ist. Dann sagt er: *Her damit!* – und ist damit schon mit einem Fuß in der Anstiftungsstrafbarkeit. Ähnlich ist es bei den Steuerberatern und Rechtsanwälten des Unternehmens. Die haben Forderungen aus Beratungen und Buchführung und die sagen: *Her damit!*

So plump handeln die Gläubiger allerdings schon längst nicht mehr. Was sagen die geschickteren Banker? *Ich gebe Dir einen neuen Kredit. Diese Sicherheit, die du noch hast, gibst du mir für den neuen Kredit.* Der Kredit beträgt dann 1.000, die Sicherheitslücke im alten Kredit 3.000. Also wird eine Forderung von 4.000 übertragen. Damit ist der alte Kredit auch abgedeckt. Ähnlich bei dem Rechtsanwalt mit einer offenen Forderung aus dem Mandatsvertrag. Der sagt: *Jetzt brauchst Du gerade meinen Rat. Ich bin auch Strafverteidiger. Demnächst kommt der Staatsanwalt zu Dir. Also machen wir einen Vertrag für die zukünftige Beratung und da bauen wir als Gegenleistung diesen Vermögensgegenstand ein* (der dann die Altforderung auch abdeckt).

Sie müssen damit rechnen, dass der Staatsanwalt die Unternehmensinsolvenz überprüft und dabei auf solche Konstruktionen achtet.

2. Zweites Beispiel

Das aber auch im Hinblick auf **andere Fälle**: Die GmbH ist zahlungsunfähig, der Gesellschafter/Geschäftsführer hat eine Ehefrau. Diese ist weder Organ noch

Gesellschafterin der GmbH. Sie hat dieser aber früher ein Darlehen über 100.000 gegeben. Es gibt auch noch eine Hausbank, die Forderungen gegen das Unternehmen in Höhe von 900.000 hat – und die GmbH hat eine Immobilie im Wert von 1.000.000, belastet mit Grundsicherheiten der Bank in Höhe von 900.000. Es kommt vor, dass es ein Interesse daran gibt, sowohl bei der Bank als auch bei den sonstigen Betroffenen, dass eine Nachfolgegesellschaft die Geschäfte weiterführt und diese Vermögensgüter aus der alten Gesellschaft erlangen soll. Im konkreten Fall ging es um das Fabrikgebäude, wobei die finanzierende Bank ganz damit einverstanden war, dass die insolvenzreife GmbH dieses Gebäude an die Ehefrau des Gesellschafter/Geschäftsführer verkauft (vielleicht weil dieser die Geschäfte ja fortführen soll). Da die Ehefrau den vereinbarten Kaufpreis von 1.000.000 erbringt (900.000 Schuldübernahme, 100.000 Barzahlung), ist die Masse nichts geschmälert, weshalb Bankrottstrafbarkeit ausscheidet. Wird die Ehefrau aber die 100.000 bezahlen? In dieser Hinsicht besteht ja nun eine Aufrechnungslage, weshalb die Ehefrau auch die Aufrechnung erklärt. Strafbarkeit wegen Gläubigerbegünstigung? Ist die Verteilungsgerechtigkeit im Sinne des § 283c StGB beeinträchtigt? Das wäre dann der Fall, wenn die Ehefrau etwas bekommen hat, worauf sie (zu dieser Zeit oder überhaupt) keinen Anspruch hatte. Was hat sie bekommen ohne darauf Anspruch zu haben? Die Aufrechnungslage! Genauso hat der BGH bei Bestätigung der Verurteilung entschieden.

3. Drittes Beispiel

Ein **weiteres Beispiel**: Wiederum eine zahlungsunfähige GmbH ohne Fortführungswahrscheinlichkeit. Die Vermögensgegenstände sind im Überschuldungsstatus also mit Zerschlagungswerten anzusetzen. Beim Ansatz von Fortführungswerte betrüge das Vermögen 1.000.000, unter Zerschlagungsgesichtspunkten nur 50.000. Die Hausbank hat eine Forderung von 100.000 gegen das Unternehmen. Die Implementierung einer Nachfolgegesellschaft macht wirtschaftlich nur Sinn, wenn diese voraussichtlich Erträge erwirtschaftet. Das wird sie nur, wenn die Kostenseite entlastet wird. Häufig sind es Arbeitnehmer, die teuer, aber wenig produktiv sind. Was also wird getan? Das Vermögen wird unter Ansatz von Zerschlagungswerten an die Nachfolgegesellschaft übertragen. Die Hausbank muss damit in der Regel einverstanden sein, weil und soweit sie Sicherungsrechte hat und wird ihr Einverständnis erklären, wenn ihre ungesicherten Forderungen von der Nachfolgegesellschaft übernommen werden. Die insolvente Gesellschaft wird so von Verbindlichkeiten entlastet. Ist das strafbar? Ist die Verteilungsgerechtigkeit beeinträchtigt? Sicher, die Hausbank hat wirtschaftlich gewonnen, weil sie bezüglich ihrer ungesicherten Forderungen auf die Quote verwiesen wäre, die regelmäßig minimal ist. Hat sie aber durch die Handlung des Schuldners etwas erlangt, worauf sie keinen Anspruch hatte? Auf eine 100%-ige Befriedigung ihrer ungesicherten Forderungen hatte sie keinen Anspruch – aber hat sie durch Beeinträchtigung der Verteilungsgerechtigkeit etwas erlangt? Vor allen Dingen hat es die Schuldnerin (also ihr Geschäftsführer) zu verantworten? Bestand ein Gesamtplan zwischen Hausbank und Altgeschäftsführer, dann neigt das Strafrecht dazu, diesen Sachverhalt als wirtschaftliche Einheit zu betrachten, mit der Folge, dass die Hausbank etwas erlangt hat, worauf sie keinen Anspruch hatte. In solchen Fällen stellt die Staatsanwaltschaft Verfahren auch aus Opportunitätsgründen gem. § 153a StPO gegen Auflagen ein. Dies begründet zwar für die Beschuldigten keinen Strafmangel, kann aber teuer werden. Auch die Belastung durch ein Ermittlungsverfahren kann bereits erheblich sein, insbesondere für Bankmitarbeiter oder Berater, die als Teilnehmer oder Gehilfen beschuldigt sein können. Gerade für „Ehrenberufler" schafft bereits das Ermittlungsverfahren eine kritische Lage und kann Anlass sein, bei Unsicherheit auch höhere Beträge zu zahlen, um eine Strafbarkeit zu vermeiden, die standesrechtliche Konsequenzen haben kann.

4. Viertes Beispiel

Ein Fall zur Sanierung mit Gefahrenpotential im Hinblick auf Bankrott, Gläubigerbegünstigung und Betrug: Ein völlig illiquides und total überschuldetes Unternehmen mit einem Geschäftsführer, der einen Unternehmensberater (Rechtsanwalt) einschaltet, der sich als bekannter Sanierungsberater bezeichnet. Der Geschäftsführer gibt diesem vor Abschluss des Beratervertrages folgende Informationen: *Wir haben im Moment ein kleines Problem, ein Liquiditätsproblem,* weshalb man ihn zur Hilfe bei der Sanierung mandatieren wolle. Es herrsche allerdings Zeitdruck, weil bereits Insolvenzanträge von Gläubigern gestellt seien. Außerdem ist Freitag und bis Montag soll die Rücknahme der Insolvenzanträge erreicht werden. Die Gesellschaft habe 10 Gläubiger, über die auch Unterlagen vorgelegt werden. Alles sei jedenfalls sehr dringend. Gäbe es – wider Erwarten – bei der anstehenden Sanierung weitere Liquiditätsprobleme, würden Freunde und Familienmitglieder einen nennenswerten Betrag zur Verfügung stellen.

Der Berater schließt sodann einen Vertrag (mit erfolgsunabhängigem Honorar von 50.000 Euro) ab und richtet noch am Wochenende an die ihm benannten Gläubiger ein „Moratoriumsschreiben". Dieses enthält die Aussage, er sei „ein Sanierungsexperte", die „Unternehmung habe Substanz", allerdings „im Moment ein Liquiditätsproblem". Zwar habe er „derzeit noch keinen vollen Überblick", er werde aber einen Zahlungsplan ausarbeiten, wonach die Gläubiger – sprächen sie nun Stundungen aus und stellten Vollstreckung ein – Zahlung erlangen würden. Alle eingehenden Gelder der GmbH kämen – da die Gläubiger zurecht derzeit wenig Vertrauen in den Geschäftsführer hätten – in „einen Pool“, in den bei Bedarf auch nennenswerte Gelder von dritter Seite einfließen würden. Diesen würde er allein verwalten, aus ihm würden die Gläubiger dann befriedigt werden. Er benötige rasch die Zusage, insbesondere auch die Rücknahme etwaiger Insolvenzanträge oder Einstellung von Vollstreckungsmaßnahmen. Sollte es jetzt zur Insolvenz kommen, würden die Gläubiger kaum etwas erlangen.

Was der Berater nicht wusste: Es gab insgesamt über 100 weitere Gläubiger, die fällige Forderungen in sehr großer Höhe hatten, aber weder hinreichendes Vermögen noch Liquidität beim Schuldnerunternehmen.

Daraufhin hat ein Teil der Gläubiger Zustimmung erteilt, Insolvenzantrag zurückgenommen, Vollstreckungen ausgesetzt, Stundung erklärt usw. Ein anderer Teil hat sich nicht geäußert und ein kleiner Teil (2) hat dem Plan widersprochen. In der Zwischenzeit hat der Sanierer das Treuhandkonto für den Pool eingerichtet und die Schuldner der GmbH aufgefordert, Zahlung auf dieses Anderkonto zu leisten. Dann hat der Unternehmensberater festgestellt, dass er angelogen und betrogen worden ist. Er selber hat gesehen, dass es völlig unmöglich ist, diese Unternehmung zu sanieren und hat den Beratervertrag gekündigt und über die im Pool eingegangenen Gelder wie folgt verfügt: 50 hat er für sich selbst aufgrund vertraglichen Anspruchs (das OLG Stuttgart hat diesen Anspruch für rechtmäßig gehalten), 50 hat der dem Geschäftsführer gegeben, der damit die Reise seiner Familie nach Australien finanziert hat. Hat sich jemand strafbar gemacht?

Keine Frage ist dies beim Geschäftsführer, der sich – neben allen Insolvenzstraftaten auch – eines **Betrugs gem. § 263 StGB** zum Nachteil des Beraters schuldig gemacht hat. Dessen Vermögensschaden aus dem irrtumsbedingt abgeschlossenen Beratervertrag liegt in der hieraus resultierenden Haftungsgefahr. Aber hat sich auch der Berater strafbar gemacht? Im „Moratoriumschreiben“ hat er die Informationen über die Sanierungsfähigkeit der GmbH als von ihm geprüft dargestellt. Zwar ist er subjektiv von der Richtigkeit der Angaben des Geschäftsführers ausgegangen, die behauptete sachkundige Prüfung hat er aber gerade nicht vorgenommen. Diese Unwahrheit führte auch (kausal) zu einem Irrtum bei den angeschriebenen Gläubigern und zum Vermögensschaden bei den Betroffenen – mit der Folge der Betrugsstrafbarkeit beim Sanierer.

Weiter ist allerdings festzustellen, dass dem Sanierer mit Abschluss des Beratervertrages auch eine **Vermögensbetreuungspflicht gem. § 266 StGB** gegenüber der GmbH und mit dem „Moratoriumschreiben“ auch gegenüber den Gläubigern – jedenfalls soweit diese sein Angebot nicht abgelehnt haben – obliegt. Deren Vermögen hat er im Pool verwaltet. Das sind zwar gegenläufige Interessen, die er aber beide bei Verfügungen zu beachten hat – das „Poolvermögen" steht sowohl der GmbH als auch den genannten Gläubigern zu. Das OLG Stuttgart hat die Anklage bestätigt, wonach sowohl die Auszahlung an den Geschäftsführer (der bei der Annahme erkennbar nicht für die GmbH gehandelt hat) als auch diejenige an sich selbst gravierend pflichtwidrig und für die Treugeber schädigend war, weil der Treunehmer beiden Interessen nur durch Hinterlegung gerecht werden konnte. Bezüglich seines Honorars habe er zwar einen rechtmäßigen Anspruch gehabt, jedoch keine Berechtigung, sich aus dem von ihm selbst verwalteten Pool im Vorgriff auf die übrigen Gläubiger – Beeinträchtigung der Verteilungsgerechtigkeit durch den Geschäftsführer und so Anstiftung zur Gläubigerbegünstigung nach § 283c StGB beim Sanierer.

5. Fünftes Beispiel

Ein weiteres **Beispiel zur Sanierung**: Zahlungsunfähige GmbH; der Geschäftsführer ist Alleingesellschafter. Die GmbH hat Finanzierungsbedarf im Hinblick auf eine beabsichtigte Sanierung. Die Bank gewährt der GmbH keinen Kredit, schlägt aber folgende Finanzierung der geplanten Produktionsstätte vor: Die Ehefrau erwirbt die Immobilie für 50 und erstellt die Produktionsstätte für weiter 50 (kreditiert von der Bank). Die GmbH zahlt den Baukostenzuschuss in Höhe von 50 (kreditiert von der Bank), zu verrechnen mit künftigen Mietzahlungen und gibt auf Verlangen der Bank eine Sicherheit für den Kredit zum Grundstückserwerb. Die Sanierung scheitert. Strafbarkeit?

Wiederum ist der Gesamtkomplex als wirtschaftliche Einheit zu sehen. Danach hat die Bank eine Sicherheit aus dem Vermögen der GmbH bekommen, auf den sie keinen Anspruch hatte. Dieser Sicherheit stand aber keine Gegenleistung gegenüber, die der GmbH zugeflossen wäre. Danach ist die Masse in diesem Fall geschmälert und Strafbarkeit wegen Bankrott gem. § 283 StGB gegeben, die der Gläubigerbegünstigung vorgeht.

Übrigens wird regelmäßig schon bei Beträgen ab 30.000 Euro Bankrott im besonders schweren Fall nach § 283a StGB angenommen, was einen Strafrahmen von 6 Monaten bis 10 Jahren eröffnet.

6. Sechstes Beispiel

Noch ein Fall: Ein **Sanierer wird saniert**.

Ein Sanierungsberater hat eine Forderung aus Beratung von 100 gegen die zahlungsunfähige GmbH, die – nun schon bekannte – Ehefrau hat ein Segelboot. Der Berater gibt der Ehefrau einen Kredit über 100 und bekommt von ihr zur Sicherheit das Segelboot übereignet. Die Ehefrau gibt den Betrag als Kredit an die GmbH weiter und bekommt dafür als Sicherheit Maschinen von der GmbH, die jetzt ihre Verbindlichkeit gegenüber dem Berater erfüllt. Der Darlehensvertrag mit der Ehefrau enthält eine kongruente Gegenleistung: Zins- und Rückzahlungsverpflichtung mit Sicherungsübereignung stehen dem Darlehensanspruch gegenüber. Im Ergebnis hat aber der Berater für seine Forderung nicht die Quote, sondern eine 100 %-ige Absicherung erlangt. Auch in diesem Fall ist die Masse geschmälert, also keine Privilegierung als Gläubigerbegünstigung nach § 283c StGB, sondern Bankrott nach § 283 StGB.

V. Schluss

Ich hoffe, ich habe Ihnen, meine sehr verehrten Damen und Herren, anhand der Beispiele aus meiner Praxis als Staatsanwalt in Wirtschaftsstrafsachen einen Einblick in die Risiken des Sanierungsberaters geben können und freue mich auf Ihre Fragen und Anregungen.

Prof. Rolf Rattunde[**]

Gesellschaftsrecht in Krise und Insolvenz[*]

Before the reform in 2012 German restructuring law faced several problems due to the untouchability of shareholders' rights. From a practitioner's point of view this paper deals with the relationship between insolvency and company law. For this purpose the Suhrkamp proceeding serves as an example.

I. Gesellschaftsrecht in der Krise

Das Gesellschaftsrecht in der Unternehmenskrise stand in der Vergangenheit einer Vielzahl von Problemen gegenüber. Schlagwortartig seien hier nur die Finanzierungsverantwortlichkeit, Nachranggläubiger i.S.v. § 39 I Nr. 5 InsO sowie Rückzahlungssperren nach § 64 GmbHG und Rückzahlungsverbote gem. § 30 GmbHG a.F. genannt. Hinzutraten mannigfaltige steuerrechtliche Probleme.

Das MoMiG[1] hat diese Probleme, mit denen sich die gesellschafts- und insolvenzrechtliche Praxis jahrelang beschäftigte, erfreulicherweise beseitigt. Gewährt der Gesellschafter der Gesellschaft ein Darlehen, so tritt nunmehr eine völlig „normale" Rechtsfolge ein: Die Forderung ist nachrangig, § 39 Abs. 1 Nr. 5 InsO. Anknüpfungspunkt ist demnach nicht die Eigenkapitalersetzung der Gesellschafter, sondern der Gedanke, dass Gesellschafter, die den Schutz der Haftungsbegrenzung genießen, mit ihren Darlehensforderungen hinter die übrigen Gläubiger zurückzutreten haben.[2] Anders als nach früherer Rechtslage kommt es also nicht mehr auf die Eigenkapitalersetzung und somit auf die Krise an, vielmehr werden alle Auszahlungen und Rückzahlungen auf Gesellschafterdarlehen erfasst. Kurzum: Auch die reichste Gesellschaft hat nur nachrangige Insolvenzgläubiger, wenn

---

* Überarbeitete und mit Nachweisen versehene Fassung eines Vortrags, den der Verfasser am 24.5.2014 anlässlich des 10. Kieler Insolvenzrechtlichen Symposiums gehalten hat. Die Vortragsfassung wurde, soweit möglich, beibehalten.

** Rechtsanwalt und Notar, Fachanwalt für Insolvenz- und Steuerrecht. Honorarprofessor an der HTW Berlin.

1 Gesetz zur Modernisierung des GmbH-Rechts und zur Bekämpfung von Missbräuchen, BGBl. I S. 2026.

2 Etwa *Habersack* ZIP 2007, 2145, 2147; allgemein *Ehricke*, in: MüKo, InsO, 3. Aufl. 2013, § 39 Rn. 38 m.w.N. Gleichwohl sehen etwa *Bork* ZGR 2007, 250, 257 und *Hölzle* ZIP 2009, 1939 den Normzweck weiterhin in der Finanzierungsfolgenverantwortung.

sie Gesellschafter sind. Mit dem Sanierungsprivileg in § 39 Abs. 4 S. 2 InsO ist die Krise nur noch an versteckter Stelle maßgebend[3]; die praktische Bedeutung sollte zudem nicht überschätzt werden.

Die wohl letzte offene Rechtsfrage hat der II. Zivilsenat des Bundesgerichtshofs Ende 2012 geklärt[4]. Die Entscheidung betrifft das Auszahlungsverbot gegenüber Gesellschaftern gem. § 64 S. 3 GmbHG. Der BGH hat darauf erkannt, dass ein solches Auszahlungsverbot nur besteht, wenn *durch* die Auszahlung an einen Gesellschafter die Zahlungsfähigkeit eintritt. Nur in dieser (engen) Konstellation besteht ein Auszahlungsverbot. Ist die Gesellschaft hingegen bereits zahlungsunfähig, wird die Zahlungsfähigkeit gem. § 64 S. 3 GmbHG nicht durch die Auszahlung verursacht, da der befürchtete Zustand bereits eingetreten ist. Dabei hat der Senat zugleich klargestellt, dass auch fällige Gesellschafterforderungen in den Liquiditätsstatus einzubeziehen sind. Hat das nun zur Folge, wurde gefragt, dass man einem Gesellschafter nichts mehr zahlen darf? Doch, man darf, es sei denn, man führt gerade durch diese Zahlung den Tatbestand der Zahlungsunfähigkeit herbei.

Krisenrechtlich relevant bleibt gleichwohl die Rechtsprechung zur Treuepflicht der Gesellschafter, worauf an anderer Stelle noch einzugehen ist.

II. Gesellschaftsrecht in der Insolvenz

1. Gesellschaftsrechtliche Neutralität der InsO von 1994

Bereits in den 1980er Jahren kam die vom damaligen Bundesminister der Justiz *Hans-Jochen Vogel* eingesetzte Reformkommission zu der Erkenntnis, dass eine erfolgreiche Unternehmenssanierung Eingriffe in die Rechts- und Finanzstruktur bzw. Geschäfts- und Gesellschaftsanteile der Kapitalgesellschaft erfordere.[5] Wohl vor dem Hintergrund der Eigentumsgarantie des Grundgesetzes, Art. 14 GG,[6] sah der Reformgesetzgeber der Insolvenzordnung bekanntermaßen zunächst davon ab, eine entsprechende Eingriffsregelung in das Gesetz aufzunehmen. Die Konsequenzen liegen auf der Hand: Insolvenzpläne richteten sich ausschließlich gegen Gläubiger, die die Frage aufwarfen, warum nicht auch sie in den Genuss von

---

3 Vgl. in diesem Zusammenhang auch § 135 InsO.

4 BGH, Urteil vom 09.10.2012 – II ZR 298/11 = DZWIR 2013, 417.

5 Erster Bericht der Kommission für Insolvenzrecht, 1985, S. 282 f.

6 Schulmäßig *Kresser* ZInsO 2010, 1409, 1415. Zur Vereinbarkeit mit deutschem Verfassungsrecht insgesamt *Eidenmüller*, in: MüKo, InsO, 3. Aufl. 2014, § 225a Rn. 123.

Art. 14 GG kämen[7], sondern Sanierungsbeiträge erbringen müssten, während die – haftungsmäßig nachgeordneten! – Anteilseigner letztlich von der Gesundung profitierten.[8] Diese gesellschaftsrechtliche Neutralität der InsO von 1994 stellte sich insbesondere bei Großunternehmen und Konzernen als Sanierungserschwernis dar[9], wie beispielsweise die Abstimmungsschwierigkeiten im Insolvenzplanverfahren der *Senator Entertainment AG* vor zehn Jahren belegen.[10]

2. ESUG

Diese Unberührbarkeit der Binnenstruktur ist durch das ESUG[11] nunmehr entfallen. Mit § 225a Abs. 3 InsO hat der Gesetzgeber eine schlichte und praktikable Regelung geschaffen, um das Gesellschaftsrecht in das Planverfahren zu implementieren. Hiernach kann im Insolvenzplan jede gesellschaftsrechtlich zulässige Regelung getroffen werden, insbesondere die Übertragung von Anteils- und Mitgliedschaftsrechten. In diesem Fall bilden die Anteilseigner wie die Gläubiger gem. § 222 Abs. 1 S. 2 Nr. 4 InsO eine eigene Gruppe. Diese Gruppen können im Insolvenzplanverfahren Gesellschafterbeschlüsse fassen, die außerhalb des Verfahrens den Gesellschaftern obliegt. Die Zustimmung der Gesellschafter wird zudem unter den Voraussetzungen von § 254a Abs. 2 InsO fingiert. Einer befürchteten Verfahrensverschleppung kann durch salvatorische Klauseln[12] begegnet werden. Gesellschafter müssen den Beschluss somit zunächst dulden und werden für geltend gemachte Entschädigungsansprüche auf den Zivilrechtsweg verwiesen.

Solche Sanierungspläne sind seitdem ambivalent: Wir können uns heute einen Insolvenzplan vorstellen, der sich gegen die Gesellschafter als solche richtet, indem er zugunsten der Gläubiger einen Gesellschafterwechsel oder einen Verkauf der assets vorsieht. Denkbar ist aber auch ein alternativer Insolvenzplan, der Sanierungsbeiträge der Gläubiger vorsieht und das Eigenkapital erhält oder restituiert. Dabei liegen Kompromisslösungen auf der Hand. Der Inhalt solcher Pläne wird vielfach von demjenigen vorgegeben, der ihn verfasst. Das kann der Schuldner sein, aber auch der Insolvenz- bzw. Sachwalter, der weiß, wie groß die

---

7 Zum grundgesetzlichen Schutz von Insolvenzforderungen vgl. nur BVerfG, Beschluss vom 23.05.2006 – 1 BvR 2530/04 = NJW 2006, 2613, 2614.

8 Ähnlich auch *Kresser* ZInsO 2010, 1408, 1417 m.w.N.

9 *Uhlenbruck* NZI 2008, 201, 202 f.

10 Erschwerend ist hier zu berücksichtigen, dass eine Abwicklung bzw. ein asset deal bei Immaterialgütern nicht ohne weiteres möglich ist.

11 Gesetz zur weiteren Erleichterung der Sanierung von Unternehmen vom 07.12.2011, BGBl. I 2582.

12 Hierzu auch *Smid* ZInsO 1998, 347 und *Eidenmüller* NJW 1999, 1837, 1838.

Bedeutung desjenigen ist, der wiederum über diese Personen bestimmen kann. Wer also das Recht hat, in der Eigenverwaltung den Vorstandsposten zu besetzen oder dem Insolvenzgericht einen Sachwalter oder Insolvenzverwalter vorzuschlagen, der kann ermessen, was es bedeuten kann, während der Weichenstellung die richtige Person am Drücker zu haben.

Die Möglichkeiten, gesellschaftsrechtliche Beschlüsse im Insolvenzverfahren zu fassen, sind mannigfaltig:

a) debt-to-equity-swap

Wohl als Hauptanwendungsfall hat der Gesetzgeber den *debt-to-equity-swap* vorgesehen. Ein solcher Wandel von Fremd- in Eigenkapital bleibt ein kompliziertes Verfahren, bei dem durch den Tausch zweier Bilanzpositionen etwa Bewertungsprobleme[13] auftreten. Mit der Insolvenz des Holzwerkstoffproduzenten *Pfleiderer AG* gibt es bereits einen erfolgreichen Anwendungsfall.

b) Umwandlung

Entscheidend ist auch die Möglichkeit, mittels Insolvenzplans Umwandlungen vorzunehmen.[14] So wurde im *Suhrkamp-Verfahren* die Änderung der Rechtsform (Umwandlung einer KG in eine AG) beschlossen.

c) Ausgliederung

Bisher ohne Praxisbeispiel, aber gleichwohl diskutiert wird die Ausgliederung fortführungswürdiger Betriebsteile mit Hilfe des Insolvenzplans.[15] Als Alternative zur übertragenden Sanierung ist eine solche Maßnahme üblicherweise mit Nachhaftungsrisiken behaftet (§ 133 UmwG). In der Literatur wird vertreten, dass diese Problematik im Insolvenzplanverfahren nicht auftauche[16]. Hier bleibt abzuwarten, wie die Rechtsprechung sich entscheidet.

---

13 Grundlegend *Horstkotte/Martini* ZInsO 2012, 557.

14 *Eidenmüller*, in: MüKo, InsO, 3. Aufl. 2014, § 225a Rn. 97 f.

15 *Simon/Brünkmans* ZIP 2014, 657; *Eidenmüller*, in: MüKo, InsO, 3. Aufl. 2014, § 225a Rn. 99 f.; *Kahlert/Gehrke* DStZ 2013, 975.

16 *Simon/Brünkmans* ZIP 2014, 657, 665 f.; bis zu einer höchstrichterlichen Entscheidung könne hilfsweise ein Haftungsausschluss in den Insolvenzplan aufgenommen werden. Gegen eine teleologische Reduktion von § 133 UmwG *Eidenmüller*, in: MüKo, InsO, 3. Aufl. 2014, § 225a Rn. 100 und *Becker* ZInsO 2013, 1885, 1891.

d) *Austritt und Abfindung eines Gesellschafters*

Konnte der Gesellschafter den Gläubigern früher bisweilen mit der Insolvenz drohen, ist es heute umgekehrt. Gleichwohl muss im Falle des Austritts sichergestellt werden, dass etwaige Abfindungsansprüche das Sanierungsvorhaben nicht konterkarieren.[17] Bei den vielfältigen Gestaltungsmöglichkeiten, die § 225a Abs. 3 InsO erlaubt, hat sich der Reformgesetzgeber auch der Frage nach Austritt und Abfindung eines Gesellschafters gewidmet. § 225 Abs. 5 S. 1 InsO beschränkt hierbei die Höhe möglicher Abfindungsansprüche, indem als Berechnungsgrundlage die Vermögenslage bei hypothetischer Zerschlagung heranzuziehen ist.[18]

e) *Anmeldeberechtigung des Insolvenzverwalters beim Registergericht*

Als neuralgischer Punkt stellt sich die registerrechtliche Anmeldeberechtigung des Insolvenzverwalters dar. Der Gesetzgeber hat jedoch eine pragmatische Lösung gefunden. Die Anmeldung zum Handelsregister *kann* nach wie vor vom Organ vorgenommen werden; nach § 254a Abs. 2 S. 2 InsO ist im Übrigen der Insolvenzverwalter anmeldeberechtigt. Der Insolvenzverwalter ist also nicht auf ein Tätigwerden des Organs angewiesen.

Hinsichtlich der gerichtlichen Umsetzung hat der Gesetzgeber die Kompetenzen zwischen Insolvenz- und Registergericht abgegrenzt: Hiernach hat das Registergericht nur eine eingeschränkte Prüfungskompetenz, wobei ihm vor allem eine beurkundende Funktion zukommt; das Zustandekommen des Insolvenzplans hingegen wird durch das Insolvenzgericht kontrolliert.[19]

3. Einwendungen gegen das Verfahren

a) *Missbräuchliche Antragsstellung und Insolvenzgründe*

Die Praxis hat in jüngster Zeit Bedenken geäußert, dass Insolvenzanträge missbräuchlich gestellt werden könnten.[20] Eine missbräuchliche Insolvenzantragsstellung mag theoretisch denkbar sein,[21] ist aber mit den Methoden zu bekämpfen, mit denen man Missbräuche im Allgemeinen entgegentritt: mit Vertrauen und

---

17 BT-Drucks. 17/7511 S. 36.

18 Eine weitere Stellschraube ist die Stundungsmöglichkeit in § 225a Abs. 5 S. 2 InsO.

19 BT-Drucks. 17/5712, S. 37.

20 Zu missbräuchlichen Eigenanträgen jüngst *M. Brinkmann* ZIP 2014, 197 sowie *Eidenmüller* ZIP 2014, 1197.

21 Zutreffend weist *Eidenmüller* ZIP 2014, 1197, 1198 und 1201 f. darauf hin, dass für den Anwendungsbereich rechtsmissbräuchlicher Insolvenzanträge in Verfahrensordnungen,

Wachsamkeit, gerichtlicher Kontrolle und vor allem mit rechtlichem Gehör. Gerät ein Antrag in Missbrauchsverdacht, etwa weil der Konkurs nur fingiert zu werden scheint, ist es die Aufgabe des Insolvenzgerichts, dem Verdacht nachzugehen. Die zu prüfenden Insolvenzgründe sind objektivierbar, nachvollziehbar und lassen sich widerlegen.

b) Gutachter = Sachwalter?

Auch das Handeln eines Sachwalters kann durch einen unabhängigen Gutachter überprüft werden. Letztlich lassen sich auch Gutachter und die von ihnen erstellten Gutachten überprüfen. Bisher war es üblich, Sachwalter und Gutachter in einer Person zusammenzufassen. Möglichweise werden wir in Zukunft aber eine Trennung dieser beiden Funktionen beobachten. Das Missbrauchsproblem ist auch hier ein theoretisches, dessen praktische Auswirkung überschaubar ist und nur in Einzelfällen diskutiert wird.

c) Fehlende Beschwerdemöglichkeit für Gesellschafter

In diesem Zusammenhang wird auch die fehlende Möglichkeit der Gläubiger und Gesellschafter bemängelt, die Verfahrenseröffnung mit der sofortigen Beschwerde anzugreifen. Wenn man solche Beschwerdemöglichkeiten eröffnet, besteht die Gefahr missbräuchlich eingelegter Beschwerden, indem man das Gericht durch massenhaft eingelegte Beschwerden dazu zwingt, sich mit banalen Fragen zu beschäftigen, was das Sanierungsverfahren letztendlich torpediert.

d) Verfassungswidrigkeit (Art. 14 GG)

Schließlich wird gegen das Verfahren ein Verstoß gegen Art. 14 GG eingewandt. Gesellschafter könnten geltend machen, dass sie in ihrem Eigentumsrecht verletzt würden – Gläubiger hingegen nicht. In diesem Fall wäre auch ein Insolvenzplan zu Lasten der Gläubiger unzulässig: Darf die Rechtsposition des Aktionärs nicht berührt werden, dann gilt dies vice versa auch für die des Gläubigers. Das Insolvenzverfahrensrecht wäre dann tot. Auch Zwangsvergleiche dürfte es nicht geben. Letztlich wäre das gesamte Sanierungs- und Insolvenzrecht von Anfang an verfassungswidrig gewesen. Diese Konsequenz zieht jedoch erkennbar niemand.

---

in denen die Verfahrenseröffnung von materiellen Eröffnungsgründen abhängt (vgl. § 16 InsO), „konzeptionell und praktisch kaum Raum ist".

U.a. *Karsten Schmidt*[22] sieht neben dem Recht des Gesellschafters am Kapital noch ein Mitgliedschaftsrecht, das dem Gläubiger haftungsmäßig nicht zugeordnet sei. Letztlich hängt diese Frage von den Grundwertungen des Gesetzgebers ab,[23] die hier lautet: Die Abfindung berechnet sich wie bei einer Liquidation (§ 225a Abs. 5 InsO), einen Aufschlag für das Mitgliedschaftsrecht sieht das Gesetz nicht vor.

4. Insolvenz- und registergerichtlicher Prüfungsumfang

Das *AG Charlottenburg*[24] hat sich im Suhrkamp-Fall mit Beschluss vom 20.6.2013 neben dem Anspruch der Gesellschafter auf rechtliches Gehör mit dem Umfang der gerichtlichen Prüfung beschäftigt. Der ESUG-Gesetzgeber[25] hat sich zu dieser Frage im Laufe des Gesetzgebungsverfahrens geäußert. Das Gericht prüft im Wesentlichen die Vereinbarkeit des Insolvenzplans mit den gesetzlichen Vorgaben und ob die Gruppen sachgerecht eingeteilt sind, da hiervon die Abstimmungsverhältnisse abhängen; die wirtschaftliche Zweckmäßigkeit ist hingegen nicht erfasst.[26] Der Prüfungsumfang des Gerichts beschränkt sich somit auf die verfahrensmäßig dargestellten Modalitäten.

Erfahrungsgemäß bereitet die Gruppenbildung bei der Planerstellung bzw. dessen Überprüfung durch das Gericht angesichts der klaren Vorgaben von § 222 InsO[27] keine Schwierigkeiten. Komplizierter wird es für das Gericht, wenn sich das Insolvenz- oder Registergericht im Rahmen des debt-to-equity-swap mit dem Stamm- bzw. Grundkapital auseinandersetzen muss.

Beispiel: Dem Registerrichter wird ein Insolvenzplan vorgelegt, mit dem das Kapital durch eine Sacheinlage auf 100 Mio. € erhöht werde. Die Forderungen der Gläubiger würden eingebracht und bildeten das neue Haftkapital; zudem würden Aktien emittiert. Während normalerweise das Registergericht von einem Notar einen Gründungsbericht und ein Bewertungsgutachten eingereicht bekommt, stellen sich nun Fragen rund um die Bewertung. Die hierzu angebotenen Ansätze sind vielfältig.[28]

---

22 BB 2011, 1603 sowie ZIP 2012, 2085, 2087; ähnlich auch *M. Brinkmann* WM 2011, 97, 100 sowie ZIP 2014, 197, 201 und *Madaus* ZGR 2011, 749, 757.

23 *Kresser* ZInsO 2010, 1409, 1416 zum Eingriff in Gesellschafterrechte als Inhalts- und Schrankenbestimmung.

24 AG Charlottenburg, Beschluss vom 20.06.2013 – 36s IN 2196/13 = ZInsO 2013, 2501.

25 BT-Drucks. 17/5712, S. 32.

26 BT-Drucks. 17/5712, S. 32 f.

27 § 9 Abs. 4 BetrAVG.

28 Zu den verschiedenen Ansätzen vgl. *Horstkotte/Martini* ZInsO 2012, 557, 563 Fn. 47.

Feststeht, dass dem Inferenten durch § 254 Abs. 4 InsO eine Differenzhaftung nach den allgemeinen Vorschriften[29] nicht droht. Dieser Haftungsausschluss wird jedoch nur hinzunehmen sein, wenn sich eine Stelle dieser Bewertungsfragen angenommen hat, andernfalls wird dem Rechtsverkehr Garantiekapital vorgespiegelt, das es nicht bzw. nicht in der Werthaltigkeit gibt.[30] Zum Teil[31] wird dieses Vertrauen des Rechtsverkehrs bezweifelt.

Gleichzeitig bleibt eine Haftung des Verwalters bzw. der Organe der Schuldnerin unklar.[32]

5. Rechtsschutz im Insolvenzplanverfahren

Die im Planverfahren überstimmten Gläubiger und jetzt auch Gesellschafter sind nicht rechtlos. Ihnen steht ein ganzes Bündel an Möglichkeiten zur Verfügung, die sie mit Gegenangriffsmöglichkeiten geltend machen können:

a) Planprüfung, § 231 InsO

Zunächst hat das Gericht den Insolvenzplan gem. § 231 InsO zu prüfen. Wie bereits dargestellt, bedeutet das insbesondere die Überprüfung einer sachgemäßen Gruppenbildung. Darüber hinaus wird das Gericht in Umwandlungsfällen die neue Satzung der schuldnerischen Gesellschaft überprüfen.

b) Minderheitenschutz, § 251 InsO

Gläubiger und Gesellschafter müssen, um vom Minderheitenschutz zu profitieren, glaubhaft machen (§ 251 Abs. 2 InsO iVm. §§ 4 InsO, 294 ZPO), dass sie durch den Plan voraussichtlich schlechtergestellt werden, als sie ohne Plan stünden, § 251 Abs. 1 Nr. 2 InsO. Ein Gläubiger kann nicht lediglich geltend machen, dass eine höhere Befriedigungsquote realisierbar sei; gleiches gilt für den Vortrag eines Gesellschafters, die planbedingte Wandlung vom Kommandisten zum Aktionär stelle eine Schlechterstellung dar. Denn der Vergleichspunkt ist nicht die außerinsolvenzliche Situation, sondern die Stellung in und nach einem Regelverfahren.

---

29 Vgl. § 9 GmbHG.

30 Zum Neugläubigerschutz vgl. nur *M. Brinkmann* WM 2011, 97, 101; zur gerichtlichen Prüfungspflicht *Horstkotte/Martini* ZInsO 2012, 557, 567 Fn. 67 und *Madaus* ZIP 2012, 2133, 2138 f.

31 Etwa *Cahn/Simon/Theiselmann* DB 2010, 1629, 1631.

32 Der Gesetzgeber hatte ein Sachverständigengutachten im Sinn, das „in der Regel" zur Exkulpation des Verwalters führt, vgl. BT-Drucks. 17/5712, S. 36.

Im Falle einer solchen Regelabwicklung beträgt die Befriedigungsquote des Gesellschafters im Zweifelsfall null[33], arg. § 225a Abs. 5 InsO.

c) Obstruktionsentscheidung, § 245 InsO

Ein ähnliches Kontrollmittel stellt die Obstruktionsentscheidung nach § 245 InsO dar. Auch hier muss eine Schlechterstellung – eben nur auf die gesamte überstimmte Gruppe bezogen – durch den Plan im Verhältnis zur Regelabwicklung erfolgen. Für Gesellschafter gilt hier § 245 Abs. 3 InsO.

d) Sofortige Beschwerde, § 253 InsO

Gegen die Obstruktionsentscheidung ist nur die sofortige Beschwerde nach § 253 InsO statthaft. Der Beschwerdeführer muss hier eine *wesentliche* Schlechterstellung darlegen. Auch wenn Einzelheiten der Erheblichkeitsschwelle hier offen sein mögen[34], so reicht eine normale Schlechterstellung jedenfalls nicht aus. Kann der Beteiligte die Beschwerde begründen, gelingt ihm a maiore ad minus auch die Begründung eines Minderheitenschutzantrags. Dies wird im Schrifttum teilweise[35] zum Anlass genommen, einen Minderheitenschutzantrag zur Zulässigkeitsvoraussetzung der Beschwerde zu erheben. Dieser Einschränkung schloss sich kürzlich das LG Berlin[36] an. Der BGH ist dem nicht gefolgt.[37]

Die Rechtsbeschwerde hingegen ist nur noch zulässig, wenn das Beschwerdegericht seine Entscheidung für grundsätzlich bedeutsam hält und sie zulässt, § 574 ZPO.

e) Freigabeverfahren, § 253 Abs. 4 InsO

Die geschilderten Rechtsbehelfe nehmen viel Zeit in Anspruch. Das ESUG hat dem Insolvenzverwalter daher das Freigabeverfahren nach § 253 Abs. 4 InsO zur

---

33 BT-Drucks. 17/5712, S. 32: „regelmäßig [...] Wertlosigkeit der Anteile".

34 Laut Begr. zum RegE reicht „jedenfalls" eine Schlechterstellung von unter 10 % nicht aus, BT-Drucks. 17/5712, S. 35. Vgl. nunmehr auch BGH, Urteil vom 17.09.2014 – IX ZB 26/14 = WM 2014, 2011.

35 *Fischer* NZI 2013, 513; *Braun/Frank*, in: Braun, InsO, 6. Aufl. 2014, § 253 Rn. 11; a.A. *Sinz*, in: MüKo, InsO, 3. Aufl. 2014, § 251 Rn. 57.

36 LG Berlin, Beschluss vom 24.02.2014 – 51 T 107/14 = ZIP 2014, 893.

37 In der Zwischenzeit hat der BGH den o.g. Beschluss des LG Berlin aufgehoben, vgl. BGH, Beschluss vom 17.07.2014 – IX ZB 13/14 = NZI 2014, 2436.

Seite gestellt, das dem aktienrechtlichen Freigabeverfahren gegen Anfechtungsklagen (§ 246a AktG)[38] nachgebildet ist.

Das Landgericht kann nun eine – möglicherweise sogar erfolgversprechende![39] – Beschwerde zurückweisen, wenn das Vollzugsinteresse das Aussetzungsinteresse überwiegt. War die zurückgewiesene Beschwerde tatsächlich zulässig und begründet, steht dem Beschwerdeführer ein Schadensersatzanspruch zu, den er außerhalb des Planverfahrens vor dem Landgericht als Prozessgericht geltend zu machen hat, § 254 Abs. 4 S. 4 InsO. Die Norm folgt also einer ähnlichen Logik wie die o.g. salvatorischen Klauseln. Hier gibt es keine weitere Beschwerde zum BGH.[40]

6. Gesellschaftsrechtliche Treuepflicht in der Insolvenz?

Im Laufe der letzten Jahre, wenn nicht sogar Jahrzehnte entwickelte der für das Gesellschaftsrecht zuständige II. Zivilsenat des BGH die Rechtsprechung zur Treuepflicht der Gesellschafter in der Krise. Diese Jurisdiktion gipfelt in der Entscheidung des BGH vom 19. 10. 2009.[41] In diesem Urteil wird der Gesellschafter vor die Wahl gestellt, die Sanierung entweder zu begleiten oder sich mit einem Liquidationserlös von der Gesellschaft zu trennen. „*Sanieren oder ausscheiden*" – so wird die Entscheidung in der Literatur[42] tatsächlich genannt. Entgegen der hitzigen Diskussion bleibt die praktische Auswirkung dennoch gering: Wenn die Gesellschafter erst einmal anfangen, sich womöglich in langwierigen Ausschluss- und Feststellungsprozessen über das Ausscheiden einzelner zu streiten, ist die Krise entweder nicht allzu präsent oder sie realisiert sich und mündet schließlich in die Insolvenz.

Gleichzeitig steht bereits seit der *Girmes-Entscheidung*[43] fest, dass Gesellschafter zur gegenseitigen Unterstützung bei Sanierungen verpflichtet sind; andernfalls besteht eine Schadensersatzpflicht. Diese Treuepflicht reduziert sich nach dem BGH jedoch mit Eintritt der Liquidation[44] und damit auch in der Insolvenz, die dieses Stadium qua Gesetz herbeiführt. Nach Ansicht des OLG Frankfurt[45] können vermeintliche Treuepflichten nicht in das Kompetenzgefüge des Insolvenz(plan-)verfahrens eingreifen. Vielmehr ende die Treuepflicht in der Insolvenz.[46]

38 Begr. der Beschlussempfehlung BT-Drucks. 17/7511, S. 36.
39 Arg. e Abs. 4 S. 3 InsO; *Sinz*, in: MüKo, InsO, 3. Aufl. 2014, § 253 Rn. 58.
40 BGH, Urteil vom 17.09.2014 – IX ZB 26/14 = WM 2014, 2011.
41 BGH, Urteil vom 19.10.2009 – II ZR 240/08 = DZWIR 2010, 498.
42 Statt aller *Wagner* NZG 2009, 1378.
43 BGH, Urteil vom 20.03.1995 – II ZR 205/94 = NJW 1995, 1739.
44 BGH, Beschluss vom 02.07.2007 – II ZR 181/06 = ZIP 2007, 1988.
45 OLG Frankfurt, Beschluss vom 01.10.2013 – 5 U 145/13 = DZWIR 2014, 370.
46 OLG Frankfurt, Beschluss vom 07.10.2013 – 5 U 135/13 = ZInsO 2013, 2162.

7. Verfassungsbeschwerde

Gegen die gesellschaftsrechtlichen Vorschriften des ESUG wurde bereits eine Verfassungsbeschwerde erhoben. Den beantragten Erlass einer einstweiligen Anordnung lehnte das BVerfG[47] mit Beschluss vom 17.10.2013 ab. Bemerkenswert ist die Begründung. Das BVerfG führt aus, dass der insolvenzgerichtliche Verfahrensgang hinreichend Gelegenheit bietet, etwaige (Grund-)Rechtsverletzungen zu rügen. Wörtlich: „*Die notwendige gerichtliche Bestätigung des Insolvenzplans bietet den Beschwerdeführern die Möglichkeit, sowohl ihre einfachrechtlichen Einwände gegen den Insolvenzplan als auch ihre verfassungsrechtlichen Bedenken gegen die gesetzliche Regelung des Insolvenzplanverfahrens einschließlich der Rechtsschutzbeschränkungen vorzutragen und die – auch im Schrifttum [...] – kontroverse Beurteilung der durch das [ESUG] erfolgten Änderungen der Insolvenzordnung einer fachgerichtlichen Klärung zuzuführen.*"

8. Fazit

Trotz erfolgreicher Sanierungen stellten die Spannungen zwischen Gesellschafts- und Insolvenzrecht den Rechtsanwender vor praktische Probleme. Ähnlich wie das MoMiG dreieinhalb Jahre zuvor hat das ESUG einen ersten Beitrag geleistet, diese Wogen zu glätten. Insbesondere die Generalnorm in § 225a Abs. 3 InsO gibt den Beteiligten ein schlichtes und zugleich vielfältiges Instrument an die Hand, dessen praktische Umsetzung durch verfahrensrechtliche Regelungen flankiert wird. Über dieses Verdienst sollten Unsicherheiten wie die ungeklärten Bewertungsfragen nicht hinwegtäuschen.

Gleichzeitig stößt das ESUG auch mehr als zwei Jahren nach seinem Inkrafttreten angeregte Diskussionen an, wie die etwa jüngere Auseinandersetzung mit der gesellschaftsrechtlichen Treuepflicht zeigt. Hinsichtlich der Rechtsschutzmöglichkeiten im Planverfahren schafft der jüngere Beschluss des BVerfG Rechtssicherheit. Die weitere Akzeptanz des Insolvenzplans als „gesellschaftsrechtliches Universalwerkzeug"[48] bleibt abzuwarten. Die ersten erfolgreichen Anwendungsfälle erlauben zumindest Zuversicht. Mit Sicherheit lässt sich jedoch sagen: Trotz oder wegen des ESUG bleibt das Gesellschaftsrecht in Krise und Insolvenz ein Thema, das Praxis und Wissenschaft weiterhin beschäftigen wird.

---

47 2 BvR 1978/13 = ZIP 2013, 2163.

48 So *Eidenmüller* NJW 2014, 17.

Univ.-Prof. Dr. Andreas Konecny*

Offene Rechtsfragen bei der internationalen Zuständigkeit nach der EuInsVO

The lecture "Unresolved legal issues of international jurisdiction under the EU Regulation on Insolvency Proceedings" addresses unresolved legal issues of international jurisdiction under the EU Regulation on Insolvency Proceedings and illustrates such issues, in particular, with the case „Alpine Bau GmbH A 1 Spółka Jawa". In addition, the ECJ case law on international jurisdiction is evaluated and the reform of the EU Regulation on Insolvency Proceedings by the proposal of the Commission (12 December 2012 COM (2012) 744 final) is taken into consideration.

I. Einleitung

Wird man als Österreicher zu einer Insolvenzrechtstagung nach Deutschland eingeladen,[1] bietet sich als Thema das gemeinsame europäische Insolvenzrecht an. Dieses ist uferlos, es ist ein Teilproblem anzusprechen. Die Wahl fiel auf „Offene Rechtsfragen bei der internationalen Zuständigkeit nach der EuInsVO". Das mag auf den ersten Blick wundern. Die internationale Zuständigkeit für Haupt- und Sekundärinsolvenzverfahren[2] ist ein Thema, das Praxis, Wissenschaft und EuGH bereits seit vielen Jahren intensiv beschäftigt. Angesichts des uferlosen Materials und einiger EuGH-Urteile, insb denen in den Rechtssachen *Eurofood*[3] und *Interedil*,[4] könnte man meinen, die wesentlichen Fragen seien geklärt. Anhand eines Insolvenzfalls wird jedoch dargestellt, wie schwer die Bestimmung

---

* Der Autor ist Universitätsprofessor am Institut für Zivilverfahrensrecht der Universität Wien.

1 Der Beitrag beruht auf dem Vortrag, den der Verfasser beim 10. Kieler Insolvenzsymposium am 23. Mai 2014 gehalten hat. Die Vortragsfassung wurde im Wesentlichen beibehalten und um einen knappen Anmerkungsapparat ergänzt.
Der Verfasser gratuliert *Silke Wehdeking* und *Stefan Smid*, den Veranstaltern des Kieler Insolvenzsymposiums, bei dieser Gelegenheit (nochmals) herzlich zum zehnjährigen Jubiläum der Tagung!

2 Ebenso die Frage, was insolvenznahe Prozesse sind. Darauf wurde aus Zeitgründen im Vortrag nicht eingegangen, dieses Rechtsgebiet bleibt daher auch im folgenden Beitrag ausgespart.

3 EuGH, Urteil vom 02.05.2006 - C-341/04, *Eurofood IFSC* = Slg 2006 I-3813.

4 EuGH, Urteil vom 20.10.2011 - C-396/09, *Interedil* = Slg 2011 I-9915.

der Zuständigkeit für Insolvenzverfahren Praxis und Wissenschaft immer noch und sogar bei keineswegs ausgefallenen Sachverhalten fällt. Fragen, die gerade das Urteil *Interedil* offen lässt, sollen näher erörtert werden. Keine Rolle spielt dabei, dass der Anlassfall österreichische und polnische Gerichte beschäftigt, er könnte sich in allen anderen Mitgliedstaaten der EU ereignet haben.

Zuerst wird der Ausgangsfall geschildert (II.) und die EuGH-Rechtsprechung zur Zuständigkeitsbestimmung in Erinnerung gerufen (III.). Vertieft wird dann auf drei Detailfragen eingegangen, nämlich darauf, was unter der Einstellung der Tätigkeit zu verstehen ist, die laut dem *Interedil*-Urteil zum „Einfrieren" des COMI führt; darauf, wo der laut dem *Interedil*-Urteil bedeutsame Ort der Hauptverwaltung der Schuldnerinteressen liegt, sowie auf die Anforderungen an Personal- und Vermögenseinsatz für eine Niederlassung nach art 2 lit h EuInsVO (IV. bis VI.).

II. Der Fall Alpine A 1-GmbH spółka jawna

Der Insolvenzfall, auf dessen Grundlage in der Folge einige Überlegungen angestellt werden, ist Frucht der Insolvenz der österreichischen ALPINE Bau GmbH. Es ist die Frucht eines vergifteten Baums. Über das Vermögen der ALPINE Bau GmbH wurde im Juni 2013 ein Insolvenzverfahren eröffnet, das größte in Österreich seit vielen Jahrzehnten. Rund 15.000 Forderungsanmeldungen über mehr als 4 Mio € langten ein. Weitere Eckdaten sind: 7.000 Arbeitnehmer, 4.300 weltweit verstreute Baustellen, 200 in- und ausländische Beteiligungen und dazu 550 Arbeitsgemeinschaften mit anderen Bauunternehmen in Form von Gesellschaften bürgerlichen Rechts.[5] Man kann viel aus diesem Fall lernen, auch zum internationalen Insolvenzrecht.

Der hier besprochene Fall betrifft die ALPINE A 1-GmbH spółka jawna (in der Folge kurz ALPINE sp.j. genannt).[6] Das ist eine Gesellschaft, die von der ALPINE Bau GmbH mit zwei anderen Konzerngesellschaften gegründet wurde (darunter übrigens die deutsche ALPINE-Tochter, mit einem deutschen Insolvenzverfahren „gesegnet"). „Spółka jawna" heißt offene Gesellschaft. Es handelt sich um eine **Projekt- bzw Zielgesellschaft** mit dem einen Zweck, sich in Polen um ein Autobahnbauprojekt zu bewerben, das die dortige Generaldirektion für Kraftfahrstraßen und Autobahnen (in der Folge kurz GD für Generaldirektion)

5 Einen informativen Überblick zu den ersten knapp anderthalb Jahren bietet der Insolvenzverwalter: s. *Riel*, zik 2014/245, 174.

6 Zahlreiche Details zu dieser Gesellschaft enthält die Entscheidung des OLG Wien (vom 29.10.2013 – 28 R 370/13g = ZIK 2014/42, 29).

ausgeschrieben hatte. Gegründet wurde die ALPINE sp.j. nach polnischem Recht, sie ist in Warschau registriert. Im Register ersichtlich ist die einzige voll haftende und damit geschäftsführende Gesellschafterin, die österreichische ALPINE Bau GmbH, die eingetragen Geschäftsführer sind Österreicher und Organe der Mutter. Die ALPINE sp.j. wurde von der GD beauftragt, ein Stück Autobahn zu bauen. Es kam jedoch zu Streitigkeiten, 2009 wurde der Vertrag aufgelöst, 2010 die Baustelle der GD übergeben. Seither gibt es nur noch wechselseitige Klagen in Polen, wobei die ALPINE sp.j. wegen Vertragsbruchs von der GD den stattlichen Betrag von 257 Mio € verlangt. Die ALPINE sp. j. hing finanziell am Tropf der Mutter-GmbH, und als diese insolvent wurde, folgte im Herbst 2013 die Tochter.

Über Antrag des für Beteiligungen zuständigen besonderen Insolvenzverwalters der Mutter[7] wurde im September 2013 vom Handelsgericht Wien ein Hauptinsolvenzverfahren eröffnet. Die GD erhob Rekurs (also Beschwerde), doch das OLG Wien hielt die Eröffnung mit Beschluss vom 29.10.2013 aufrecht.[8] Begründet wurde die internationale Zuständigkeit Österreichs unter Verweis auf das *Interedil*-Urteil des EuGH damit, dass auf den tatsächlichen Mittelpunkt der Verwaltung und Kontrolle der Gesellschaft und ihrer Interessen abzustellen sei, nicht auf die Vermögensbelegenheit. In der Entscheidungsbegründung wird breit

---

7 In Österreich betreffen die Unternehmerinsolvenzen ganz überwiegend kleine und mittelgroße Unternehmen. Zudem wird die Verwaltung in Insolvenzverfahren auf relativ viele Personen verteilt. Schließlich wird recht streng darauf geachtet, dass die Insolvenzverwalter, wie in Deutschland überwiegend Rechtsanwältinnen und Rechtsanwälte, von Schuldnern und Gläubigern unabhängig sind (s § 80b Insolvenzordnung [= IO]). Vor allem aus dem letzten Grund sind Insolvenzverwalter kaum in großen Rechtsanwaltskanzleien tätig, die idR die in vielen Verfahren auftretenden Gläubiger, insb die Banken, vertreten. Anders als in Deutschland haben sich auch keine auf Insolvenzverwaltung spezialisierten Großkanzleien gebildet, einerseits wegen der wenigen umfangreichen und vergütungsintensiven Fälle, andererseits, weil die Insolvenzgerichte die Verwaltungen tendenziell breiter gestreut vergeben. Die österreichische „Insolvenzlandschaft" ist durch vergleichsweise viele auf Insolvenzverwaltung spezialisierte Rechtsanwaltskanzleien mit wenigen Verwalterpersonen gekennzeichnet. Insolvenzverfahren von außergewöhnlicher Größe können diese allein kaum bewältigen. Abwicklungsprobleme vermeiden die Insolvenzgerichte, indem sie zusätzlich zum Insolvenzverwalter noch besondere Verwalter für bestimmte Aufgabenbereiche bestellen (s § 86 IO); meist sind diese aus anderen Kanzleien, so dass insgesamt die nötigen personellen Kapazitäten vorliegen. Im Fall ALPINE Bau GmbH gab es fünf besondere Verwalter, darunter den im Text erwähnten Verantwortlichen für die zahlreichen Beteiligungen der insolventen Schuldnerin (s dazu *Riel,* zik 2014/245, 174, 176 f).

8 Siehe OLG Wien, Entscheidung vom 29.10.2013 – 28 R 370/13g = ZIK 2014/42, 29.

dargelegt, warum die Geschäftsführung, auf die das Rechtsmittelgericht abstellt, für Dritte erkennbar immer, jedenfalls aber ab Einstellung der Bautätigkeit bzw letztlich ab der Verdrängung der Geschäftsführung durch den besonderen Verwalter für Beteiligungen der Mutter ALPINE Bau GmbH von Österreich aus erfolgte. In Polen hätte es spätestens seit 2010 bis auf die Prozesse keine Anknüpfungskriterien gegeben.

Die GD reagierte auf das österreichische Verfahren mit einem Eröffnungsantrag beim zuständigen Warschauer Gericht und begehrte unter anderem ein Sekundärinsolvenzverfahren. Das Rayongericht für die Hauptstadt Warschau[9] eröffnete es, weil es in Polen eine Niederlassung der ALPINE sp.j. gebe. Das Rechtsmittel der Schuldnerin wurde vom Bezirksgericht (= BG) Warschau[10] mit im wesentlichen folgender Begründung abgewiesen: Das österreichische Gericht gehe zu Unrecht von der Zuständigkeit Österreichs aus, das COMI befinde sich jedoch in Polen, damit auch eine Niederlassung; Polen sei daher für das Sekundärinsolvenzverfahren zuständig.

Zusammengefasst haben die Gerichte folgende für die weitere Untersuchung wesentlichen Bezugspunkte zu Österreich bzw Polen in ihren Entscheidungen aufgelistet:

1. Bezug zu Österreich:

- Sitz der allein geschäftsführenden Gesellschafterin bzw
- Tätigkeitsort der Geschäftsführer, beides im polnischen Register ersichtlich;
- alle strategischen und betriebswirtschaftlichen Entscheidungen, jedenfalls ab Beendigung der Bautätigkeit in Polen;
- ab 2013 Tätigkeitsort des besonderen Insolvenzverwalters, der alle Beteiligungen der insolventen Mutter verwaltete.

2. Bezug zu Polen:

- Registrierung, Sitz und Geschäftsadresse; seit 2009 gibt es am Sitz (nur noch) ein gemietetes Geschäftslokal ohne Geschäftsschild, wo Post vom Vermieter angenommen und nach Österreich geschickt bzw seit 2013 retourniert wird;

---

9 Entscheidung vom 29.10.2013 –X GU 470/13. Siehe dazu die Hinweise in zik 2014/229, 152.

10 Entscheidung vom 29.01.2014 – 1646/13 = zik 2014/229, 152.

- bis 2009 die gesamte Wirtschaftstätigkeit samt allen bautechnischen Entscheidungen, seither keine Tätigkeit mehr, außer
- Prozesse mit der GD, die durch einen polnischen Rechtsanwalt geführt werden;
- ein gesperrtes Bankkonto mit 2,5 Mio PLN;
- die ALPINE sp.j. ist formell nicht in Liquidation und könnte weiterbauen.

Offen bleibt in allen Entscheidungen, **wo die operative Geschäftsführung ausgeübt wurde,** also ob etwa die österreichischen Organe der ALPINE sp.j. in Polen mit der GD und Subunternehmern verhandelten und Verträge abschlossen oder ob sich GD und Vertragspartner in geschäftlichen Fragen an die in Österreich sitzenden Organe wandten.

Haidmayer[11] hat Stellung zur Entscheidung des OLG Wien genommen und sie scharf als Ausdruck einer Tendenz nationaler Gerichte, Insolvenzverfahren in den eigenen Mitgliedstaaten zu ziehen, kritisiert. Unter Verweis auf das *Interedil*-Urteil meint sie, maßgeblicher Zeitpunkt für die Zuständigkeitsbeurteilung sei die Einstellung der Bautätigkeit. Damals sei das COMI in Polen gelegen, der Ort, an dem sich die als Organe handelnden natürlichen Personen befänden, sei ebenso unmaßgeblich wie das Insolvenzverfahren der Muttergesellschaft.

III. Grundlagen der internationale Zuständigkeit nach der EuInsVO

1. Problemstellung

Der Ausgangsfall ist zuerst ein ganz alltäglicher: Eine Muttergesellschaft gründet in einem anderen Mitgliedstaat eine Tochtergesellschaft, die ein bestimmtes Projekt durchführen soll. Die Geschäftsleitung erfolgt über die Mutter, die Geschäftstätigkeit ausschließlich im anderen Mitgliedstaat. Schon diese einfache Variante wurde ganz unterschiedlich beurteilt:[12] Das OLG Wien[13] erklärt unter Berufung auf das *Interedil*-Urteil den Ort der Geschäftsführung für relevant, *Haidmayer*[14] kann das aus *Interedil* nicht herauslesen, nach der Entscheidung des polnischen Rechtsmittelgerichts, das allerdings nicht ausdrücklich Bezug auf die Rechtsprechung des EuGH nimmt, sind Sitz und Geschäftstätigkeit ausschlaggebend, der Ort der Geschäftsführung wird offenbar für irrelevant gehalten. Uneinigkeit

11 Zum Interessenmittelpunkt einer Tochtergesellschaft in der Konzerninsolvenz, zik 2014/7, 4, 5 f.

12 Vgl. auch schon bei und in den Fn. 8 bis 11.

13 Entscheidung vom 29.10.2013 – 28 R 370/13g = ZIK 2014/42, 29.

14 ZIK 2014/7, 6.

besteht auch hinsichtlich der Änderung, dass nach Beendigung des Vertrags über den Straßenbau und damit der eigentlichen Geschäftstätigkeit (nur) noch über wechselseitige Ansprüche prozessiert wird. Das OLG Wien nimmt spätestens jetzt eine COMI-Verlagerung nach Österreich an und geht von der Lage im Zeitpunkt aus, in dem der Antrag auf Eröffnung eines Insolvenzverfahrens gestellt wurde. Nach *Haidmayer* bewirkt hingegen der Abbruch der Bautätigkeit ein Fixieren des COMI im Sinne des *Interedil*-Urteils. Die polnischen Gerichte wiederum betonen, die ALPINE sp.j. könne mangels formeller Liquidation und bei potenzieller Einigung mit der GD weiterbauen, ein Mangel an Wirtschaftstätigkeit sei nicht gegeben.

Die ganz divergierenden Meinungen zum Ausgangsfall spiegeln die Bewertung des *Interedil*-Urteils wider. Teils werden seine Aussagen als unergiebig oder banal empfunden,[15] teils als wichtig und hilfreich,[16] manche sehen darin den Sieg der „Head-office-functions-Theorie",[17] andere eine Absage an diese und einen Sieg der „Business-activity-Doktrin".[18] Hat das zumeist als grundlegend empfundene *Interedil*-Urteil also doch keine Klarheit geschaffen, oder wird es nur teilweise unrichtig gedeutet? Darum soll es in der Folge gehen. Zuvor sind ganz kurz die vom EuGH ausjudizierten Kriterien zur Beurteilung der internationalen Zuständigkeit für Haupt- und Sekundärinsolvenzverfahren in Erinnerung zu rufen.

2. EuGH zur internationalen Zuständigkeit für Hauptinsolvenzverfahren

Für **Hauptinsolvenzverfahren** ausschlaggebend ist der Mittelpunkt der hauptsächlichen Schuldnerinteressen.[19] Der EuGH hat inzwischen in einigen Urteilen Stellung zur COMI-Bestimmung genommen. Die für die weitere Untersuchung des Anlassfalls wichtigen Aussagen werden nun unter Angabe der relevanten Randnummern zusammengefasst.

---

15 *Wolf* GPR 2012, 149, 151 f.

16 Vgl. *Geroldinger* ZIK 2011/293, 208, 213.

17 *Geroldinger* ZIK 2011/293, 208, 210; *Klauser/Weber*, in: Nunner-Krautgasser/Kapp/Clavora, Jahrbuch Insolvenz- und Sanierungsrecht 2013, S. 42.

18 *Cranshaw* DZWIR 2012, 53, 57; s. auch *Klauser/Weber*, in: *Nunner-Krautgasser/Kapp/Clavora*, Jahrbuch 2013, 42, nach denen ein Schritt in diese Richtung gemacht werde. Siehe aber *Piekenbrock* LMK 2012, 327375 (Entscheidungsanmerkung), nach dem kein Exklusivitätsverhältnis zwischen diesen beiden Ansätzen bestehe.

19 Dazu ausführlich jüngst *Fehrenbach*, Haupt- und Sekundärinsolvenzverfahren, 2014, S. 71 ff.

Im ***Eurofood*-Urteil**[20] ließ uns der EuGH folgendes wissen:

- Die Zuständigkeit ist für **jeden Schuldner** gesondert zu bestimmen, der eine juristisch selbstständige Einheit ist (Rn 30).
- Der Begriff des Mittelpunkts der hauptsächlichen Schuldnerinteressen ist **autonom** auszulegen (Rn 31).
- Maßgeblich sind **objektive** und für **Dritte erkennbare Umstände** (Rn 33).
- Die **Vermutung**, das COMI befinde sich bei Gesellschaften im Staat des **satzungsmäßigen Sitzes**, ist **ernst zu nehmen** und kann nur **ausnahmsweise widerlegt** werden, wenn die Lage nicht derjenigen entspricht, die sich in der Anknüpfung der internationalen Zuständigkeit an den satzungsmäßigen Sitz widerspiegelt; so bei Vorliegen einer **Briefkastenfirma** im Sitzstaat (Rn 34 f).
- Die bloße **wirtschaftliche Kontrolle** einer Gesellschaft durch eine andere **hat keinerlei Bedeutung** (Rn 36).
- Die **Zuständigkeitsentscheidung** des eröffnenden Gerichts ist von den Gerichten anderer Mitgliedstaaten **nicht nachzukontrollieren** (Rn 49).[21]

Offen blieben die Kriterien für die Bestimmung des Interessenmittelpunkts. Dazu trifft das ***Interedil*-Urteil**[22] einige Aussagen und wiederholt Bekanntes:

- Der Begriff des COMI ist **autonom** auszulegen (Rn 43).
- Das COMI ist nach **objektiven** Umständen zu bestimmen, von denen **Dritte, insb Gläubiger, Kenntnis haben konnten** (Rn 49).
- Das dient der **Rechtssicherheit** und **Vorhersehbarkeit** der Zuständigkeitsbeurteilung (Rn 49).
- Die am satzungsmäßigen Sitz anknüpfende **Zuständigkeitsvermutung** und der im 13. ErwGr erwähnte **Ort der Verwaltung** zeigen die Intention des Unionsgesetzgebers, dem **Ort der Hauptverwaltung** als Zuständigkeitskriterium den Vorzug zu geben (Rn 48).
- Befinden sich die **Verwaltungs- und Kontrollorgane** einer Gesellschaft am Ort ihres **satzungsmäßigen Sitzes** und werden dort die **Verwaltungsentscheidungen** in durch Dritte feststellbarer Weise **getroffen**, lässt sich die **Vermutung nicht widerlegen** (Rn 50).

---

20 EuGH, Urteil vom 02.05.2006 - C-341/04, *Eurofood IFSC* = Slg 2006 I-3813.

21 Das wiederholte der EuGH später, zB im Urteil vom 21.01.2010 - C-444/07, *MG Probud Gdynia* = Slg 2010 I-417. Nach EuGH, Urteil vom 04.09.2014 - C-327/13, *Burgo Group SpA/Illochroma SA in Liquidation*, Rn. 28 gilt das sogar dann, wenn das eröffnende Gericht „stillschweigend" das COMI durch die Eröffnung eines Hauptinsolvenzverfahrens festgestellt hat; s dazu *Anzenberger* zik 2015/5, 5, 6.

22 EuGH, Urteil vom 20.10.2011 - C-396/09, *Interedil* = Slg 2011 I-9915.

- Befindet sich der Ort der **Hauptverwaltung nicht an ihrem satzungsmäßigen Sitz**, kann die **Vermutung widerlegt** werden (Rn 51).
- Zu den dann zu berücksichtigenden Faktoren gehören ua alle Orte, an denen die Gesellschaft eine **wirtschaftliche Tätigkeit** ausübt bzw **Vermögenswerte besitzt** (Rn 52).
- Es kommt in einer **Gesamtbetrachtung** auf die **Umstände des Einzelfalls** an (Rn 52).
- Das Vorhandensein von **Gesellschaftsaktiva** und das **Bestehen von Verträgen** über deren finanzielle Nutzung in einem **anderen als dem Sitzstaat** führt aber nur dann zur Widerlegung der Vermutung, wenn eine Gesamtbetrachtung aller Faktoren die von Dritten überprüfbare Feststellung zulässt, dass sich der **tatsächliche Mittelpunkt der Verwaltung und der Kontrolle der Gesellschaft** sowie der **Verwaltung ihrer Interessen** in diesem anderen Mitgliedstaat befindet (Rn 53).
- Das ist nach Lage im **Antragszeitpunkt** zu beurteilen, auch bei **Sitzverlegung** (Rn 55).
- Hat die Gesellschaft aber **„jede" bzw „jegliche" Tätigkeit eingestellt**, ist dem Ort der Vorzug zu geben, an dem der **letzte Interessenmittelpunkt** lag (Rn 58).

Im Urteil ***Rastelli Davide***[23] wiederholt der EuGH diese Aussagen und betont die Maßgeblichkeit des **„tatsächlichen Verwaltungs- und Kontrollzentrums"** für die Zuständigkeit (Rn 39).

3. EuGH zur internationalen Zuständigkeit für Sekundärinsolvenzverfahren

Es gibt ein polnisches Sekundärinsolvenzverfahren über die ALPINE sp.j., daher müsste in Polen eine **Niederlassung** iSd art 2 lit h EuInsVO zu finden sein. Dazu sagt der EuGH im ***Interedil*-Urteil**:[24]

- Da eine Niederlassung mit Personaleinsatz verknüpft ist, sind ein **Mindestmaß an Organisation** und eine **gewisse Stabilität** erforderlich (Rn 62).
- Das bloße Vorhandensein **einzelner Vermögenswerte** oder eines **Bankkontos** genügt **nicht,** ebenso wenig **Vertragsverhältnisse** (Rn 62).
- Maßgeblich sind **objektive** und für **Dritte erkennbare Umstände** (Rn 63).
- Wichtige Aussagen sind auch dem ***Burgo Group*-Urteil** zu entnehmen:[25]

---

23 EuGH, Urteil vom 15.12.2011, C-191/10, *Rastelli Davide e C*, Slg 2011 I-13209.
24 EuGH, Urteil vom 20.10.2011 – C-396/09, *Interedil* = Slg 2011 I-9915.
25 EuGH, Urteil vom 04.09.2014 – C-327/13, *Burgo Group SpA*.

- Eine **Niederlassung** und damit auch die internationale Zuständigkeit für ein Sekundärinsolvenzverfahren kann **im Sitzstaat** einer insolventen Gesellschaft liegen (Rn 39).
- Für eine Niederlassung ist ein **Mindestmaß an Organisation** und eine **gewisse Stabilität** erforderlich (Rn 31).
- Das bloße Vorhandensein **einzelner Vermögenswerte** oder eines **Bankkontos** genügt **nicht,** ebenso wenig **Vertragsverhältnisse** (Rn 31).

IV. Zur Bedeutung der Einstellung der (operativen) Tätigkeit

Anhand des Beispielsfalls ALPINE sp.j. soll nun geprüft werden, wie die EuGH-Rechtsprechung zur Klärung von Zuständigkeitsstreitigkeiten geeignet ist. Zuerst ist der für die Zuständigkeitsbeurteilung **maßgebliche Zeitpunkt** herauszuarbeiten. Die Aussagen dazu divergieren:[26] Das OLG Wien stellt auf den Antragszeitpunkt ab, wenn es letztlich auf die Befugnisse des besonderen Insolvenzverwalters hinweist. *Haidmayer* rügt das als Übergehen des *Interedil*-Urteils, laut dem es bei Beendigung der Geschäftstätigkeit auf den letzten Interessenmittelpunkt ankomme. Das polnische Rechtsmittelgericht weist darauf hin, dass die ALPINE sp.j. eine Zielgesellschaft zu Bauzwecken in Polen gewesen sei, deren Tätigkeit nie die Staatsgrenzen überschritten habe.

Die Frage nach dem maßgeblichen Zeitpunkt lässt sich unter Heranziehung der EuGH-Rechtsprechung klar beantworten. Seit dem ersten Urteil zur EuInsVO in der Rechtssache *Staubitz-Schreiber*[27] ist unstrittig, dass es auf die **Lage im Antragszeitpunkt** ankommt. Dieser ist nach dem *Interedil*-Urteil[28] grundsätzlich heranzuziehen, auch wenn es Änderungen beim COMI gegeben hat. Damit ist einmal kein Argument, dass eine Gesellschaft für Tätigkeiten in einem bestimmten Mitgliedstaat gegründet wurde, wenn sie diese beendet hat. Ebenso **unrichtig** ist die Behauptung, der EuGH vertrete im *Interedil*-Urteil, mit **Ende der Geschäftstätigkeit** im Sinn der **operativen Tätigkeit**, im Ausgangsfall also des Straßenbaus, sei das **COMI** sozusagen **„festgefroren“**.[29] *Interedil* war eine italienische Gesellschaft, deren Sitz nach London verlagert, deren Vermögen an eine andere Gesellschaft übertragen und die später gelöscht wurde. Angeblich hatte *Interedil* aber doch noch Vermögen in Italien, und diesbezüglich wurde

26 Siehe bereits oben Fn. 8 bis 11.

27 EuGH, Urteil vom 17.01.2006 – C-1/04, *Staubitz-Schreiber* = Slg 2006 I-701, Rn 29.

28 EuGH, Urteil vom 20.10.2011 – C-396/09, *Interedil* = Slg 2011 I-9915, Rn 57.

29 AA *Haidmayer* zik 2014/7, 6; s. auch *Cranshaw* DZWIR 2012, 57.

ein italienisches Insolvenzverfahren eröffnet, wobei die Zuständigkeit umstritten war. Im Vorabentscheidungsverfahren dazu brachte *Interedil* vor, sie habe „jede Tätigkeit" eingestellt. Der EuGH, der das als reine Rechtsinstanz nicht überprüft, sondern von der Behauptung ausgeht, meinte, bei Einstellung „jeglicher" Tätigkeit sei am letzten Mittelpunkt der hauptsächlichen Interessen anzuknüpfen.

Schon das wirft Folgefragen auf. Mit dem BGH[30] wird der **Löschung** in Registern **keine Bedeutung** zuzumessen sein. Eine endgültige **formelle Abwicklung** ist mE ebenfalls **nicht zu verlangen**, das faktische Beenden aller Tätigkeiten reicht aus.

Darauf ist hier nicht weiter einzugehen, weil am Ausgangsfall rechtlich interessant ist, dass nicht jede, sondern nur die ursprüngliche Geschäftstätigkeit beendet wurde; daraus resultierende Streitigkeiten waren gerichtsanhängig. Damit sind solche Fälle nicht mit der Lage im Fall *Interedil* gleichzusetzen, in dem der EuGH vom Fehlen „jeder" bzw „jeglicher" Tätigkeit ausgeht und daher das COMI am letzten Tätigkeitsort festmacht. Das **Durchsetzen von Ansprüchen** aus der bereits beendeten eigentlichen Geschäftstätigkeit ist eine **Abwicklungsmaßnahme, die für die Zuständigkeitsbestimmung beachtlich ist**. „*Auch die im Rahmen der Abwicklung einer Gesellschaft vorgenommenen Rechtsgeschäfte und Handlungen sind grundsätzlich für die Bestimmung des Mittelpunkts der hauptsächlichen Interessen einer Gesellschaft relevant.*" – das sagt zutreffend die GA *Kokott* in ihren Schlussanträgen zum *Interedil*-Urteil,[31] und das entspricht dem *Interedil*-Urteil, wenn der EuGH nur bei Einstellung „jeglicher" Tätigkeit am letzten COMI anknüpft.

Mehr noch: Der **Interessenmittelpunkt** einer Gesellschaft wird **nicht „eingefroren"**, wenn sie bloß die ursprünglich verfolgte **Geschäftstätigkeit wegen Konflikten abbricht** und Ersatzansprüche verfolgt. Die Situation ist nicht mit der Lage im Fall *Interedil* vergleichbar, in dem nach (jedenfalls von einer Seite behaupteter) Übertragung des gesamten Gesellschaftsvermögens die Schuldnergesellschaft liquidiert, also tatsächlich stillgelegt wurde. Denn die prozessierende Gesellschaft könnte **jederzeit wieder operativ tätig sein**, selbst dann, wenn sie ursprünglich nur für ein bestimmtes Projekt gegründete worden war. Dazu nötige Finanzmittel könnten entweder vorhanden sein oder eben gerade durch Gewinn der betriebenen Prozesse hereingebracht werden.

---

30 BGH, Beschluss vom 01.12.2011 – IX ZB 232/10 = EuZW 2012, 193; BGH, Beschluss vom 21.06.2012 – IX ZB 287/11 = NZI 2012, 725 = ZIP 2012, 1920 = ZInsO 2012, 1491.

31 Schlussanträge der GA *Kokott*, 10.11.2011 – C-396/09, *Interedil*, Rn. 71. Ebenso *Cranshaw* DZWIR 2012, 57; *Geroldinger* ZIK 2011/293, 211. Auf diese Aussage in den Schlussanträgen geht *Haidmayer* ZIK 2014/7, 4 ff nicht ein.

Überträgt man diese Erwägungen auf den Anlassfall für die Untersuchung, war richtig betrachtet nicht von der Sachlage bei Beendigung der Bautätigkeit in Polen auszugehen, sondern von der im Zeitpunkt, in dem in Wien bzw in Warschau Anträge auf Eröffnung von Insolvenzverfahren gestellt wurden.

V. Zur (Haupt-)Verwaltung der Schuldnerinteressen

1. Hauptverwaltung als zentrales Zuständigkeitskriterium

Prüft man anhand des Beispielsfalls ALPINE sp.j. weiter die Bestimmung der internationalen Zuständigkeit für ein Hauptinsolvenzverfahrens, ist entscheidend, wo zum Zeitpunkt der Eröffnungsanträge der Interessenmittelpunkt der Schuldnergesellschaft belegen war. Schon die Grundvariante des Falls zeigt, dass dabei **ein zentrales Kriterium klärungsbedürftig ist**. Wo liegt der **„Ort der Hauptverwaltung"**, auf den es nach dem *Interedil*-Urteil des EuGH zentral ankommt? Unser Ausgangsfall ist alltäglich: Eine Gesellschaft gründet zur Abwicklung eines Projekts in einem anderen Mitgliedstaat eine Tochter. Dort befinden sich satzungsmäßiger Sitz und Geschäftstätigkeit, die Geschäftsführung soll hingegen vom Sitzstaat der Mutter aus erfolgen. Strategische und betriebswirtschaftliche Entscheidungen fallen also dort, die Projektabwicklung wird jedoch vor Ort geleitet. Manche wichtige Maßnahmen, zB der Abschluss von Verträgen, können in beiden Staaten oder anderswo stattfinden. Wo liegt der Ort der Hauptverwaltung?

Auf die Mutter kommt es einmal nicht an. Seit dem *Eurofood*-Urteil[32] ist klar, dass die Zuständigkeit nach der EuInsVO **für jede Konzerngesellschaft gesondert** zu beurteilen ist.[33]

Trotz des ausführlichen *Interedil*-Urteils gibt es zwei Unklarheiten. Die erste liegt darin, dass der EuGH zwar wiederholt von der Verwaltung bzw Kontrolle einer Gesellschaft und ihrer Interessen spricht, ohne aber eindeutig zu sagen, was darunter zu verstehen ist. Zweitens ordnet der EuGH bei örtlichem Auseinanderfallen von Sitz und Hauptverwaltung eine Einzelfallbetrachtung an, bei der auch Orte mit wirtschaftlicher Tätigkeit und sogar bloßer Vermögensbelegenheit zu berücksichtigen sind.

---

32 EuGH, Urteil vom 02.05.2006 – C-341/04, *Eurofood IFSC* = Slg 2006 I-3813. Daran ändert wohl auch die unklare Aussage des EuGH im Urteil *Burgo Group* nichts, wonach eine Niederlassung rechtsfähig sein könne (s. Rn. 39); s. dazu *Anzenberger* zik 2015/5, 6; *Cranshaw* DZWIR 2014, 437 (481); *Mankowski*, NZI 2014, 967 f.

33 Siehe auch *Slonina* ZIK 2012/5, 4, 6.

Man stößt hier auf Unklarheiten in der Argumentation des EuGH. Schon im *Eurofood*-Urteil[34] und sehr deutlich im *Interedil*-Urteil[35] meint der Gerichtshof, dass der satzungsmäßige Sitz an sich keine eigenständige Bedeutung habe – die Vermutung, der Interessenmittelpunkt von Gesellschaften sei dort gegeben, und die Bezugnahme auf den Ort der Verwaltung im 13. Erwägungsgrund zeige, dass der **Unionsgesetzgeber dem Ort der Hauptverwaltung als Zuständigkeitskriterium den Vorzug gebe.**[36] Damit ist klar, warum der EuGH die Vermutung für unwiderleglich erklärt, wenn der satzungsmäßige Sitz am eigentlich zuständigkeitsrelevanten Ort, nämlich dem der Hauptverwaltung, liegt. Sollte dann aber nicht dieser statt der Ort des satzungsmäßigen Sitzes in art 3 Abs 1 EuInsVO erwähnt sein? Und warum bei Auseinanderfallen der beiden Orte die komplizierte Gesamtbetrachtung statt des einfachen Hinweises, dass die Vermutung widerlegt ist, wenn sich der Ort der Hauptverwaltung in einem anderen als dem Sitzstaat befindet? Hintergrund ist wohl, dass ein satzungsmäßiger Sitz leicht, eine Hauptverwaltung uU sehr schwer auszumachen ist. Am Sitz anzuknüpfen bringt Rechtssicherheit.

Letztlich sagt aber der EuGH im *Interedil*-Urteil ohnedies, wenngleich verklausuliert, dass immer nach der Hauptverwaltung zu suchen ist. Befindet sich diese im Sitzstaat, ist das COMI unwiderleglich dort. Befindet sie sich nicht im Sitzstaat, ist im Rahmen einer Gesamtbetrachtung auch auf wirtschaftliche Tätigkeit und Vermögensbelegenheit abzustellen. Diese Kriterien spielen aber nur dann eine Rolle, wenn aus ihnen abzuleiten ist, *„dass sich der tatsächliche Mittelpunkt der Verwaltung und der Kontrolle der Gesellschaft sowie der Verwaltung ihrer Interessen in diesem anderem Mitgliedstaat befindet"*.[37] Kann man also objektiv und für Dritte erkennbar eine **Hauptverwaltung anderswo als im Sitzstaat feststellen, liegt dort der Interessenmittelpunkt.**

2. Hauptverwaltung am Ort der Verwaltungszentrale

Das führt zum nächsten Problem: **Wo befindet sich die Hauptverwaltung?** Ihre Verortung ist deshalb schwierig, weil der EuGH dazu wenig sagt und die Verwaltung der Schuldnerinteressen eine vielschichtige, an mehreren Orten ausübbare Tätigkeit ist. Das zeigt anschaulich der Beispielsfall ALPINE sp.j.: Zur Abwicklung eines Bauprojekts gehören das Abschließen von Verträgen mit Auftraggebern und

34 EuGH, Urteil vom 02.05.2006 – C-341/04, *Eurofood IFSC* = Slg 2006 I-3813, Rn 34 ff.
35 EuGH, Urteil vom 20.10.2011 – C-396/09, *Interedil*, Rn 50 ff.
36 EuGH, Urteil vom 20.10.2011 – C-396/09, *Interedil*, Rn 48.
37 EuGH, Urteil vom 20.10.2011 – C-396/09, *Interedil*, Rn 53.

Subunternehmern, die Beschaffung der nötigen Finanzierung, Arbeitskräfte und Baugeräte, die Weisungen an die Arbeitnehmer auf der Baustelle usw. Vieles, man denke etwa an Vertragsverhandlungen und Vertragsabschlüsse oder die Kreditaufnahme bei Banken, kann in jedem der beiden Mitgliedstaaten oder sogar in dritten geschehen.

Interessenmittelpunkt kann es nur einen geben.[38] Im Hinblick auf Rechtssicherheit und Vorhersehbarkeit bei der Zuständigkeitsbestimmung[39] ist daher zuerst einmal nach einem Ort zu suchen, an dem sich in vielen Fällen ein Mittelpunkt für die Verwaltung der Gesellschaftsinteressen befindet, und das ist die **Verwaltungszentrale**. Für deren Relevanz finden sich in der EuGH-Rechtsprechung mehrere Anhaltspunkte: So im *Interedil*-Urteil[40] das Abstellen auf die **„Haupt"-Verwaltung** und darauf, wo sich die **„Verwaltungs- und Kontrollorgane"** der Gesellschaft befinden[41] bzw wo die **Verwaltungsentscheidungen** getroffen werden; weiters die Formulierung vom **Mittelpunkt der Verwaltung und der Kontrolle der Gesellschaft sowie der Verwaltung ihrer Interessen**. Noch klarer ist die Formulierung im Urteil *Rastelli Davide,*[42] wo vom **„tatsächlichen Verwaltungs- und Kontrollzentrum"** die Rede ist.

Damit wird auch der **Begriff der „Verwaltung"** greifbarer. Offenbar kommt es dem EuGH darauf an, wo die **Organe tätig** sind und die **wesentlichen Entscheidungen getroffen** werden, nicht wo diese umgesetzt werden, wo also die Geschäftstätigkeit ausgeübt wird.

Zu suchen ist somit die **Geschäftsführungszentrale**, über die Gesellschaften meistens verfügen und die mit einiger Rechtssicherheit feststellbar ist. Dass sich die Geschäftsführer dort nicht immer aufhalten und ihre Tätigkeit manchmal in anderen Mitgliedstaaten ausüben – ein Bauprojekt mit einer staatlichen Stelle wird wohl eher auswärts verhandelt werden – ist nicht maßgeblich. Eine Geschäftszentrale ist der erkennbare Ort, an den sich Dritte wenden können, wenn sie Kontakt mit der Gesellschaft aufnehmen wollen. Zudem macht es gerade insolvenzrechtlich betrachtet Sinn, am Mitgliedstaat der Verwaltungszentrale anzuknüpfen. Dort, wo sich in der Regel die Organe, die informierten Mitarbeiter und die Geschäftsunterlagen befinden, dort muss der Insolvenzverwalter

---

38 Das ist unstrittig: s nur *Schneider,* in: Konecny, IO, § 63 Rn. 23 mwN.

39 Die gerade der EuGH stets betont: s nur EuGH, Urteil vom 02.05.2006 – C-341/04, *Eurofood IFSC* = Slg 2006 I-3813, Rn 33.

40 EuGH, Urteil vom 20.10.2011 – C-396/09, *Interedil,* Rn 48, 50.

41 Krit. dazu *Wolf* GPR 2012, 152.

42 EuGH, Urteil vom 15.12.2011, C-191/10 – *Rastelli Davide e C,* Slg 2011 I-13209, Rn 39.

primär ansetzen, um das Unternehmen in den Griff zu bekommen.[43] Kann man so einen Ort feststellen, dann hat sich mE nur danach die Zuständigkeit für das Insolvenzverfahren zu richten.

Eine deutlich erkennbare Verwaltungszentrale kann aber **fehlen**, etwa bei kleinen, in Auflösung befindlichen oder dezentralisiert geleiteten Gesellschaften.[44] Dann kann uU die vom EuGH angeordnete **Gesamtbetrachtung** ergeben, dass sich doch ein Ort feststellen lässt, an dem die Schuldnergesellschaft verwaltet und kontrolliert wird. Lässt sich so ein Mittelpunkt der Interessenverwaltung **nicht objektiv und deutlich feststellen**, bleibt es bei der Zuständigkeit des Mitgliedstaats mit dem **Satzungssitz**.

Wendet man die Überlegungen auf den Beispielsfall einer insolventen Projektgesellschaft an, ist zu betonen, dass es keine generelle Lösung gibt: Wird nämlich eine Projektgesellschaft ausschließlich im Mitgliedstaat tätig, in dem sie den Sitz hat, wird sie aber erkennbar von einer Zentrale in einem anderen Mitgliedstaat aus im Sinn des *Interedil*-Urteils geleitet, wäre dort das COMI anzunehmen. Gibt es hingegen im Sitz- und Projektstaat eine Geschäftsadresse mit verantwortlichen Mitarbeitern oder gar den Gesellschaftsorganen, wohin sich Dritte, insb Gläubiger und Vertragspartner, wenden können, wenn etwas zu klären ist, dann kann die Verwaltungszentrale durchaus dort anzusiedeln sein, selbst wenn die Organe sich überwiegend in einem anderen Mitgliedstaat aufhalten. Es kommt eben auf die tatsächliche und für Dritte erkennbare Ausübung der Interessenverwaltung im konkreten Insolvenzfall an.

3. Änderungen bei der Hauptverwaltung

Der Interessenmittelpunkt einer Gesellschaft kann sich im Lauf der Zeit ändern, wie zB der *Interedil*-Fall anschaulich zeigt (Sitzverlagerung in einen anderen Mitgliedstaat, Übertragung von Gesellschaftsvermögen auf eine andere Gesellschaft, Beendigung der Geschäftstätigkeit). Bei einer Tochtergesellschaft, die in einem anderen Mitgliedstaat zwecks Abwicklung eines Projekts gegründet wurde, ist das von Beginn an angelegt, wenn die Geschäftstätigkeit zeitlich begrenzt ist, wie etwa bei Bauvorhaben: Nach einiger Zeit wird es im Projektstaat in aller Regel keine zu verwaltenden Baustellen, Arbeitnehmer, Geräte usw geben. Auch im Beispielsfall ALPINE sp.j. war nicht die oben bei B. besprochene ursprüngliche Lage des Interessenmittelpunkts relevant, weil es zu nachträglichen Änderungen

---

43 So bereits *Konecny* zik 2005/2, 2, 4 f. = in *Konecny*, Insolvenz-Forum 2004, 2005, S. 131, 137.

44 Siehe etwa *Mankowski* NZI 2011, 995 (Entscheidungsanmerkung).

kam (Abbruch des Straßenbauvorhabens, Beginn von Rechtsstreitigkeiten, die zu Prozessen führten). Dann ist eine Bewertung der Sachlage im Zeitpunkt, in dem in einem Mitgliedstaat der Antrag auf Eröffnung des Insolvenzverfahrens gestellt wird, vorzunehmen.[45] Das *Interedil*-Urteil[46] stellt klar, dass **nachträgliche Änderungen** bei der Zuständigkeitsbeurteilung **zu berücksichtigen sind**. Beendet wie im Beispielsfall ALPINE sp.j. eine Projektgesellschaft ihre Tätigkeit im Sitzstaat, belässt sie an der Geschäftsadresse nur mehr einen Briefkasten und erschöpft sich der Bezug zum ehemaligen Tätigkeitsstaat bloß noch in Prozessen, dann hat sie dort keine Hauptverwaltung. Diese befindet sich am Ort, an dem die Organe ihren Sitz haben und von wo aus sie die Rechtsstreitigkeiten im anderen Staat leiten.

Auch die nachträgliche **Insolvenz der Mutter** und die Übernahme ihrer Beteiligungen durch einen Insolvenzverwalter können zuständigkeitsrelevant sein. Das allerdings nur, wenn der **Verwalter erkennbar die Geschäftsleitung der Projektgesellschaft ausübt**. Nicht ausreichend ist es, wenn er nur die internen Befugnisse eines Gesellschafters wahrnimmt und mittelbar auf die Geschäftsführung einwirkt.

VI. Zum Begriff der Niederlassung

Abschließend kurz zur dritten Rechtsfrage, die der Ausgangsfall aufwirft, nämlich zu der nach den Voraussetzungen für eine Niederlassung. Sie verlangt nach gesetzlicher Definition in art 2 lit. h) EuInsVO[47] eine wirtschaftliche Aktivität des Schuldners nicht vorübergehender Art, die den Einsatz von Personal und Vermögenswerten voraussetzt.

Im Beispielsfall ALPINE sp.j. wurde in Polen ein Sekundärinsolvenzverfahren eröffnet.[48] Zur Zuständigkeit meinte das BG Warschau,[49] das COMI befinde sich ohnedies in Polen, daher auch eine Niederlassung. Dazu ist einmal zu bemerken, dass laut Rechtsprechung des EuGH[50] die Zuständigkeitsbeurteilung des Gerichts, das ein Hauptinsolvenzverfahren eröffnet, nicht nachzuprüfen ist; und das **COMI ist etwas anderes als eine Niederlassung**. **Richtig** ist aber, dass

45 Vgl. oben bei A.

46 EuGH, Urteil vom 20.10.2011 – C-396/09, *Interedil,* Rn 56.

47 Zum Verhältnis des Niederlassungsbegriffs nach EuInsVO und EuGVVO (2012) *Fehrenbach,* Haupt- und Sekundärinsolvenzverfahren, S. 101 f.

48 Siehe dazu die Kritik von *Kuglarz* zik 2014/173, 129. Der Autor war als Rechtsanwalt am Verfahren beteiligt.

49 zik 2014/229, 152.

50 Siehe oben bei und in Fn. 20.

im Sitzstaat eine bloße Niederlassung bestehen kann, wie kürzlich der EuGH ausführlich darlegte.[51] Um die Begründung, warum in einem bestimmten Mitgliedstaat Personal, Vermögen und Wirtschaftstätigkeit im Sinn des art 2 lit h EuInsVO vorhanden sind, kommt man jedenfalls mit einem Blankoverweis auf den angeblich im Sitzstaat belegenen Mittelpunkt der hauptsächlichen Schuldnerinteressen nicht herum.

Ebenfalls **nicht zielführend** ist eine Argumentation mit der **ehemaligen wirtschaftlichen Tätigkeit**,[52] weil die Zuständigkeitsprüfung auf den **Zeitpunkt des Eröffnungsantrags** abzustellen hat.[53] Im Beispielsfall hatte die ALPINE sp.j. in Polen keine Arbeitskräfte, Baumaschinen usw. Man könnte nun zwar erwägen, die Aussage im *Interedil*-Urteil zum „Einfrieren" des COMI bei Einstellung der Geschäftstätigkeit nützlich zu machen.[54] Das ist jedoch abzulehnen, denn die zum COMI getroffene Aussage passt nicht zur Niederlassung. Einen Interessenmittelpunkt hat jeder Schuldner, Niederlassung aber nicht notwendig. Außerdem würde ein zuständigkeitsrelevantes „Einfrieren" aufgelassener Niederlassungen dazu führen, dass zeitlich unbegrenzt, also auch noch nach Jahren Sekundärinsolvenzverfahren in Mitgliedstaaten eröffnet werden könnten. Das ist mE mit den Gläubigerschutzerwägungen hinter der Schaffung von Sekundärinsolvenzverfahren[55] und schon gar nicht mit Praktikabilitätsgründen[56] zu rechtfertigen und könnte dazu führen, Sekundärinsolvenzverfahren in Mitgliedstaaten zu eröffnen, in denen bloß noch Vermögen der Schuldnergesellschaft vorhanden ist – genau das soll aber nicht geschehen.[57]

---

51 ,Urteil vom 04.09.2014 – C-327/13, *Burgo Group SpA*, Rn. 32.

52 Vgl. aber die Argumentation der polnischen Gerichte: X GU 470/13 und 1646/13 – zik 2014/229, 142.

53 ZB *Cranshaw* DZWIR 2012, 57; *Fehrenbach*, Haupt- und Sekundärinsolvenzverfahren, S. 111 f; *Kuglarz* zik 2014/173, 129; *Wolf* GPR 2012, 152. Vgl. aber *Geroldinger*, Verfahrenskoordination im europäischen Insolvenzrecht, 2010, S. 72, wonach auf den Zeitpunkt der Eröffnung des Sekundärinsolvenzverfahrens abzustellen ist; bzw *Geroldinger* ZIK 2011/293, 211 f., wonach nicht ausschließlich auf den Antragszeitpunkt abgestellt werden dürfe.

54 Vgl. – allerdings ohne Bezugnahme auf das *Interedil*-Urteil – BG Warschau 1646/13 = zik 2014/229, 152, wonach zwecks Gläubigerschutzes auf die ehemalige wirtschaftliche Tätigkeit abgestellt werden müsse, zumindest wenn die Liquidation des Geschäftsbetriebs für Dritte nicht erkennbar war.

55 Siehe ErwGr 11 zur EuInsVO.

56 Siehe ErwGr 19 zur EuInsVO.

57 Ausdrücklich EuGH, Urteil vom 20.10.2011 – C-396/09, *Interedil*, Rn. 62 und EuGH, Urteil vom 04.09.2014 – C-327/13, *Burgo Group*, Rn. 31.

Daher ist erforderlich, dass die Voraussetzungen für eine Niederlassung im Antragszeitpunkt gegeben sind, und das laut EuGH[58] in einer **für Dritte erkennbaren Weise**[59] und mit einer **Mindestorganisation.**[60] Legt man das auf den Beispielsfall um, ergibt sich, dass bei Stellung des Eröffnungsantrags ALPINE sp.j. in Polen keine Arbeitnehmer hatte, der Geschäftssitz ein bloßer Briefkasten war und es keinen Geschäftsbetrieb gab. Der Streit zwischen ALPINE sp.j. und der GD war überdies in Polen und damit allen Beteiligten durchaus bekannt bzw erkennbar, denn er zog sogar Folgen in der gesetzlichen Regelung der Vergabe öffentlicher Aufträge nach sich.[61]

Die Hinweise polnischer Gerichte auf ein **Bankkonto** und die eingeklagte **Forderung** laufen auf bloße Vermögensbelegenheit hinaus, das reicht nicht aus.[62]

Am ehesten tragfähig ist der Hinweis des Insolvenzgerichts[63] auf die **Prozessführung**: Diese sei eng mit der Führung des Betriebs verbunden und würde zweifelsohne den Einsatz von Personal und Vermögenswerten erfordern. Näher ausgeführt wird das nicht. Man könnte argumentieren, dass ALPINE sp.j. für die Prozesse Rechtsanwälte beschäftigte, Geld investierte, zumindest für Prozesskosten, und der eingeklagte Anspruch in Polen gelegenes Vermögen sei, weil gem art 2 lit g) 3. Spiegelstrich EuInsVO bei Forderungen auf den Mitgliedstaat abzustellen ist, in dem der zur Leistung verpflichtete Dritte seinen Interessenmittelpunkt im Sinn des art 3 Abs 1 EuInsVO hat. Ob allerdings schon bloßes Prozessführen in einem Mitgliedstaat bereits einen Niederlassung begründet, muss dem EuGH im Weg des Vorabentscheidungsverfahrens als Rechtsfrage vorgelegt werden. ME sind die Voraussetzungen für eine Niederlassung nicht gegeben. Ein freiberuflicher Rechtsanwalt zählt nicht zum Personal eines Schuldners,[64] und worin bei Prozessführung im Ausland dort die die Organisation einer wirtschaftlichen Tätigkeit bestehen sollte, die der EuGH verlangt, ist offen. **Auslandsprozesse**

---

58 EuGH, Urteil vom 20.10.2011 – C-396/09, *Interedil,* Rn. 63.

59 *Fehrenbach,* Haupt- und Sekundärinsolvenzverfahren, 2014, S. 107 ff. hält dieses Merkmal nicht für erforderlich.

60 Siehe auch *Fehrenbach,* Haupt- und Sekundärinsolvenzverfahren, 2014, S. 103, nach dem ein „Mindestmaß an Komplexität rechtlicher Beziehungen" notwendig sei. Das Mindestmaß an Organisation und eine gewisse Stabilität hält allerdings *Cranshaw* DZWIR 2012, 58 hingegen für „weniger praktisch verwertbar".

61 Siehe dazu *Kuglarz* zik 2014/173, 131.

62 Siehe bei und in Fn. 23.

63 Siehe BG Warschau – 1646/13 = zik 2014/229,142.

64 Vgl. auch BGH, Beschluss vom 21.06.2012 – IX ZB 287/11 = NZI 2012, 725 = ZIP 2012, 1920 = ZInsO 2012, 1491, der das für die Person eines Steuerberaters verneint hat.

begründen für sich allein keine Niederlassung im Sinn der EuInsVO und damit keine Zuständigkeit für Sekundärinsolvenzverfahren.[65]

VII. Schlussbemerkung

Hoffentlich konnten die Ausführungen die Eingangsbehauptung belegen, dass bei der Zuständigkeit für Insolvenzverfahren längst nicht alles geklärt ist, *Eurofood* hin, *Interedil* her. Viele Jahre nach Inkrafttreten der Verordnung mühen sich Praxis und Wissenschaft selbst in alltäglichen Fallkonstellationen immer noch damit ab, die internationale Zuständigkeit zu bestimmen. Das mag für Tagungsveranstalter angenehm sein, denn es füllt das Programm, ist aber ein ernsthaftes Problem. Der EuGH betont, dass **Rechtssicherheit und Vorhersehbarkeit** bei der Bestimmung des für die Eröffnung eines Insolvenzverfahrens zuständigen Gerichts garantiert sein sollen.[66] *„Ein Ziel, aufs innigste zu wünschen"*[67] – aber nicht Realität.

Der Aufsatz soll einige Überlegungen zur Diskussion über die Bestimmung der Zuständigkeit nach der EuInsVO beisteuern. Es ist zu fürchten, dass diese Diskussion auch nach Inkrafttreten der reformierten EuInsVO fortdauern wird. Nach momentan vorliegender Fassung[68] wird bloß Bekanntes und Geklärtes zu Papier gebracht, für ungeklärte Rechtsprobleme wie die hier besprochenen ist keine ausdrückliche Regelung vorgesehen. Denn es sollen bloß in art 3 Abs 1 die Aussagen des 13. ErwGr eingebaut und ein neuer ErwGr 29 mit einige Aussagen aus dem *Interedil*-Urteil eingefügt werden. Es wird also weiterhin „Offene Rechtsfragen bei der internationalen Zuständigkeit nach der EuInsVO" geben.

65 Ebenso *Kuglarz* zik 2014/173, 130 f.

66 EuGH, Urteil vom 02.05.2006 – C-341/04, *Eurofood IFSC,* Rn 33.

67 *Shakespeare,* Hamlet, 3. Aufzug, 1. Szene.

68 Vorschlag für eine Verordnung des Europäischen Parlaments und des Rates zur Änderung der Verordnung (EG) Nr 1346/2000 des Rates über Insolvenzverfahren vom 20.11.2014.

Dr. Friedrich L. Cranshaw*

Unternehmensrefinanzierung durch Genussrechte – Eigenkapitalähnliche (hybride) Finanzinstrumente und ihre Rolle in der Insolvenz

„Participation rights" lie between equity and debt. Similar to equity they contribute capital that is subordinated during a company's financial crisis. The investor however has no rights under company law. The following paper discusses fields of problems of these financial instruments resulting from the insolvency of the company.

I. Einleitung

1. Ausgangssituationen der Unternehmensrefinanzierung

a) Notwendigkeit der Unternehmensrefinanzierung, Investoren und Intermediäre

In der Marktwirtschaft muss ein Unternehmen der Natur der Sache nach stets darauf bedacht sein, die notwendigen Finanzierungsmittel bereitzuhalten, um den Fortgang seiner Geschäfte sicherzustellen; bei Gesellschaften ist diese Aufgabe und Zielsetzung Verfolgung des Gesellschaftszwecks und damit Geschäftsführungsmaßnahme. Die notwendigen Finanzmittel können eigene bereits vorhandene Mittel sein oder die Deckung des Finanzierungsbedarfs kann durch eingeworbene Mittel Dritter erfolgen. Die letztere Form der Unternehmensfinanzierung soll im Folgenden als „*Refinanzierung*" bezeichnet werden. Ein Unternehmen, das die Fähigkeit zur Eigenfinanzierung oder zur Refinanzierung durch Dritte auch nur vorübergehend eingebüßt hat, ist insolvenzreif.

Unter einem „Unternehmen" versteht die vorliegende Darstellung den Rechtsträger eines Unternehmens im betriebswirtschaftlichen Sinne, denn nur der Rechtsträger ist Schuldner und insolvenzfähiges Subjekt des Insolvenzverfahrens. Daher ist unter dem Begriff des Unternehmens sowohl jede Gesellschaft oder jeder Verband im Sinne des Gesellschaftsrechts zu verstehen als auch das

* Rechtsanwalt, Dr. iur., vorm. Banksyndikus/Ltr. Recht, Mutterstadt/Mannheim, Centrum für deutsches und europäisches Insolvenzrecht, Kiel.

Einzelunternehmen, dort unabhängig davon, ob der Betriebsinhaber im Handelsregister eingetragen ist oder nicht.

Die Refinanzierung erfolgt durch die Einwerbung von entsprechenden Finanzmitteln dazu bereiter Investoren, an die das um deren Finanzinvestment werbende Unternehmen herantritt (objektives Kriterium) und die Investoren davon überzeugt (subjektives Kriterium), die von dem Unternehmen begehrte und angebotene Investitionsmöglichkeit sei ökonomisch lohnend, seriös und risikoarm. Wirtschaftlich risikolose Investments gibt es freilich grundsätzlich nicht, auch rechtliche Risiken im Zusammenhang mit der Eingehung eines Investments können selten wirklich ausgeschlossen werden. Die Systematik der Einwerbung von Refinanzierungsmitteln besteht in der individuellen Ansprache neuer Investoren oder solcher, die mit dem Unternehmen bereits verbunden sind. Auf einer anderen Ebene liegt die öffentliche Einwerbung bis hin zu Postwurfsendungen (s. dazu auch unter 2.).[1]

Investoren (s. hierzu auch unter 2.) sind in der Praxis u.a. Banken, Versicherungen, Fonds und Privatpersonen (Anleger), aber auch Lieferanten (und deren Kreditversicherer; Stichwort: „Lieferantenkredit"). Der Begriff des Investment ist somit weit zu fassen, so dass hierunter auch Bankdarlehen einzuordnen sind, denn die rechtliche Struktur der Refinanzierungsmittel spielt in diesem Kontext keine Rolle.

„Refinanzierung" kann auch bedeuten, dass das Unternehmen einen Desinvestitionsprozess verhindert, der z.B. durch negative Tatsachenveröffentlichungen heraufbeschworen worden ist, welche Anleger bewogen haben, ihre Finanzierungsmittel aus dem Unternehmen abzuziehen, soweit dies rechtlich möglich ist. Inwieweit solche Prozesse möglich oder erfolgreich sind, hängt im Einzelfall insbesondere von der rechtlichen Struktur der zur Verfügung gestellten Finanzierungsmittel ab. Das gezeichnete Kapital der Aktiengesellschaft und der GmbH kann z.B. nur in einem schwierigen Prozess der Kapitalherabsetzung oder der Liquidation der Gesellschaft wiedergewonnen werden, in der Insolvenz über das Vermögen der Gesellschaft nur nach Maßgabe des § 199 InsO; im letzteren Fall ist es nach den Erfahrungen in der Praxis meist verloren. Der Verkauf der Aktie oder des GmbH-Geschäftsanteils verschafft ja gerade nicht das gezeichnete Kapital, sondern es handelt sich dabei ökonomisch „nur" um die Zahlung eines Preises, den ein Dritter für die Beteiligung aufwenden will. Auf der anderen Seite

---

1 Zur Einwerbung von funktionellem Eigenkapital („Genussrechtskapital") u.a. mittels Postwurfsendung s. das *„Prokon"*-Urteil des OLG Schleswig, wobei die dort beschriebene reißerische und verzerrende Werbung als wettbewerbswidrig angesehen wurde; s. OLG Schleswig, Urteil vom 05.09.2012 – 6 U 14/11, juris = NJW-RR 2013, 156 = SchlHA 2013, 113, dazu *Cranshaw* jurisPR-HaGesR 11/2012, Anm. 5 und LG Itzehoe, Urteil vom 15.03.2011 – 5 O 66/10, juris.

der „Wiedergewinnung" der Investition steht etwa die mit nur geringer Mühe kündbare Betriebsmittelfinanzierung von Banken, soweit sie nicht ausdrücklich befristet, sondern nur *„bis auf weiteres"* eingeräumt wurde.

Die Investitionsentscheidung der Investoren bzw. Gläubiger wird wesentlich von dritten Intermediären mitbestimmt. Dabei handelt es sich beispielsweise auch um die Medien oder um Ratingagenturen.

b) Systematik der Unternehmensfinanzierung

Dabei lässt sich die Unternehmensfinanzierung[2] grundsätzlich nach verschiedenen Kriterien ordnen. Das eine Kriterium betrifft bei grober Zuordnung den **Zweck** der Finanzierung; in diesem Zusammenhang soll es zum Weiteren genügen, auf die **Betriebsmittelfinanzierung** einerseits, die **Investitionsfinanzierung** andererseits hinzuweisen. Die erstere erfordert kurzfristige Mittel und sie ist aus den Erlösen der laufenden Geschäftstätigkeit des Unternehmens darzustellen, insbesondere zur Vorfinanzierung derselben aber auch durch kurzfristige Bankkredite. Das andere wesentliche Kriterium betrifft die Einteilung nach der **Mittelherkunft**, nach Fremd- und Eigenmitteln; selbstverständlich können auch vorhandene Eigenkapitalmittel zur Betriebsmittelvorfinanzierung eingesetzt werden. Die Finanzierung mittel- bzw. langfristiger Investitionen ist jedoch das eigentliche Terrain des Einsatzes von **Eigenkapital** oder von mittel- bzw. langfristig aufgenommenem **Fremdkapital**. Das in der Mitte zwischen Eigen- bzw. Fremdkapital stehende Genussrecht (s. im Folgenden unter b) - e) bei der Systematik der Refinanzierungsarten) ist nach seinem Zweck daher der Finanzierung von dergleichen längerfristigen Investitionen zuzuordnen.

c) Unternehmensrefinanzierung durch Fremdkapital

Unternehmensrefinanzierung durch Fremdkapital ist beispielsweise möglich durch

- **Kapitalmarktfinanzierungen**; hierzu gehören etwa die Anleihe (u.a. Inhaberschuldverschreibung gem. den §§ 793 ff. BGB, wozu auch Genussscheine als

---

2 Siehe dazu im Einzelnen bei *Wöhe*, Einführung in die Allgemeine Betriebswirtschaftslehre, 24. Auflage 2010, S. 523 f., zu dem Thema *„Investition und Finanzierung"*, S. 592 ff. (zu Strukturen der *„Außenfinanzierung"*), S. 623 ff. (zu „Finanzierung über Fondsgesellschaften"), S. 623 ff. (zu *„Kapitalerhöhung und Herabsetzung"*) sowie S. 644 ff. (zu dem Komplex *„Innenfinanzierung"*) sowie bei *Wöhe/Bolstein/Ernst/Häcker*, Grundzüge der Unternehmensfinanzierung, 10. Aufl. 2011, insb. S. 170 ff. (*„Die Mezzanine-Finanzierung"*).

verbrieftes Genussrechtskapital gehören können) oder das Schuldscheindarlehen. Bei der Kapitalmarktrefinanzierung ist zu unterscheiden, ob die Refinanzierung „wertpapiergebunden" ist oder nicht. Bei den Anleihen bzw. Schuldverschreibungen ist wiederum danach zu differenzieren, ob sie an der Börse gehandelt werden oder nicht. Von den nicht wertpapiergebundenen Refinanzierungen ist auf die verschiedenen Schuldscheindarlehensprodukte hinzuweisen, die, soweit sie deutschem Recht unterliegen, Darlehen darstellen (§§ 488 ff. BGB), welche aber nach ihrer grundsätzlichen Systematik dazu bestimmt sind, gehandelt zu werden.[3]

- **Kredit- oder kreditähnliche Finanzierungen**, insbesondere durch Kreditinstitute als Finanzintermediäre; hierzu gehören z.B. kurz-, mittel- oder langfristige Bankdarlehen,[4] kurzfristige Betriebsmittelkredite, Schuldscheindarlehen, Geldmarktkredite, Währungskredite usw.

Kreditähnlich sind Kaufgeschäfte wie Factoring, Forfaitierung (auch von Akkreditiven) sowie die Leasingrefinanzierung durch Forderungskauf. Zur Refinanzierung durch Mietgeschäfte gehört das Finanzierungsleasing.

Auf den kurzfristigen Lieferantenkredit (Warenkredit), der ein Kaufgeschäft gegen Zahlung auf Ziel darstellt, ist bereits oben hingewiesen worden.

d) Unternehmensrefinanzierung durch Eigenkapital

Die Eigenkapitalfinanzierung der Unternehmen kann beispielsweise beruhen auf

- der Barkapitalerhöhung des gezeichneten Kapitals
- der Sachkapitalerhöhung des gezeichneten Kapitals
- Einzahlungen in die Kapitalrücklage
- eigenkapitalähnlichen Produkten (durch entsprechend strukturierte Rechtsinstrumente).

---

3 S. dazu *Cranshaw*, Schuldscheindarlehen und Anleihen – Aspekte der Restrukturierung, in: Ebke/Seagon/Blatz, Solvenz – Insolvenz – Resolvenz, Schriftenreihe Deutsches, Europäisches und Vergleichendes Wirtschaftsrecht Band 78, S. 117 – 141, Baden-Baden, 2013; *ders.*, Schuldscheindarlehen: Erscheinungsformen eines Kapitalmarktproduktes, BankPraktiker (BP) 2013, 84.

4 Das Bankdarlehen stammt seinerseits (soweit nicht Eigenmittel der Bank eingesetzt werden) aus Kundeneinlagen oder aus von der Bank selbst am Kapitalmarkt aufgenommenen Finanzmitteln, beispielsweise aus der Begebung von Schuldverschreibungen. Von der Ausnahme der Hingabe von Eigenmitteln der Bank selbst abgesehen, ist also das Bankdarlehen ökonomisch nichts anderes als die Weitergabe von Geldern Dritter durch die Bank als Finanzintermediär. Rechtlich hat der Darlehensnehmer der Bank mit der dergestalt erfolgten Refinanzierung derselben nichts zu tun.

e) *Mezzanine oder hybride Refinanzierungen der Unternehmen zwischen Fremd- und Eigenkapital*

Eine Zwischenstellung nehmen mezzanine[5] oder hybride Finanzierungsmittel ein, die deshalb als „eigenkapitalähnlich“ zu bezeichnen sind. Dazu gehören z.B.

- Nachrangdarlehen oder nachrangige eigentlich kurzfristige Kredite (die dadurch zu längerfristigen nur schwer kündbaren Sanierungskrediten werden), wobei der Nachrang gerade im Zusammenhang mit der Sanierung des betroffenen Unternehmens infrage kommen kann. In diesem Fall will der frühere Fremdkapitalgeber ein erkanntes Totalausfallrisiko durch den Nachrang abwenden, um nach geglückter Sanierung wieder Rückzahlung erhalten zu können. Es ist freilich quaestio facti, ob ein qualifizierter Nachrang gem. § 39 Abs. 2 InsO vereinbart worden ist, der allerdings als Konsequenz der aktuellen Fassung des § 19 Abs. 2 InsO von seiner ehemaligen Bedeutung für die Überschuldungsprüfung viel verloren haben dürfte.
- Nachrangige Wandelanleihen (Wandelschuldverschreibungen oder ähnliche Instrumente, auch Wandelgenussscheine), bei denen entweder ein Optionsrecht des Gläubigers besteht, zu einem zu definierenden Zeitpunkt und innerhalb eines in den Bedingungen festgelegten Zeitraums anstelle der Kapitalrückzahlung eine Beteiligung an dem finanzierten Unternehmen zu erhalten, regelmäßig in Aktien desselben, denn Schwerpunkt ist hier als Gesellschaftsform die AG. Als Folge der Vertragsfreiheit ist diese Form des Eingehens einer Unternehmensbeteiligung aber nicht auf die Aktiengesellschaft oder gar die börsennotierte Form hiervon beschränkt. Bei diesen Wandelanleihen kommt es bei Umwandlung zu einer **Sacherhöhung**, der schuldrechtliche Rückzahlungsanspruch wird zu einer gesellschaftsrechtlichen Beteiligung, die Forderung erlischt. Rechtstechnisch wird die umzuwandelnde Forderung an die Zielgesellschaft durch einen (auf den Emissionsbedingungen beruhenden) aufschiebend bedingten antizipierten Zessionsvertrag abgetreten; sie erlischt dann durch Konfusion.[6] Alternativ kommt zwischen dem Inferenten (= Anleihegläubiger) und der Gesellschaft ein entsprechender Erlassvertrag zustande.

---

5 Diese Begrifflichkeit des „Mezzaninen“, die wohl zuerst in angelsächsischen Finanzierungsstrukturen ähnlich verwendet wurde, stammt aus der Architektur der italienischen Renaissance und meinte dort ein meist niedrigeres Zwischengeschoss zwischen zwei Hauptgeschossen.

6 Vgl. statt aller aus der Judikatur OLG Nürnberg, Urteil vom 13.10.2010 – 12 U 1528/09, juris Rn. 108 = DZWIR 2011, 167.

Eine besondere Variante nachrangiger Wertpapiere stellen die sog. „CoCo-Bonds" („*contingent convertible bonds*") dar,[7] die eine **Pflichtumwandlung** der Rückzahlungsansprüche des Investors in Eigenkapital im Fall des Eintritts eines ganz verschieden gestaltbaren „*trigger events*" („*Auslöseereignis*" für die Umwandlung) vorsehen.[8]

Bei der Umwandlung in gezeichnetes Kapital bestehen jedoch zwei zu lösende Probleme: Zum einen ist bei Kapitalgesellschaften unter deutschem Recht als Gründungsstatut darauf zu achten, dass der durch die Umwandlung generierte Betrag der Sachkapitalerhöhung auch dem Wert entspricht, den der bisherige Barrückzahlungsanspruch des Investors zum Zeitpunkt der Umwandlung hat.[9] Im Insolvenzplanverfahren handelt es sich um das Problem des debt equity swap in der Krise und der gesellschaftsrechtlichen Differenzhaftung (§ 254 Abs. 4 InsO). Das weitere Problem besteht in der Verwässerung der Beteiligung der bisherigen Gesellschafter, die dazu erst bereit sein müssen.

- Genussrechte oder Genussscheine, jeweils mit Nachrang und Verlustbeteiligung. Diese Instrumente sind Gegenstand dieser Darstellung.
- Nachrangige Gesellschafterdarlehen.
- Partiarische Darlehen („Beteiligungsdarlehen"), deren wesentliche Merkmale die Beteiligung am Unternehmensgewinn oder am Gewinn des finanzierten Geschäftes sind.[10]

---

7 S. dazu *Heldt*, Bedingtes Kapital und Anreizwirkungen bei Banken – Eine theoretische Analyse, Wiesbaden 2013, Diss. Univ. Hohenheim 2013, S. 2 f., 7 ff. und Fn. 1 mit verschiedenen Begrifflichkeiten für diese Instrumente. Zutreffend ist deren Würdigung als „*bedingtes Kapital*", *Heldt*, a.a.O., S. 7, Fn. 1.

8 Bisher sind solche neuartigen Anleihen in den letzten Jahren seit der Finanzkrise bei Banken zunehmend eingesetzt worden. Das hat mit hier nicht zu erörternden regulatorischen Anforderungen des Aufsichtsrechts an das Kernkapital der Banken zu tun. Die BaFin warnt jüngst Privatanleger vor CoCo-Bonds aufgrund der damit verbundenen Anlagerisiken, vgl. *Tophoven/Yoo/Becker*, CoCo-Bonds-Risiken für Privatanleger, BaFin Journal Oktober 2014, S. 9 ff., verfügbar über www.bafin.de (Abruf: 31.10.2014).

9 S. zu der dort bestehenden Problematik der Einbringung zum Nominalbetrag der Forderung oder zum „wirklichen Wert", *Arnold/Born*, in: Bork/Schäfer, GmbHG, 2. Aufl. 2012, § 56 Rn. 15 m.w.N; zur besonders kritischen Lage in der Insolvenz und den verschiedenen Stimmen dazu s. *Cranshaw*, in: Cranshaw/Paulus/Michel, Bankenkommentar zum Insolvenzrecht, 2. Aufl. 2012, § 225a InsO Rn. 39 ff. m.w.N.

10 S. dazu *Weidenkaff*, in: Palandt, BGB, 73. Aufl. 2014, vor § 488 BGB Rn. 20.

f) Grund des Kapitalbedarfs

Die Gründe für zusätzlichen Kapitalbedarf sind vielfältig. So kann die Notwendigkeit zu seiner Aufnahme darin bestehen, dass

- das angestrebte unternehmerische **Wachstum** zusätzlicher Mittel bedarf, ohne die der weitere unternehmerische Erfolg stockt.
- eine **unternehmerische Krise** droht oder eingetreten ist und zwar infolge von „Exitstrategien“ von Investoren/Gläubigern, die das Vertrauen in das Unternehmen eingebüßt haben und einen Desinvestitionsprozess einleiten.
- eine Liquiditätskrise als Folge der Geschäftsentwicklung einzutreten droht, die wiederum eine Investorenkrise verstärken und damit den beschriebenen Desinvestitionsprozess hervorrufen oder beschleunigen kann; ein solcher Fall scheint die in die Insolvenz mündende Krise der „*Prokon* Regenerative Energien“ eingeleitet zu haben (s. zu „*Prokon*“ auch im Folgenden zu einzelnen Teilaspekten).

g) Zusammenfassung zur Unternehmensrefinanzierung

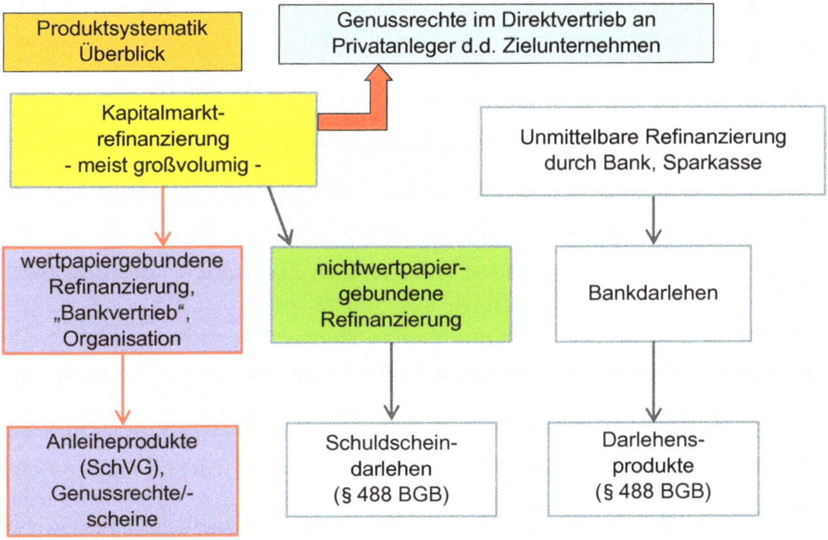

2. Investoren in Genussrechte und Aspekte ihrer Einwerbung

a) Investoren in Genussrechte, also in ein nach seiner grundsätzlichen Zielsetzung langfristiges Spezialanlageprodukt, sind institutionelle Anleger wie

Investmentfonds, Private Equity-Unternehmen, Banken und Versicherungen, aber auch im großen Maßstab private Anleger. Dem jeweiligen Investorenkreis entspricht auch die Methodik der Akquisition bzw. Einwerbung von Genussrechtskapital. Bei Privatpersonen reicht das bis hin zu Postwurfsendungen oder Flyern.

b) Inhaltlich werden dabei nicht immer die Grenzen des Wettbewerbsrechts oder aufsichtsrechtlicher Bestimmungen eingehalten. So etwa hat ein später insolvent gewordener Anbieter (der als Konzern auf dem Segment der Erzeugung erneuerbarer Energien tätig ist) von Genussrechten im Umfang von Milliardenbeträgen[11] bei einem Teil jedenfalls seine Angebote damit werblich unterstützt, dass er sie unter anderem fälschlich so sicher wie ein Sparkonto bei einer Bank oder Sparkasse darstellte. Dies war schon deswegen ganz offensichtlich falsch, weil die Anlage in den angebotenen Genussrechten nachrangig strukturiert war und selbstverständlich nicht durch eine Einlagensicherung (wie bei den Banken und Sparkassen) nach dem Einlagensicherung- und Anlegerentschädigungsgesetz[12] (bis zu 100.000 €) gesichert war. Auf die Klage einer Verbraucherschutzorganisation wurde das Unternehmen daher völlig zu Recht vom Oberlandesgericht Schleswig gerügt und ihm die weitere Werbung mit entsprechenden Inhalten untersagt.[13]

c) Bei der Einwerbung von Genussrechtskapital wird regelmäßig gerade auch auf die vorerwähnte Langfristfunktion des Investment hingewiesen.

3. Risiken des Investors bei den dem Eigenkapital angenäherten Instrumenten

a) Risikosituation des Investors in mezzanine Produkte

aa) Risikolage. Die Risikosituation (s. dazu auch Abschnitt V) des Investors in mezzanine Instrumente lässt sich wie folgt umreißen:

Der selbst engagierte Finanzintermediär (Banken, Versicherungen), der zugleich die Anlage an Dritte vertreibt, geht das Risiko eigener Forderungsverluste

---

11 S. die „*Prokon Genussrechtsbedingungen*" (Stand: 04.12.2012) der insolventen Prokon Regenerative Energien GmbH, § 3 Abs. 3 (bis zu 10 Mrd. €), s. unter www.anleihen-finder.de, mit Verlinkungen (Abruf: 01.11.2014), s. dort auch zum „*Prokon Genussrechte Verkaufsprospekt*" v. 11.02.2010 (S. 6) mit „*Nachtrag Nr. 1 v. 14.09.2010*".

12 EAEG v. 16.07.1998, BGBl. I, S. 1842 bis zu Art. 3 d. Gesetzes v. 28.08.2013, BGBl. I, S. 3395.

13 OLG Schleswig, Urteil vom 05.09.2012 – 6 U 14/11, „*Prokon*", juris = NJW-RR 2013, 156 = SchlHA 2013, 113.

ein oder – nach Umwandlung in gezeichnetes Kapital – Beteiligungsrisiken. Vertreibt er die Anlage zugleich, insbesondere an Privatanleger, haftet er für Falschberatung oder für unterbliebene ordnungsgemäße Beratung.

Wird die Anlage (gerade auch im Direktvertrieb durch das Zielunternehmen oder dessen Konzerngesellschaften, also ohne Rückgriffsmöglichkeit auf einen externen Anlagevermittler) an Investoren bzw. Anleger abgesetzt, so bestehen Risiken insbesondere

- bei grundsätzlich unlauterer bzw. bei Inkaufnahme irreführender Bewerbung der Anlage.
- bei fehlerhaftem oder völlig unkritisch strukturiertem Emissionsprospekt.
- bei fehlender bzw. unzureichend risikoorientierter Darstellung des Produkts (Bsp.: Unzureichende Abgrenzung von „*Chancen und Risiken*"; bei Übernahme eines unternehmerischen Risikos durch die Investition Fehlen eines klaren Hinweises auf die Möglichkeit des Totalverlusts). Parallel fehlt es meist an einem ökonomisch werthaltigen Ersatzanspruch gegen Beteiligte (Initiatoren, Prospektersteller des Anlageprospekts), wenn ein rechtlicher Anspruch aus culpa in contrahendo zu bejahen wäre.
- generell bei subjektiv unkritischer Betrachtung des eigenen Produkts durch den werbenden Anbieter (außerhalb des zuzugestehenden werblichen Auftritts).

bb) Erwägung stärkerer Regulierung des Anlagesegments durch die BaFin de lege ferenda. Daher gibt es Bestrebungen, diesen sog. „Grauen Kapitalmarkt" stärker als bisher durch die BaFin zu beaufsichtigen[14].

cc) Fehlende Handelbarkeit des Finanzierungsinstruments auf einem regulierten Markt (Börse) und fehlender bzw. eingeschränkter Zweitmarkt erschweren die Transparenz (= Risikoerhöhung).

b) Risikoabschätzung: Zusammenhang der Refinanzierungsart mit den Konditionen am allgemeinen Kapitalmarkt, Fristenkongruenz

Der Anleger wird stets den Zusammenhang zwischen den Konditionen des angebotenen mezzaninen Investments und den Zinsen am allgemeinen Kapitalmarkt betrachten und die Bonität des Zielunternehmens berücksichtigen, denn das die

---

14 S. dazu *Fußwinkel* (BaFin), Grauer Kapitalmarkt: Rendite und Risiko – Marktabgrenzung, Regulierung und Verantwortung des Anlegers, BaFin Journal März 2014, S. 9 ff., s. www.bafin.de, mit Verlinkungen; auch in engl. „Expert article: The unregulated capital market in Germany" (Abruf: 01.11.2014).

Refinanzierung begehrende Unternehmen wird die Risiken des Investors „einpreisen“. Es ergeben sich etwa die Fragestellungen:

- Warum wurde bei günstiger Zinslage zu teures Investorengeld im Vergleich zum Kapitalmarkt oder im Vergleich zu einer Kreditfinanzierung durch eine Bank oder Versicherung hereingenommen?
- Sind die geplanten Investitionen zu risikoreich aus Sicht eines Finanzintermediärs?
- und/oder kann das Unternehmen von einem Finanzintermediär keine Mittel unter dessen Risiko bekommen?
- oder bedürfte die Investition eigentlich einer massiven, ggf. nachrangigen Finanzierungsbeteiligung, öffentlicher, insb. auch im Förderbereich aktiven Institute (EIB, KfW)? Beispiel mag die Finanzierung von Offshore-Windkraftanlagen sein.
- Wie ist die Refinanzierung des Zielunternehmens im Hinblick auf die **Fristigkeiten** der Finanzierungsmittel im Wesentlichen aufgebaut?

Diese Fristigkeit der Finanzmittel ist zudem ein weiteres wesentliches Einteilungskriterium der Unternehmensfinanzierung. Wie im Folgenden zu zeigen sein wird, ist es ein katastrophaler betriebswirtschaftlicher Fehler, Mittel für langfristige Investitionszwecke einzuwerben, sie zwar dort auch bestimmungsgemäß einzusetzen, ihre Rückzahlung aber kurzfristig durch Einräumung entsprechender vertraglicher Möglichkeiten zur ordentlichen Kündigung zu ermöglichen oder generell nur kürzere Laufzeiten vorzusehen.[15] In der Kreditwirtschaft ist dieses Phänomen unter dem Stichwort „*inkongruente Refinanzierung*“ schon lange bekannt. Unabhängig von bankaufsichtsrechtlichen Erwägungen, die für andere Unternehmen keine rechtliche Relevanz haben, ist die geschilderte Inkongruenz nur insoweit zulässig, als kurzfristige Refinanzierungsmittel bei Fälligkeit aus der laufenden Liquidität jederzeit bedient werden können müssen. Hohe Fristeninkongruenz ist besonders risikoträchtig, sie führt ggf. zu nicht mehr beherrschbaren Zahlungsunfähigkeitsrisiken und kann daher das Insolvenzrisiko erheblich erhöhen; u.a. vergrößert sich insbesondere das Risiko der drohenden Zahlungsunfähigkeit deutlich.

---

15 So offenbar geschehen im Fall „*Prokon*“. Vgl. dazu *Looman*, Das explosive Gemisch von Prokon, FAZ v. 25.01.2014, S. 23. S. auch AG Itzehoe, Beschluss vom 1.05.2014 – 28 IE 1/14 u.a., juris Rn. 9. In diesem Fall beliefen sich die gekündigten Genussrechte und damit fälligen Forderungen auf 368 Mio. €, die „Liquiditätsunterdeckung“ erreichte 95%, AG Itzehoe, a.a.O., juris Rn. 4.

Beispiel: X. GmbH benötigt zunächst zum Unternehmenswachstum 20 Mio. €, die sie sich durch **nicht an der Börse handelbare** Genussscheine mit Nachrang beschaffen will. Frühere entsprechende Emissionen waren erfolgreich. Die Platzierung erfolgt und gelingt im Eigenvertrieb. Die Genussrechtsbedingungen sehen eine Laufzeit von 10 Jahren vor und eine Verzinsung von 8 % als Grundzins mit weiteren Aufstockungen, die gewinnabhängig sind. Die Anleger können sechs Monate nach „Zeichnung" der Genussrechte mit einer Kündigungsfrist von drei Monaten ordentlich kündigen. Das Unternehmen arbeitet mit ganz wenigen Investitionsdarlehen von Banken, zudem nur mit einer minimalen Bankkreditlinie, deren ungewöhnlich niedriges Volumen mit dem Ziel erklärt wird, bankenunabhängig bleiben zu wollen. Die mit dem Genussrechtskapital geplanten Investitionen würden, sofern sie nicht besondere Wagnisse hervorrufen, mit 3% p.a. bankseits langfristig finanziert werden können. Durchschnittlich hält X. 1,5 Mio. Liquidität vor.

Wird nur ein Teil des Genussscheinkapitals von mehr als 15% gekündigt (= 3 Mio. €), droht der Gesellschaft die Zahlungsunfähigkeit ab der Kündigung (ggf. Fall des § 270b InsO, falls ihr unternehmerisches Potential = Geschäftsmodell hinreichend ist), sofern keine deutliche Verbesserung gegenüber der Liquiditätslage zum Zeitpunkt der Ausgabe der Genussrechte eingetreten ist. Unter denselben Voraussetzungen ist die X. zum Zeitpunkt der Fälligkeit zahlungsunfähig, sofern Nachrangforderungen Zahlungsunfähigkeit auslösen können (s. unter IV 2c).

Berücksichtigt man all dies, dann gilt für das Risikomanagement des Anlegers auch heute stets wie im römischen Recht der Grundsatz, dass „*ius civile vigilantibus factum est*" (Digesten des Corpus Iuris Civilis, 6. Jahrhundert, D.42.8.24). Die BaFin bringt dieses zivilrechtliche Prinzip, zur Wahrung der Rechte die nötige Wachsamheit walten zu lassen, dahingehend zum Ausdruck, dass sie von der „*Verantwortung des Verbrauchers*" spricht und davon, dass „*manche Anbieter äußerst kreativ*" seien, wenn es um die Umsetzung eines neuen Geschäftsmodells gehe und um die Einwerbung des notwendigen Kapitals dafür. Die Behörde empfiehlt, den Anlageprospekt genau zu prüfen, der Anleger soll u.a. „*sicherstellen, dass er das Geschäftsmodell verstanden hat.*"[16] Intransparenz, fehlende, aber notwendige Informationen (bis hin zu irreführenden bzw. unzutreffenden Angaben in dem notwendig vorzulegenden Prospekt desjenigen, der eine Kapitalanlage öffentlich anbietet) oder fehlerhafte Beratung des Vertriebs können Gesetz und

---

16 *Maier/Ilka Meschkat/Carny*, Vermögensanlagen: Prospektprüfung und Informationen für Verbraucher, BaFin Journal, Oktober 2013, S. 13 ff., s. www.bafin.de (Abruf: 01.11.2014)

Rechtsprechung mit den Instrumenten insbesondere des Zivilrechts ahnden, ausschließlich unterlassene Sorgfalt des Anlegers bei der Anlageentscheidung kann aber nicht kompensiert werden. Die BaFin weist für den sog. *„Grauen Kapitalmarkt“*, der kaum reguliert ist, darauf hin, dass die angebotenen Produkte die Hingabe von Risikokapital durch den Anleger bedeuten.[17]

II. Genussrechte – eigenkapitalähnliche Instrumente mit Tradition

1. Hybrider Charakter der Genussrechte – ein Finanzinstrument zwischen Emittent und Anleger

„Genussrechte“ oder „Genussscheine“[18] sind somit alternative Finanzinstrumente, die der Unternehmensfinanzierung angehören und ihrer Struktur nach bei bilanzieller ebenso wie bei insolvenzrechtlicher Betrachtung weder eindeutig oder ausschließlich dem Fremdkapital noch dem Eigenkapital zugerechnet werden können. Ihren Charakter bezeichnet man daher in der Praxis als *„hybrid“*, als Kreuzungsprodukt zweier scheinbar unvereinbarer Strukturen. Das Marktinteresse der daran Beteiligten lässt sich wie folgt umreißen: Das Unternehmen, welches wachsen will und daher investieren muss, sucht bei nicht hinreichender Eigenfinanzierungskraft Finanzierungsmittel nach, die einerseits eine ähnliche Bindung wie Eigenkapital aufweisen, ohne dass die Gesellschafter des Unternehmensträgers jedoch demjenigen, der seinerseits eine Finanzinvestition in das Unternehmen hinein tätigen soll, Mitspracherechte im Kreis der Gesellschafter einräumen wollen. Dabei wird das Unternehmen abwägen, wie hoch der Preis für die Eigenkapitalähnlichkeit ist. Solange und soweit ein Unternehmen sich durch günstige Investitionskredite von Banken als Finanzintermediären die notwendigen Finanzmittel beschaffen kann, wird es sehr sorgfältig abwägen, ob es auf im Zweifel höher verzinsliche eigenkapitalähnliche Instrumente am Markt, beispielsweise Genussrechte, zurückgreift. Ein weiterer Aspekt ist aber auch die Frage, inwieweit sich durch die Verwendung von Finanzmitteln aus Genussrechten eine Verbesserung der Eigenkapitalstruktur auf der Passivseite der Bilanz der

---

17 *Fußwinkel*, Grauer Kapitalmarkt: Rendite und Risiko –Marktabgrenzung, Regulierung und Verantwortung des Anlegers, BaFin Journal März 2014, S. 9 ff., s. www.bafin.de (Abruf: 01.11.2014).

18 Als „Genussscheine“ werden Genussrechte bezeichnet, die als Inhaberschuldverschreibungen verbrieft sind. Eine weitere alternative Bezeichnung stellt auch der Begriff „Genüsse“ dar.

Unternehmen erreichen lässt. An dieser Stelle sind die Kosten des Instruments gegen die Vorteile abzuwägen, denn das gewöhnliche Investitionsdarlehen der Bank stellt stets auf der Passivseite auszuweisendes Fremdkapital dar und verschlechtert die Eigenkapitalquote. Der Investor in Genussrechten nimmt Nachteile der Struktur und deren insolvenzrechtliche Folgen deshalb hin, weil er sich dennoch ein ertragreiches und sicheres Investment verspricht.

2. Der Ausgangsfall in der aktuellen Judikatur: Derivate, pflichtwidrige Geschäfte einer AG und Folgen für den Genussrechtsinhaber

a) Urteil des BGH vom 29.04.2014

Diesen vorstehend geschilderten Spannungsbogen umreißt anschaulich das Urteil des Bundesgerichtshofs vom 29.4.2014.[19] Der Gesellschaftsrechtssenat hat sich dort mit einer gescheiterten Kapitalanlage in Genussrechten im Bankensektor befassen müssen. Im Kern stand dabei der Umstand, dass das Bankunternehmen, in welches die Kläger des Verfahrens vor dem Bundesgerichtshof investiert hatten, grob pflichtwidrig Zinsderivatgeschäfte getätigt hatte.

b) Sachverhalt

Die Rechtsvorgängerin des betroffenen Kreditinstituts hatte ab 1996 „Inhabergenussrechte" begeben. Die klägerische Seite der zitierten Entscheidung hat im Jahr 2006 dergleichen in Schuldverschreibungen verbriefte Rechte erworben. Diesen lagen allgemeine und marktübliche Bedingungen zu Grunde:

Die Rechtsinhaber waren danach an Verlusten der betroffenen Bank beteiligt; die Ansprüche auf Rückzahlung der Genussscheine waren ferner einem Nachrang unterworfen. Zinszahlungen waren von jeweils noch vorhandener Hauptforderung nach Verrechnung mit Verlusten abhängig und durch ihre Leistung sollte auch kein Bilanzverlust bei der Emittentin entstehen dürfen. Allerdings verschlechterte sich die wirtschaftliche Lage der emittierenden Bank nach dem

---

19 BGH, Urteil vom 29.4.2014 – II ZR 395/12, ZInsO 2014, 1491 ff. = ZIP 2014, 1166, vgl. *Cranshaw* jurisPR-HaGesR 8/2014, Anm. 6. Vgl. auch, dem Urteil zustimmend, *Schaffelhuber* BB 2014, 1586, kritisch *Bracht*, EWiR 2014, 441. S. auch *Becker*, Der Schutz von Genussrechtsinhabern vor fehlerhafter Geschäftsführung, NZG 2014, 171, zu dem Spannungsbogen zwischen dem Schutz der Genussrechtsinhaber und der (anderen) Gläubiger des emittierenden Unternehmen in der Berufungsentscheidung des OLG Köln v. 25.09.2012 – I-15 U 101/10, juris = NZG 2014, 227.

30. Juni 2002 entscheidend, denn sie hatte in dem Zeitraum davor bis zum Jahr 2001 außerordentlich riskante Geschäfte in Zinsderivaten im Umfang von ca. 14 Milliarden € getätigt. Die dort grundsätzlich bestehenden latenten geschäftlichen Risiken realisierten sich in den folgenden Jahren und zwar bis hin zur Existenzkrise der die Genussrechte emittierenden Bank, der späteren Beklagten. Ohne auf die Details näher einzugehen, wie man sich dort bemühte, die Krise bilanziell zu steuern, soll der Hinweis genügen, dass in den Jahren 2005 und 2006 ein Gesamtverlust von ca. 1,7 Milliarden € eingetreten ist. In diesem Kontext nahm man, entsprechend den oben erwähnten Genussscheinbedingungen, nicht nur das Haftkapital der Bank in Anspruch, sondern auch das hybride Kapital der Genussrechte – und zwar in Höhe von mehr als 460 Millionen €. Ab dem Jahr 2005 zahlte man auch Zinsen nur noch auf das anteilig verminderte Kapital aus. Nahezu zwangsläufig führte die Bank einen Schadenersatzprozess mit Vorständen der Jahre 2001 und 2002, der seinerseits bis zum BGH gelangt war, dort an das OLG Frankfurt zurückverwiesen wurde und der zum Zeitpunkt der hier zitierten Entscheidung des BGH zu den Genussrechten noch nicht erledigt war.[20] Das Urteil zu II ZR 395/12 hat zwar insbesondere Bedeutung für die Bankenbranche, wesentliche Grundsätze können jedoch generell auf Genussrechte angewandt werden. Die Kläger im vorliegenden Fall wollten sich mit der Verkürzung der Rechte nicht abfinden und forderten bei den bereits fälligen Genussrechten die vollständige Zahlung und nicht nur den ihnen zuerkannten Anteil nach Reduzierung um die Verlustbeteiligung. Bei den noch nicht fälligen Genussrechten begehrten sie die Feststellung, dass sie ungekürzt auszuzahlen seien; dabei hat man das Jahr 2008 zu Grunde gelegt, da man die vertraglich vereinbarte Verlustbeteiligung nicht generell infrage stellte, sondern nur insoweit, als das Vertretungsorgan der betroffenen Bank Aktiengesellschaft grob pflichtwidrig gehandelt und gegen alle Grundsätze ordnungsgemäßer Geschäftsführung verstoßen hatte.

c) Verfahrensgang

Vor den Instanzgerichten war die Klägerin gescheitert, der Bundesgerichtshof hat aber zurückverwiesen und das Berufungsurteil des OLG Köln aufgehoben. Ein in diesem Beitrag nicht näher zu erörternde, in dem vom BGH entschiedenen Fall aber wichtiger Faktor, betrifft ein aufsichtsrechtliches Thema zu der so genannten Sperrwirkung des § 10 Abs. 4 S. 4 a.F. KWG. Ein vertraglicher Anspruch der Kläger besteht aus dem Blick dieser Judikatur nicht, denn sie haben in rechtlich unbedenklicher Art und Weise ihr Einverständnis mit einer Verlustbeteiligung

---

20 S. BGH, Urteil vom 15.01.2013 – II ZR 90/11 = WM 2013, 456 = ZIP 2013, 455.

ebenso erklärt wie den Nachrang ihrer Forderung. Auch gravierende Fehler der Geschäftsleitung einer Zielgesellschaft, die Genussrechte emittiert, ändern an der Verlustbeteiligung von Genussrechtsinhabern nichts, da das hingegebene Kapital aufgrund der getroffenen Vereinbarungen ganz ähnlich dem gezeichneten Kapital der Kapitalgesellschaft ist und daher im Interesse der Gesamtheit der Gläubiger in der Krise der Gesellschaft verloren geht. Es spielt auch keine Rolle, dass die Genussrechtsinhaber keinerlei gesellschaftsrechtliche Möglichkeiten hatten, auf das wirtschaftliche Schicksal der Gesellschaft bzw. auf die Besetzung der Vorstands-oder Geschäftsführerposition einzuwirken. Nur ganz ausnahmsweise haben die Genussrechtsinhaber aber einen Schadensersatzanspruch gegen die Gesellschaft, mittels dessen sie den Anspruch auf den Nominalbetrag ihrer Genussrechte und Zinsen hieraus durchsetzen können. Diese Ausnahme besteht wie im vorliegenden Fall allein dann, wenn die Fehler der Geschäftsführung, die zu den Verlusten der Gesellschaft geführt haben (i) mit dem Unternehmensgegenstand der betroffenen Gesellschaft schlechterdings nichts zu tun haben und (ii) *„kein seriöser Kaufmann* [solche Geschäfte] *durchführen würde*". Die oben zitierte aufsichtsrechtliche Vorschrift hat man ebenfalls nicht dahingehend gewertet, dass sie einen Schadensersatzanspruch ausschlösse. Auch Geschäfte mit Derivaten seien (für Banken) nicht grundsätzlich verboten, jedenfalls dann nicht, wenn es darum gehe, Zinsänderungsrisiken (also ein Marktrisiko) zu steuern. Diese Erwägung gilt vice versa auch für andere Unternehmen der Wirtschaft, die Zins-oder Währungsrisiken absichern müssen. Der Genussrechtsinhaber hat also nur einen sehr eingeschränkten Ersatzanspruch. Der Bundesgerichtshof hat weitergehend festgestellt, soweit die Wiederauffüllung der Nominalbeträge der Genussrechte einer Kapitalerhöhung bei der Zielgesellschaft bedürfe, müsse darüber zunächst die dortige Hauptversammlung befinden.

d) Folgen des Urteils

Das Urteil zeigt also sehr deutlich, dass „Genussrechte" mit Merkmalen, wie sie oben grob geschildert wurden, unproblematisch zulässig sind, aber für die betroffenen Genussrechtsinhaber in der Krise der Gesellschaft beachtliche Risiken mit sich bringen. Welche Folgen das in der Insolvenz der Zielgesellschaft hat, wird im Folgenden zu erörtern sein (s. Abschnitt IV). Aus der Sicht des Investors bleibt aber an dieser Stelle zu wiederholen, dass die Kapitalanlage in Genussrechte nur bei Gesellschaften erfolgen sollte, die von nachgewiesen erstklassiger Bonität sind. Aus der Sicht der Wirtschaft betrachtet, sind daher Unternehmen mit einem ökonomischen Spitzenrating eindeutig bevorzugt. Probleme und Verluste für die „Zeichner" von Genussrechten hat es jedoch in der jüngsten Vergangenheit insbesondere für Anleger bei innovativen Unternehmen der erneuerbaren Energien gegeben. Hier erscheint eine Parallelsituation zu den etwa anders strukturierten „Mittelstandsanleihen" (s. Abschnitt VI 10) zu bestehen.

e) Das Urteil Coreal Creditbank des OLG Frankfurt vom 20.08.2014

Der Sachverhalt, welcher der vorstehend umrissenen Entscheidung des BGH zugrundegelegen hat, findet seine Fortsetzung in dem *„Musterentscheid im Kapitalanleger-Musterverfahren Conrad Holding SE gegen CorealCreditbank AG"* des OLG Frankfurt. 20.8.2014.[21] Gegenstand ist dort die von der Musterklägerin begehrte Feststellung, die Musterbeklagte habe es versäumt, *„bestimmte Sachverhalte und Tatsachen, die das Engagement der Musterbeklagten in Derivaten in den Jahren ab 2001 bis 30. Juni 2002 und dessen Folgen betreffen, [...] zu veröffentlichen."*[22] Die betroffenen Rechte waren in Genussscheinen verbrieft, die unter anderem auch an der Frankfurter und Stuttgarter Börse gehandelt wurden. Ab 2007 wurde die Musterbeklagte vielfach auf Schadenersatz verklagt mit der Begründung pflichtwidriger Unterlassung gebotener ad-hoc-Mitteilungen, worauf das angerufene Landgericht Frankfurt schließlich einen Vorlagebeschluss fasst, der zu der zitierten Entscheidung des OLG Frankfurt führte.

III. Rechtliche Struktur von Genussrechten im Einzelnen

1. Genussrechte im Aktienrecht – ein beteiligungsähnliches nicht gesetzlich definiertes Rechtsinstrument

Eine gesetzliche Definition des Genussrechts existiert nicht, ebenso wenig sind Inhalte und Erscheinungsformen abschließend bestimmt, wenn auch die bilanzrechtliche Betrachtung bei einem geplanten Ausweis des Genussrechts als Teil des Eigenkapitals bestimmte Parameter verbindlich vorschreibt.

Als Begriff findet sich der Genussschein – als verbriefte Form von Genussrechten und als Schuldverschreibung – in § 221 Abs. 3 AktG, der bestimmt, dass die Ausgabe von Genussrechten nur mit der Zustimmung einer qualifizierten Mehrheit der Hauptversammlung zulässig ist. Dies ist deshalb der Fall, weil *„die Rechte der Gläubiger mit Gewinnanteilen von Aktionären in Verbindung gebracht werden"*. Die Abhängigkeit des Entgelts der Gläubiger von Genussrechten von den Gewinnanteilen der Gesellschafter ist eines der prägenden Merkmale von Genussrechten.

---

21 OLG Frankfurt, Beschluss vom 20.08.2014 – 23 Kap 1/08, juris.

22 OLG Frankfurt, Beschluss vom 20.08.2014 – 23 Kap 1/08, juris Rn. 1.

Der Genussrechtsinhaber ist daher Gläubiger eines schuldrechtlichen Anspruchs, der rückzahlbar ist, dessen Verzinsung aber in praxi in einer vertraglich näher zu regelnden Weise ähnlich den Gewinnauszahlungsansprüchen von Gesellschaftern strukturiert ist.

2. Genussrechte in der Rechtsprechung von Reichsgericht und BGH an Beispielen

a) Beteiligung an der Dividende anstelle eines Festzinses als frühes Merkmal

Ein frühes Beispiel zeigt das Urteil des Reichsgerichts vom 27.10.1892, in welchem die dortigen Genussscheine und ihr wesentliches Merkmal wie folgt beschrieben werden:

> „*Die klagende Aktiengesellschaft hatte zur Vergrößerung ihres Betriebskapitals einen bedeutenden Geldbetrag gegen Ausgabe sog. Genußscheine in Höhe von je 1.000 […] aufgenommen, in welchem den Inhabern kein* **bestimmter** *Zinsgenuß, sondern* **stattdessen Teilnahme am Dividendenbezuge** *zugesichert war, [….].*“[23]

b) Mitgliedschaftsrechtliche Teilhabe des Genussrechtsinhabers?

In der Praxis ergab sich sodann die Frage, ob Inhaber von Genussrechten bei der Aktiengesellschaft Mitgliedschaftsrechte ausüben können. Im Urteil des Reichsgerichts vom 20.10.1922 wurde auch bereits problematisiert, inwieweit die Gesellschaft gegenüber dem Genussrechts Inhaber ersatzpflichtig werden könne. Die dem Senat vorliegende Thematik lautete:

> „1. *Hat der Inhaber von Genußscheinen oder solchen Rechten, welche durch Genußscheine verbrieft zu werden pflegen, Einfluß auf die Geschäftsführung der Aktiengesellschaft? Kann er insbesondere die Gesellschaft wegen fahrlässiger Verletzung seiner Rechte durch die Geschäftsführung verantwortlich machen?*“[24]

Die beklagte Zielgesellschaft hatte ab dem Jahre 1910 zunehmend ihren Geschäftsbetrieb vollständig auf eine andere Gesellschaft übertragen, wofür sie lediglich einen bestimmten Prozentsatz auf ihr Aktienkapital nach der Referenzdividende eines bestimmten ausländischen Unternehmens erhielt. Das Reichsgericht hat mit der Vorinstanz darauf erkannt, dem Kläger (und Genussrechtsinhaber) habe keinen Einfluss

---

23 RG, Urteil vom 27.10.1892 – Rep VI 158/92, *bremisches Generalsteueramt (Bekl.) w. D-AG Ges. (Kl.)* = RGZ 30, 16, Hervorhebung im Fettdruck d. d. Verfasser.

24 RG, Urteil vom 20.10.1922 – II 654/21, *G.N. (Kl.) w. die Sprengstoffwerke Dr. R.N. & Co. AG (Bekl.)* = RGZ 105, 236.

auf die Geschäftsführung der Gesellschaft zugestanden. Ein Schadensersatzanspruch wurde ebenfalls verneint. Die Parallele dieses über 90 Jahre alten Urteils zu der aktuellen und oben zitierten Entscheidung des Bundesgerichtshofs zu IX ZR 395/12 besteht in dem Vorwurf, die Zielgesellschaft habe durch fehlerhafte Geschäftsführung den Genussrechts Inhaber geschädigt. Das Reichsgericht äußerte dazu:

> *„Die Beklagter hatte dem Kläger gegenüber freier Hand, wie sie ihre Geschäfte führen und eine Dividende erwirtschaften wollte, und haftbar wäre sie ihm erst dann geworden, wenn sie, was hier nicht in Betracht kommt, absichtlich zu seinem Nachteil gehandelt hätte.“*[25]

c) *Grundsatzentscheidung des BGH von 1992*

Aus der neueren Judikatur steht das Urteil des Bundesgerichtshofs vom 5.10.1992 im Mittelpunkt, welches die wesentlichen Strukturelemente der (eigenkapitalähnlichen) Genussrechte bzw. ihrer verbrieften Form, der Genussscheine, herausarbeitet.[26]

aa) Sachverhalt

Der Entscheidung lag folgender Sachverhalt zu Grunde: Eine KG aA hatte im Jahr 1986 Genussscheine mit einem Volumen von 100 Mio. DM (ca. 51,2 Million €) emittiert und zusätzlich ein Agio von 35 % aufgeschlagen. Nach den Genussscheinbedingungen war im Falle der Herabsetzung des Grundkapitals (zum Ausgleich von Verlusten) auch der Betrag des Kapitals der Genussrechte herabzusetzen. Dieses Strukturelement war und ist typisch für solche Genussrechte. Wiederum ganz ähnlich wie in der späteren Entscheidung zu IX ZR 395/12 kam die Zielgesellschaft durch grob fehlerhafte Managementmaßnahmen („*spekulative Geschäfte in Rohöl*“) in existenzbedrohende Probleme. Die Sanierung erforderte einen Kapitalschnitt unter drastischer Herabsetzung des gezeichneten Kapitals praktisch auf null (von 270 Mio. DM auf 100 DM) und der gleichzeitigen Kapitalerhöhung auf 250 Million DM (= ca. 127,5 Million €). Bezugsrechte waren ausgeschlossen, das Genussrechtskapital wurde auf 37 DM herabgesetzt, die Genussscheine wurden eingezogen und für kraftlos erklärt. Später sollten die Genussrechtsinhaber aufgrund Sanierungserfolges eine Abfindung erhalten, die dem letzten Börsenkurs entsprach (angeboten wurden „*pro Nennbetrag von 100,00 DM Abfindungssumme von 112 DM*“).[27] Dagegen klagten die Genussrechtsinhaber gegen die Rechtsnachfolgerin der früheren Zielgesellschaft.

---

25 RG, Urteil vom 20.10.1922 – II 654/21 = RGZ 105, 236, 241.
26 BGH, Urteil vom 05.10.1992 – II ZR 172/91 = BGHZ 119, 305 = ZIP 1992, 1542.
27 BGH, Urteil vom 05.10.1992 – II ZR 172/91 = BGHZ 119, 305 = ZIP 1992, 1542.

bb) Charakter des Genussrechts aus dem Blick des BGH

Die von dem Gesellschaftsrechtssenat des Bundesgerichtshofs entwickelten Grundsätze lassen sich wie folgt zusammenfassen:

(1) Charakter als schuldrechtliches Instrument und Folgen

Genussrechte, auch in ihrer verbrieften Form als Genussscheine (Inhaberschuldverschreibungen) stellen ausschließlich ein schuldrechtliches Instrument dar. Mitgliedschaftsrechte werden dadurch nicht begründet; der Inhaber solcher Rechte ist folglich kein Gesellschafter. Aktienrechtlich werden mitgliedschaftsrechtliche Gesellschafterrechte nur durch Aktien generiert,[28] dasselbe gilt für die Geschäftsanteile der GmbH. Nach der in diesem Beitrag vertretenen Auffassung ist er einem Gesellschafter daher auch nicht ähnlich; in der Insolvenz unterliegt er damit nicht § 39 Abs. 1 Nr. 5 InsO; anders ist dies wohl, wenn der Genussrechtsinhaber zugleich Gesellschafter der unter § 39 Abs. 1 Nr. 5 InsO zu subsumierenden Zielgesellschaft ist und seine kapitalmäßige Beteiligung (einschließlich der Genussrechtsbeteiligung) insgesamt 10% überschreitet (Folge aus dem Begriff des „*Haftkapitals*" in § 39 Abs. 5 InsO). Davon zu unterscheiden ist der regelmäßig vereinbarte qualifizierte Nachrang gegenüber allen anderen Gläubigern der Zielgesellschaft, der indes unter § 39 Abs. 2 InsO zu subsumieren ist. Die Genussrechte nehmen dabei einen Rang zwischen den Insolvenzgläubigern und den Gesellschaftern ein, auf sie ist § 199 InsO nicht anzuwenden. Sollen sie in den in der Praxis selteneren Fällen am Liquidationsüberschuss beteiligt werden, dann handelt es sich um eine nachrangige Forderung mit einem „letztnachrangigen" Charakter unmittelbar vor den Gesellschaftern mit deren Beteiligung am Liquidationsüberschuss. Soweit nicht anders in den Genussrechtsbedingungen verabredet, gehen die Ansprüche der Gesellschafter auf Rückgewähr von Leistungen gemäß § 39 Abs. 1 Nr. 5 InsO dann noch den Genussrechtsinhabern vor. Der Investor, der sich auf eine solche Konstruktion einlässt, muss daher nicht nur sehr genau prüfen, wie sein rangmäßiges Verhältnis gegenüber den Gesellschaftern aussieht, sondern er wird auch bestrebt sein, sein Rangverhältnis so zu strukturieren, dass bereits hingegebene oder künftige Gesellschafterleistungen grundsätzlich erst im Rang nach ihm befriedigt werden. Dies hat zugleich die Konsequenz, dass die Gesellschafterleistungen, sollen Genussrechte Eigenkapitalcharakter im bilanziellen Sinne haben, gleichermaßen zu bilanziellem Eigenkapital werden müssen. Diese Eigenschaft haben sie nicht ohne weiteres, da sich der Nachrangcharakter gemäß § 39 Abs. 1 Nr. 5 und die Anfechtbarkeit gemäß § 135 InsO nur

28 BGH, Urteil vom 05.10.1992 – II ZR 172/91 = BGHZ 119, 305 = ZIP 1992, 1542.

im Falle der Insolvenz auswirken. In der ohne Eintritt einer Insolvenzsituation bewältigten ökonomischen Krise der Gesellschaft kann nach der vorstehend bereits umrissenen Rechtsprechung ein wesentlicher Teil des gezeichneten Kapitals wie auch des Genussrechtskapitals verloren gehen, wohingegen beispielsweise der schuldrechtliche Anspruch des Gesellschafters auf Rückzahlung eines Gesellschafterdarlehens unberührt bleibt (und in vollem Umfang befriedigt wird).

(2) Kontrolle der Genussscheinbedingungen nach Aktienrecht?

Ist das verbriefte Forderungsrecht des Genussrechtsgläubigers aktienähnlich, so kann im Einzelfall eine Kontrolle der Genussscheinbedingungen nach aktienrechtlichen Vorschriften infrage kommen. Die Einzelheiten sind und waren umstritten. Eine aktiengleiche Struktur wird vom BGH allerdings bislang dann verneint, wenn die Genussrechtsinhaber besser gestellt werden als die Gesellschafter. Dies ist stets der Fall, wenn das Genussrecht endfällig oder kündbar ist und im Rang den Gesellschaftern vorgeht.[29] Dann liegt auch keine Umgehung der §§ 139 ff. AktG über die stimmrechtslosen Vorzugsaktien vor.[30] Zuzugeben ist allerdings, dass es eine vermögensrechtliche Schnittstelle zwischen dem Anspruch von Vorzugsaktionären auf eine Vorzugsdividende (vgl. §§ 139 Abs. 1, 140 Abs. 2, 141 Abs. 2 AktG) gibt. Weder die Vorzugsaktie noch das Genussrecht ist mit einem Stimmrecht ausgestattet; beide haben einen Anspruch auf Dividende bzw. Entgelt, das im Ergebnis von Gewinnsituation bzw. Gewinnverwendungsbeschluss abhängig ist. Der Insolvenzrechtssenat des BGH hat jedoch herausgearbeitet, dass Ansprüche von Vorzugsaktionären auf Nachzahlung einer Vorzugsdividende keine Ansprüche eines Insolvenzgläubigers sind, sondern zunächst ein unselbstständiges *„mitgliedschaftliches Recht"* darstellen. Selbstständige Nachzahlungsansprüche der Vorzugsaktionäre wertet der Senat gleichwohl als Forderungen, die allerdings nachrangig sind und im Rahmen des Insolvenzplanverfahrens mangels anderweitiger Planregelung als erlassen gelten.[31] Im Ergebnis bedeutet dies, dass das Genussrecht ein Forderungsrecht darstellt, welches vermögensrechtlich ganz ähnlich einer gesellschaftsrechtlichen Beteiligung strukturiert ist. Dennoch entspricht es auch vermögensrechtlich in keiner Weise den Anforderungen an eine Gesellschafterstellung. Der mitgliedschaftsrechtliche Teil einer

---

29 BGH, Urteil vom 05.10.1992 – II ZR 172/91 = BGHZ 119, 305, 311. S. dazu *Hermanns*, in: Henssler/Strohn, Gesellschaftsrecht, 2. Aufl. 2014, § 221 AktG Rn. 8 m.w.N.

30 BGH, Urteil vom 05.10.1992 – II ZR 172/91 = BGHZ 119, 305, 311, wo der Senat die Frage, wann eine solche Umgehung vorliegt, aber offen lassen konnte.

31 BGH, Urteil vom 15.04.2010 – IX ZR 188/09, Rn. 14 f., 20, 30 = BGHZ 185, 206 = ZInsO 2010, 1059 = ZIP 2010, 1039.

solchen fehlt völlig. Genussrechtsbedingungen unterliegen der Inhaltskontrolle als Allgemeine Geschäftsbedingungen. Soweit die Genussrechte in Schuldverschreibungen verbrieft sind, was keineswegs zwingendes Strukturelement derselben ist, ist umstritten, ob eine AGB-rechtliche Inhaltskontrolle stattzufinden hat.[32]

(3) Verlustteilnahme, Wiederaufleben, Kapitalschnitt

Nimmt das Genussrecht wie üblich an Verlusten der Zielgesellschaft sowie an Kapitalherabsetzungen teil, so lebt das Recht auch dann nicht wieder auf, wenn Verlustrückstellungen aufgelöst werden und sich die Kapitalsituation der Gesellschaft verbessert. Der Inhaber kann jedoch die Auszahlung desjenigen Betrags verlangen, der nach Auflösung der Rückstellung resultiert.

In gewissem Umfang trifft die Gesellschaft die Pflicht, für die Aufrechterhaltung des Genussrechtskapitals zu sorgen, ansonsten ist sie gegenüber dem Rechtsinhaber schadenersatzpflichtig. Diesen Inhalt der Entscheidung des BGH zu II ZR 172/91 hat das aktuelle Urteil des Bundesgerichtshofs zu II ZR 395/12 (Fn. 19) präzisiert. Schließt die Zielgesellschaft einen Beherrschungs- bzw. Gewinnabführungsvertrag nach Zustandekommen des Genussrechts ab, müssen die Genussrechtsbedingungen nach der Rechtsprechung des BGH gemäß den für den Wegfall der Geschäftsgrundlage geltenden Regelungen angepasst werden.[33] Damit kann der Anspruch auf Verzinsung und Rückzahlung regelmäßig vollständig durchgesetzt werden, wenn bei Abschluss des Unternehmensvertrages eine Prognose nach dem Gedanken des § 304 AktG zu dem Ergebnis kommt, die wirtschaftliche Lage der Zielgesellschaft werde die Vergütung der Genussrechte und deren Rückzahlung auch in Zukunft ermöglichen. Es handelt sich dabei um einen Ausgleichs- nicht einen Ersatzanspruch.[34]

Der zur Sanierung oftmals angewandte Kapitalschnitt unter Kapitalherabsetzung bei gleichzeitiger Kapitalerhöhung und unter Ausschluss von Bezugsrechten ermöglicht zugleich, das Genussrechtskapital auf Null zu reduzieren. An dieser Stelle besteht im Insolvenzverfahren, auch im Rahmen der Eigenverwaltung, eine Schnittstelle zur Sanierung zulasten der Genussrechtsinhaber, obwohl diese schuldrechtliche Gläubiger sind. § 225a InsO ermöglicht im Insolvenzplanverfahren den

---

32 Davon geht BGH, Urteil vom 05.10.1992 – II ZR 172/91 = BGHZ 119, 305, 312 ohne Weiteres zu dem damaligen AGB-Gesetz aus, ebenso aktuell BGH, II ZR 395/12 Rn. 24 ff. und 29 = ZIP 2014, 1166, der aber die Regelung über die Verlustteilnahme als Hauptleistungspflicht der Inhaltskontrolle ebenso entzogen hat wie bereits das „*Klöckner*"-Urteil.

33 BGH, Urteil vom 28.05.2013 – II ZR 67/12, Rn. 26 = BGHZ 197, 284 = ZIP 2013, 1570.

34 BGH, Urteil vom 28.05.2013 – II ZR 67/12, Rn. 30 ff. und 37 = BGHZ 197, 284 = ZIP 2013, 1570.

Kapitalschnitt durch die Gläubigerversammlung (§ 244 InsO), der sich dann als weitere Folge entsprechender Genussrechtsbedingungen mit Verlustbeteiligung und Teilhabe an Kapitalherabsetzungen unmittelbar auf die Genussrechtsinhaber auswirkt. Es bedarf daher nicht einmal die Heranziehung des § 174 Abs. 3 InsO bzw. des § 225 InsO über die eingeschränkten Rechte nachrangiger Insolvenzgläubiger zur Anmeldung bzw. Berücksichtigung ihrer Forderungen.

d) Weitere Linien der BGH-Rechtsprechung

aa) Urteil vom 21.07.2003. Diese grundsätzlichen Ansätze zur Beurteilung von Genussrechten hat der Bundesgerichtshof vertieft. Im Urteil vom 21.07.2003 hat er seine Judikatur zur Charakterisierung von Genussrechten als schuldrechtlichen Instrumenten wiederholt und wie folgt zusammengefasst:

> *„Genußrechte sind [...] Dauerschuldverhältnisse eigener Art, die keine gesellschaftsrechtlich geprägten Mitgliedschaftsrechte begründen, sondern sich in einem bestimmten geldwerten Anspruch erschöpfen. Sie stehen damit im Gegensatz zu einer durch ein Zusammenwirken zu einem gemeinsamen Zweck charakterisierten gesellschaftsrechtlichen Verbindung [...]“.*[35]

bb) Keine stille Beteiligung durch „Zeichnung“ eines Genussrechts. In derselben Entscheidung hat der Senat darauf erkannt, eine stille Beteiligung sei **kein Genussrecht** gemäß § 221 Abs. 4 AktG (der den Aktionären ein Bezugsrecht bei der Ausgabe u.a. von Genussrechten zuerkennt).[36]

cc) Bezugsrechtsausschluss für Minderheitsaktionäre bei Genussrechtsemission. In einem weiteren früheren Urteil vom 09.11.1992 hatte sich der BGH mit der Frage auseinanderzusetzen, ob ein Bezugsrechtsausschluss für Minderheitsaktionäre gerechtfertigt sei, wenn eine Bank mit ihren belgischen Mehrheitsaktionären Genussrechtsverträge mit eigenkapitalähnlichem Charakter abschließt. Der Senat hat das mit der Begründung und unter der Voraussetzung bejaht, dass die Genussrechte *„die vermögensrechtliche Stellung der Aktionäre nicht beeinträchtigen“*.[37]

e) Folgerungen

Die Bedingungen der Genussrechte in dem Urteil vom 9.11.1992 sind für diese Instrumente typisch mit den Merkmalen

---

35 BGH, Urteil vom 21.07.2003 – II ZR 109/02 = BGHZ 156, 38 ff. und 43. Bezug auf BGH, Urteil vom 05.10.1992 – II ZR 172/91 = BGHZ 119, 305 und BGH, Urteil vom 05.03.1959 – II ZR 145/57 = WM 1959, 434 (und damit Bezug auf BGH, Urteil vom 23.10.1958 – II ZR 4/57 = BGHZ 28, 259 = NJW 1959, 31.

36 BGH, Urteil vom 21.07.2003 – II ZR 109/02 = BGHZ 156, 38, 42.

37 BGH, Urteil vom 09.11.1992 – II ZR 230/91 = BGHZ 120, 142.

- Verpflichtung zur Rückzahlung des Nominalbetrages nach Ablauf der mehrjährigen Laufzeit (ggf. langjährig mit der Möglichkeit zur ordentlichen Kündigung nach einer Reihe von Jahren);
- Kündbarkeit nach Maßgabe der Genussrechtsbedingungen;
- Verlustbeteiligung, ggf. unter Wiederauffüllung durch künftige Jahresüberschüsse;
- Rangrücktritt gegenüber anderen gegenwärtigen und künftigen Gläubigern, Vorrang jedoch gegenüber den Aktionären bzw. sonstigen Gesellschaftern der Zielgesellschaft;
- Vergütung (als Festverzinsung) in Abhängigkeit von der Entstehung eines Jahresüberschusses;
- keine Beteiligung am Liquidationsüberschuss.

3. Genussrecht, Finanzierungsform für alle Unternehmen?

a) Aktiengesellschaft, Societas Europaea, Maßgeblichkeit des Grundsatzes der Privatautonomie

Die Möglichkeit der Emission von Genussrechten durch Aktiengesellschaften einschließlich der Societas Europaea folgt bereits aus der Anerkennung in § 221 AktG. Entscheidend ist aber nicht diese Norm, sondern der in Literatur und Judikatur herausgearbeitete und bereits mehrfach erwähnte schuldrechtliche Charakter des Rechtsinstruments mit vermögensrechtlichen, aber nicht mitgliedschaftsrechtlichen Inhalten. Im Mittelpunkt steht somit die Vertragsfreiheit. Für die Annahme eines Mitgliedschaftsrechts fehlt es insbesondere an der Verfolgung eines **gemeinsamen Zwecks**, der maßgeblich für die Bejahung gesellschaftsrechtlicher Verhältnisse ist. Nach der bereits zitierten Rechtsprechung generieren Genussrechte auch keine stille Gesellschaft mit dem Zielunternehmen. Dem Genussrechtsinhaber stehen daher auch nicht die Kontrollrechte nach § 233 HGB zu; er kann daher nicht ohne ausdrückliche Vereinbarung in den Genussrechtsbedingungen *„die abschriftliche Mitteilung des Jahresabschlusses […] verlangen“* noch *„dessen Richtigkeit unter Einsicht der Bücher und Papiere […] prüfen“* (§ 233 Abs. 1 HGB). Er kann auch die Rechte des § 716 BGB nicht ausüben und auch nicht den Antrag an das Gericht nach § 233 Abs. 3 BGB stellen.[38]

38 Zuständig wäre das Amtsgericht in seiner Eigenschaft als Gericht der freiwilligen Gerichtsbarkeit im Verfahren nach § 375 Nr. 1 FamFG.

b) KGaA

Genussrechte können auch von der KG aA ausgegeben werden, wie aus den §§ 278, 279 Abs. 2 AktG folgt. Wenn der BGH in seiner Rechtsprechung zur KGaA zutreffend hervorhebt, dass aus den Gründen der Privatautonomie alleiniger persönlich haftender Gesellschafter einer KG aA auch eine GmbH sein kann, bei einer anderen Betrachtung „*die privatautonome Gestaltungsfreiheit und die Vielfalt rechtlich möglicher Assoziationsformen [...] unnötig eingeschränkt*" würde,[39] folgt hieraus ohne weiteres auch die Möglichkeit der Emission von nur vermögensrechtlich einer Beteiligung ähnlichen Genussrechten, auch in wertpapierrechtlicher Form als Genussschein.

c) GmbH

Hieraus folgt, dass auch eine GmbH, obwohl gesetzliche Regelungen dazu fehlen, Genussrechte ausgeben kann,[40] wobei allerdings auch hier die Gesellschafterversammlung der Zielgesellschaft zustimmen muss, wenn die Genussrechte wie stets gewinnabhängig vergütet werden und auch sonst eigenkapitalähnlich strukturiert sind. Die Zustimmung der Gesellschafterversammlung ist deswegen zwingend, weil die Rechte ähnlich wie diejenigen der Aktionäre bei der Aktiengesellschaft oder der Kommanditgesellschaft auf Aktien geschützt werden müssen. Mit einer Analogie zu § 221 AktG hat das nichts zu tun. Generell fehlt es bei dem schuldrechtlich konzipierten Instrument „Genussrecht" eben an jeder Verfolgung eines gemeinschaftlichen Zwecks mit der Zielgesellschaft, das Kernelement einer gesellschaftsrechtlichen Verbindung, aus welchem Grunde das Genussrecht auch nicht, wie oben umrissen, als stille Beteiligung aufgefasst werden kann.[41] Dies sogar dann, wenn Genussrechte am Ende ihrer Laufzeit in eine gesellschaftsrechtliche Beteiligung umgewandelt werden (können). Ist das Genussrechtskapital in

---

39 BGH, Urteil vom 24.02.1997 – II ZB 11/96 = BGHZ 134, 392, 401.

40 Vgl. aus der Kommentarliteratur *Weller*, in: Bork/Schäfer, GmbHG, 2. Aufl. 2012, § 14 Rn. 7 m.w.N.

41 So der BGH, Urteil vom 21.07.2003 – II ZR 109/02 = BGHZ 156, 38, 42 unter II 1. der Entscheidungsgründe gegen Stimmen in der Literatur, BGH, a.a.O.; der österr. OGH nimmt auf diese Auffassung ebenfalls Bezug, legt sich aber im Hinblick hierauf nicht fest und lässt die Thematik in seiner jüngsten Entscheidung zu Partizipationsrechten als „*aktienähnlich ausgestaltetes Genussrecht*" nach überwiegender Meinung in der österreichischen Literatur offen, s. österr. OGH, Urteil vom 29.04.2014 – 2Ob 84/13m = österr. AnwBl. 2014, 504 = www.ris.bka.gv.at (s. nachfolgend Abschnitt IIII 7a „Österreich") unter III 1.1 der Entscheidungsgründe.

Schuldverschreibungen verbrieft, so handelt es sich dabei um Varianten der in der Praxis bekannten Wandelschuldverschreibungen (s. auch in Abschnitt IV 3e).[42]

d) Genossenschaft

Genussrechte sind damit und aus denselben Gründen auch möglich bei der Genossenschaft, wofür auf die Beispiele der Kreditgenossenschaften, d.h. der genossenschaftlich strukturierten Banken, ebenso hingewiesen werden soll wie auf die Einkaufs-und Handelsgenosscnschaften sowie die Baugenossenschaften.[43]

e) Körperschaften und rechtsfähige Anstalten des öffentlichen Rechts

Von der Ausgabe von Genussrechten kann auch bei Körperschaften und rechtsfähigen Anstalten des öffentlichen Rechts[44] (insbesondere öffentlich-rechtlichen Banken als Kapital nach dem Kreditwesengesetz Gebrauch gemacht werden), soweit es sich um am Markt agierende Unternehmen handelt und sofern die die jeweilige Struktur regelnde Gesetzesmaterie dem nicht ausdrücklich entgegensteht. Da in dergleichen Fällen eine gesellschaftsrechtliche Beteiligung von Investoren aufgrund des Organisationsrechts der betroffenen Bank ausscheidet, ist die Ausgabe von Genussrechten (insbesondere in Form von Schuldverschreibungen) die einzige Möglichkeit, Investoren im Hinblick auf ihre vermögensrechtliche Position gegenüber der Bank ähnlich einem Gesellschafter oder „Träger" zu beteiligen. Die Zustimmung des maßgeblichen Gremiums der betreffenden Bank (bei Sparkassen nach Maßgabe des Landesrechts z.B. der Träger) ist erforderlich. Die obergerichtliche Rechtsprechung zu den Voraussetzungen der Eintragung eines Beherrschungs- und Gewinnabführungsvertrags mit einer Sparkasse als herrschendes Unternehmen kann hier aber analog herangezogen werden, so dass beispielsweise nicht zwingend der Träger zustimmen muss.[45]

---

42 S. dazu OLG Frankfurt, Urteil vom 20.10.2010 – 23 U 121/08, juris Rn. 42, 48 *„Wandelgenussrechte"* = ZIP 2011, 24 = WM 2011, 221.

43 S. zu Genussrechten bei Genossenschaften *Spilker*, Genussrechte in der deutschen und Europäischen Genossenschaft, Diss. Münster 2007/2008, insb. S. 229 f. (*„Zusammenfassung der Untersuchungsergebnisse"*), s. www.d-nb.info/ mit weiterer Verlinkung (Abruf: 9.9.2014)

44 Sparkassen, Landesbanken, öffentlich-rechtlich verfasste Versicherungen usw.

45 Siehe z.B. OLG Celle, Beschluss vom 16.05.2014 – 9 W 69/14 = ZIP 2014, 1787; der dortige Senat verlangt die Zustimmung des Trägers (niedersächsische Kreissparkasse). Vor dem Hintergrund des bayerischen Rechts hält das OLG München die Zustimmung des Trägers gerade nicht für notwendig, OLG München, Beschluss vom 03.07.2014 – 31

f) Gesellschaften ausländischen Recht mit Verwaltungssitz im Inland

Für die ausländischen juristischen Personen, die nur ihren statutarischen Sitz im Ausland, den tatsächlichen Verwaltungssitz aber im Inland haben und auch hier ihre operativen Geschäfte betreiben, gilt, dass sie entweder ihre Natur als juristische Person nach der vom EuGH[46] vertretenen Gründungstheorie behalten oder aber rechtsfähige Personengesellschaft des inländischen Rechts nach der Sitztheorie des BGH werden.[47] Von der Gründungstheorie profitieren nach der Judikatur des BGH allerdings nur Unternehmen aus der EU, dem EWR und den USA bzw. anderen Staaten, die aufgrund entsprechender Verträge den Gesellschaften aus den EU-Staaten insoweit gleichzustellen sind;[48] insoweit folgt der BGH dem EuGH. Die Sitztheorie gilt für die Gesellschaften aus sonstigen Drittstaaten (z.B. schweizerische Aktiengesellschaft). Für die Emission von Genussrechten ist im ersteren Fall zu unterscheiden: Die Vorfrage, ob die Gesellschaft (z.B. eigenkapitalähnliche) Genussrechte begeben kann, ist ungeachtet des fehlenden gesellschaftsrechtlichen Charakters nach inländischem Recht, nach dem ausländischen Gründungsstatut des Verbandes zu beurteilen. Dabei geht es nicht nur um die Frage der Notwendigkeit eines Beschlusses von Gesellschaftsgremien wie nach § 221 Abs. 1, 3 AktG im inländischen Recht, sondern weitergehend darum, ob die betroffene Gesellschaft nach ausländischem Gesetz und nach ihren Statuten überhaupt dergleichen Instrumente ausgeben darf. Es geht daher um die rechtliche Handlungsfähigkeit der betroffenen Gesellschaft einschließlich der Frage, welche Folge ein Handeln „*ultra vires*" im konkreten Falle hätte, ob etwa Unwirksamkeit zu bejahen wäre. Auf die Frage, ob nicht für den Vertragspartner die Eintragung der Niederlassung der ausländischen Gesellschaft im inländischen Handelsregister gem. §§ 13d ff. HGB zum Vertrauensschutz nach Maßgabe der Publizität des Handelsregisters führt (§ 15 HGB), soll im vorliegenden Rahmen nicht weiter eingegangen werden. Der Maßstab der in das geplante Finanzierungsinstrument aufzunehmenden Regelungen (z.B. Verlustteilnahme, Wiederauffüllung, gewinnabhängige Vergütung) ist das Gründungsstatut der

---

Wx 263/14 u.a. = ZIP 2014, 1387 = WM 2014, 280, zustimmend *Cranshaw*, jurisPR-HaGesR 8/2014, Anm. 2.

46 Vgl. u.a. EuGH, Urteil vom 30.09.2003 – RsC-167/01, „*Inspire Art*", Slg. 2003 I-10155 ff. = ZIP 2003, 1885, st. Rspr.

47 Vgl. BGH, Urteil vom 27.10.2008 – II ZR 158/06, „*Trabrennbahn*", Rn. 20 ff. = BGHZ 178, 192 = ZIP 2008, 2411.

48 Z.B. auch Kanada als Folge des noch zu ratifizierenden CETA-Freihandelsabkommens, s. http://www.trade.ec.europa.eu (Abruf: 01.11.2014)

Emittentin. Erst nach diesem ersten Prüfungsschritt kann in die Vertragsdokumentation des Genussrechts nach inländischem Recht eingetreten werden, das dann aber wiederum auch in dem Herkunftsstaat des Zielunternehmens, der hierzulande auch „Scheinauslandsgesellschaft" genannten Gesellschaft, wirksam und durchsetzbar ist. Dies folgt aus dem internationalen Vertragsrecht der Union sowie aus der EuGVVO.

g) Nicht gewinnorientiert tätige Organisationen

Bei nicht unternehmerisch tätigen Organisationen (NPO's, „non profit organisations") erscheint die Emission von Genussrechten – unabhängig von der rechtlichen Struktur und auch davon, ob sie privatrechtlich oder öffentlich-rechtlich aufgebaut sind – kaum vorstellbar, auch wenn dem die für deren Verfassung geltenden Regelwerke nicht ausdrücklich entgegenstehen sollten. Denkt man an die bürgerlich-rechtliche Stiftung bzw. den gemeinnützig tätigen Idealverein, so ist das Merkmal des eigenkapitalähnlichen Genussrechts mit Verlustbeteiligung im Hinblick auf die Wiederauffüllung bei späteren Jahresüberschüssen ebenso obsolet wie die Abhängigkeit der Vergütung von einem Jahresüberschuss, der systematisch nicht entstehen soll, da der Zweck der Organisation nicht auf Gewinnerzielung ausgerichtet ist. Bei diesen Organisationen kommt eher ein nachrangiges Schuldscheindarlehen ohne die Merkmale des Genussrechts in Frage.

h) Motive der Unternehmen zur Emission von Genussrechten

Die Motivation der Unternehmen, sich des Instruments des Genussrechts zu bedienen, lässt sich grob vereinfachend mit einem schlagwortartigen Satz beschreiben: „Stärkung der Eigenkapitalbasis ohne gesellschaftsrechtliche oder sonstige Mitspracherechte mit unternehmerischer Kompetenz des Investors". Der Grund für die Verweigerung von Mitgliedschaftsrechten können u.a. verfahrensrechtliche Fragen der Kapitalbeschaffung bei den Kapitalgesellschaften darstellen, gesetzliche Hinderungsgründe der Beteiligung (wie bei öffentlich-rechtlich strukturierten Unternehmen), satzungsmäßige Beschränkungen oder das Ziel, die Verwässerung bestehender gesellschaftsrechtlicher Beteiligungen zu unterbinden. Im Fokus stehen sicherlich geschäftspolitische oder strategische Gründe der Unternehmen; bei den Aktiengesellschaften können Kapitalerhöhungen und Einwerbung von Genussrechtskapital Hand in Hand gehen. Bei öffentlich-rechtlichen Unternehmen können Träger neben Beteiligungskapital ebenfalls Genussrechtskapital im Einklang mit dem für die Organisationsform geltenden Gesetzesrecht einbringen.

4. Entgelte für Investoren in Genussrechtskapital

a) *Auflösend bedingte Struktur der Ansprüche bei eigenkapitalähnlichen Genussrechten?*

Im Allgemeinen erhalten die Genussrechtsinhaber einen festen Zinssatz, der über die Laufzeit zu bestimmten Fälligkeitszeitpunkten zu zahlen ist, auch wenn der Vergütungsanspruch bei den eigenkapitalähnlichen Genussrechten gewinnabhängig ist und davon, ob der Rechtsinhaber am Verlust beteiligt ist, so dass sich der zinstragende Betrag ändern kann. Durch „Wiederauffüllungsklauseln“ in den Genussrechtsbedingungen (s.o.) kann sich das zu verzinsende Kapital wieder erhöhen. Auf den Rückzahlungsanspruch wirkt sich das entsprechend aus. Die Ansprüche der Rechtsinhaber sind daher nur bei Nichteintritt eines den vereinbarten Anspruch mindernden oder aufhebenden auslösenden Ereignisses zu befriedigen. Die Extremsituation ist durch den insolvenzrechtlichen Nachrang gekennzeichnet, wodurch der Anspruch des Investors im Zweifel als Folge einer gesetzlichen Regelung wegfällt. Es ist damit eine Frage der konkreten Genussrechtsbedingungen und deren Auslegung, ob der Anspruch als solcher z.B. auflösend bedingt ist (§ 158 Abs. 2 BGB) oder ob lediglich eine Stundungsabrede oder ein pactum de non petendo vereinbart wurde.

b) *Besonderheiten der laufenden Vergütung von Genussrechten – die „Naturaldividende“ bzw. „Naturalvergütung“*

aa) Naturalvergütung durch „Trüffelzins“. Zu den rechtlich zulässigen, aber inhaltlich eher eigentümlichen Strukturen, gehören Genussrechte, bei denen eine *„Naturaldividende“* bzw. Naturalvergütung anstelle einer Barvergütung als Entgelt geleistet wird.[49] So etwa wurden von einem Unternehmen, das hochwertige Schokoladenprodukte in „Manufaktur“ herstellt, Genussrechte in zwei Tranchen aufgelegt, die sich im Hinblick auf die Höhe der Vergütung („Verzinsung“) und die Art der Befriedigung derselben (§ 362 BGB) unterschieden. Der eine Typus verzinste zu einem niedrigeren (marktgerechten) Zins und zahlte denselben auch entsprechend in „bar“ aus. Der zweite Typus versprach einen höheren Zinssatz, das Entgelt bestand in der *„Auszahlung in Form* [der Produkte des Unternehmens].“

49 S. den Begriff *„Trüffelzins“* für das nachfolgende Beispiel eines Herstellers von hochwertigen Schokoladenprodukten, s. unter www.lauensteiner.de, 2014 im Blickpunkt die News 06/2011 (Abruf: 31.10.2014); zu Einzelheiten s. auch unter www.kronachcreativ.de/download/.../040615-Referent_luger_genussschein. Die Vergütung besteht in Pralinen. Ein wesentlicher Aspekt ist dabei erklärtermaßen auch die Kundenbindung, wodurch ein solches Instrument natürlich gerechtfertigt sein kann.

bb) Naturalvergütung bei Investments in landwirtschaftliche Unternehmen. Andere Beispiele sind Weingüter, die die Bewirtschaftung ihrer Weinberge finanzieren.[50] Die Bandbreite ist erheblich und reicht bis zu der Idee eines landwirtschaftlichen Unternehmers, der einen „*Milch-Genuss-Schein*" begeben hat oder dies beabsichtigte, dessen Verzinsung in Produkten des Betriebs abgerufen werden kann und der seine potentiellen Genussrechtspartner darauf hinweist „*dass eine Investition in ein Genussrecht ein langfristiges Engagement darstellt, bei dem keinerlei Ertrags- oder Renditegarantien bestehen.*"[51]

cc) Genüsse gegen „Naturalvergütung" sind in einer Reihe von Branchen denkbar. Tatsächlich handelt es sich aber bei der „Naturalvergütung" aber eben gerade nicht um einen in Geld auszuzahlenden Betrag, sondern lediglich um eine Berechnungsgrundlage. Der Anleger soll nämlich im Wert diesem „Zinssatz" entsprechende Erzeugnisse oder Waren des Genussrechtsemittenten erhalten. Das betreffende Unternehmen erspart damit Entnahmen aus der laufenden Liquidität, die Vergütung wird aus dem Lager-/Warenvorratsbestand erbracht.[52] Mit dieser Vorgehensweise ist eine Reihe von Problemen verbunden, die freilich im Wesentlichen den Anleger treffen. Dabei soll auf die Frage wie diese Art der Vergütung der Überlassung von Kapital als Genussrecht steuerrechtlich, insbesondere einkommensteuerrechtlich, zu würdigen ist, nicht eingegangen werden. Ein beachtliches Problem besteht schon darin, dass der Anleger bei fehlender Festlegung eines konkreten Produktpreises, zu welchem er im Gegenzug zu seinen Entgeltansprüchen Erzeugnisse oder Waren des Zielunternehmens erwerben kann, ganz in die Hand des Unternehmens gegeben ist. Zivilrechtlich wird man solche Transaktionen dahingehend verstehen müssen, dass der

---

50 S. dazu „*Weingüter – Genussscheine mit flüssigen Zinsen*", FAZ v. 24.03.2014, verfügbar unter http://faz.net/-gvt-7nseo. Die Internetrecherche führt zu weiteren Beispielen von Weingütern an der Mosel. In einem Beispiel wird dargelegt, dass man dort das Finanzprodukt bereits 1994 als Pionier entwickelt hat; 1998 ist danach auf die offenbar nach der Betriebsinhaberin benannten Genussscheine ein „*Patent*" erteilt worden, s. dazu *von Hiller*, Mit Weinbergen hohe Prozente scheffeln, FAZ v. 24.06.2014, s. unter www.faz.net (Abruf: 31.10.2014).

51 S. zu diesem Beispiel unter www.bauerbanse.de mit Verlinkungen (Abruf: 31.10.2014).

52 Ob zu dessen Auffüllung nachproduziert wird und dafür Auszahlungen zu tätigen sind, die beispielsweise mittels eines Betriebsmittelkredits erfolgen, ist eine autonome Entscheidung des Zielunternehmens und keineswegs zwingend. Extremes Beispiel: Der Anspruchsinhaber auf Leistung einer Naturalvergütung hat ein am Lager befindliches, selten nachgefragtes Produkt geordert, das nicht nachproduziert werden wird, vielleicht nicht einmal nachproduziert werden könnte (Stichwort: Wein eines Jahrgangs und einer bestimmten Lage)

Genussrechtsinhaber bei dem Unternehmen dessen Waren zum jeweiligen Preis kauft und der Kaufpreis bis zur Erschöpfung der Summe des Entgeltanspruchs für die Genussrechte damit aufgerechnet wird. Um eine „Naturaldividende" handelt es sich demnach entgegen der verbreiteten Bezeichnung nicht, denn eine solche würde bedingen, dass das Entgelt in der Zumessung einer bestimmten Menge wiederum bestimmter Erzeugnisse besteht. Das Ganze ist nur dann akzeptabel, wenn der Genussrechtsinhaber gegenüber sonstigen Käufern keinen ungünstigeren Preis zahlen muss.

dd) Strukturrisiken der Genüsse gegen Naturalvergütung. Die Struktur einer solchen Emission ist einigermaßen komplex und in praxi fehleranfällig.[53] Wie bei dem oben erwähnten Schokoladenunternehmen, führen auch bei anderen Unternehmen fehlerhaft strukturierte Genussrechte zu Rückabwicklungsanordnungen der BaFin, der Bundesanstalt für Finanzdienstleistungsaufsicht.[54] Der Fehler besteht meist darin, dass das betroffene Unternehmen eine unbedingte Rückzahlung zusagt, also ohne ein Merkmal der Eigenschaft als eigenkapitalähnlich. Bei solchen Konstellationen liegt ein Einlagengeschäft nach § 1 Abs. 1 Nr. 1 KWG vor, das erlaubnispflichtig ist und daher mangels Erlaubnis durch die BaFin zu untersagen und abzuwickeln ist. In Order und Inhaberschuldverschreibungen verbriefte Rückzahlungsansprüche fallen nicht unter das Einlagengeschäft, sondern unter andere Regelungen. Insgesamt resultiert hieraus die scheinbar paradoxe Situation, dass die zwar zulässigen, aber tendenziell besonders riskanten

---

53 Dieses Unternehmen, *Confiserie … L. GmbH*, hatte allerdings den strukturellen Fehler begangen, die Genussrechte im vollem Umfang rückzahlbar und ohne Verlustbeteiligung sowie eine Nachfrageabrede hereinzunehmen, so dass die Bundesanstalt für Finanzdienstleistungsaufsicht (BaFin) die Genussrechtsemission als Einlage im Sinne des Kreditwesengesetzes zu werten, den weiteren Vertrieb zu untersagen und die Rückabwicklung anzuordnen hatte; Mitteilung/Bescheid der BaFin v. 25.02.2014 (mit dem Hinweis auf die fehlende Bestandskraft), s. zu dem Stichwort unter www.bafin.de, mit Verlinkungen (Abruf: 01.11.2014).

54 S. beispielsweise auch die Anordnung der BaFin gegenüber einer *C. Immobilien AG* zur Rückabwicklung von Genussrechten wegen verbotenen Einlagengeschäfts v. 26.05.2011, verfügbar ebenfalls über www.bafin.de, mit Verlinkungen (Abruf: 10.09.2014). Die Anordnung der Rückabwicklung des unerlaubt (Verstoß gegen § 32 KWG) betriebenen Einlagengeschäftes in verschiedenen Einlageformen ist ein häufiger Verwaltungsakt der BaFin. Auf die im Internet unter den Verbraucherinformationen öffentlich bekannt gegebenen sofort vollziehbaren Anordnungen wird Bezug genommen. Die Weisung der Behörde kann im Einzelfall Zahlungsunfähigkeit und damit die Insolvenz des zur Rückabwicklung Verpflichteten auslösen. Die Abstimmung mit der BaFin ist daher den Protagonisten bei solchen Vorhaben zu empfehlen.

Geschäfte des „*Grauen Kapitalmarktes*",[55] wie etwa die nachrangigen unverbrieften Genussrechte, wenig reguliert und beaufsichtigt sind.

ee) Blick des Anlegers. Aus Anlegersicht sind alle diese Angebote nicht uninteressant, wenn er die damit verbundenen Mühen und Risiken nicht scheut, auf der anderen Seite aber ein erhebliches Interesse an den konkret angebotenen Produkten hat. Für eine gewöhnliche professionelle Kapitalanlage sind solche Genussrechtsvarianten jedoch ungeeignet. Für die Unternehmen kann eine solche Konstruktion insbesondere auch eine Möglichkeit des Produktmarketing sein, ohne wohl ein wirkliches Finanzierungsinstrument darzustellen, auch wenn dies in den Internetdarstellungen anders gesehen wird.

5. Anforderungen an Genussrechte als bilanzielles Eigenkapital

a) Jahresabschluss nach HGB

Entscheidender Grund für die Ausgabe von Genussrechten ist meist die Zielsetzung, die Eigenkapitalseite der Unternehmen zu stärken. Im Jahresabschluss nach dem Handelsgesetzbuch sind die Genussrechte als „*funktionales Eigenkapital*"[56] nach § 266 Abs. 3 HGB nach umstrittener Auffassung entweder nach den Gewinnrücklagen (Abs. 3 der zitierten Norm) vor dem Gewinnvortrag/Verlustvortrag zu passivieren („A IV.2") oder als „letzter Posten des Eigenkapitals" („A VI.") bzw. nach dem „gezeichneten Kapital" („A II."). Unstreitig ist, dass es sich um einen „*Eigenkapitalsonderposten*" handelt.[57] Die bilanzielle Betrachtung führt auch zu einer Differenzierung bei den mezzaninen Finanzierungen in „*equity mezzanine-Finanzierung(en)*", die „*eigenkapitalähnlich*" sind und ihrem Gegenstück, die „*debt mezzanine*"-Finanzierungen wie Nachranganleihen ohne weitere Ausgestaltung mit Eigenkapitalmerkmalen.[58]

---

55 Davon zu unterscheiden ist der „*weiße Kapitalmarkt*" der beaufsichtigt ist und der „*schwarze Kapitalmarkt*", der verboten ist, da die Akteure „*verbotene Geschäfte betreiben*" oder erlaubnispflichtige Geschäfte ohne Erlaubnis der BaFin, s. *Fußwinkel*, BaFin Journal März 2014, 9, 10. Verstöße sind effizient sanktioniert: So etwa ist das Betreiben erlaubnispflichtiger Geschäfte ohne Erlaubnis gem. § 32 KWG nach § 54 Abs. 1 Nr.2 KWG mit Freiheitsstrafe bis zu fünf Jahren oder Geldstrafe bedroht.

56 *Merkt*, in: Baumbach/Hopt, HGB, 36. Aufl. 2014, § 266 Rn. 16.

57 Zur bilanziellen Behandlung von Genussrechten vergleiche auch Heidel/Schall-*Ebert*, HGB, 2011, § 266 HGB Rn. 55 f. sowie *Rohler*, Bilanzierung von Genussrechten, Bilanzen im Mittelstand, 2013, S. 4 ff. m.w.N. und umfassend *Henkel*, Eine unternehmensspezifische Synopse der Rechnungslegungsunterschiede von Finanzinstrumenten nach IFRS und HGB, Diss. Halle-Wittenberg 2011.

58 *Henkel* (Fn. 57), S. 47 ff.

Voraussetzungen für die Anerkennung als Eigenkapital sind

- die langfristige Kapitalbindung, wobei die Einzelheiten umstritten sind; der Mindestzeitraum beträgt fünf Jahre, möglich sind 5 - 10 Jahre oder sogar länger. Bei den bereits zitierten Fällen aus der Rechtsprechung ist die Kapitalbindung stets entsprechend langfristig.
- Abhängigkeit der Verzinsung (auch als Festverzinsung mit bestimmtem Zinssatz, wie ganz überwiegend üblich) von dem Gewinn der Gesellschaft.
- Teilnahme des Genussrechtskapitals an Verlusten der Gesellschaft bis zum „Totalverlust".
- Nachrang gegenüber anderen Gläubigern, regelmäßig im Sinne des §§ 39 Abs. 2 InsO.

b) Jahresabschluss nach IAS/IFRS

Bei Abschlüssen nach IAS/IFRS sind die Kriterien etwas anders. Maßgeblich für die Beurteilung ist IAS 32 16 und 16 A ff. über die *„kündbaren Finanzinstrumente"*, da mit der Kündbarkeit Rückzahlung bzw. Rücknahme des Instruments verbunden ist. IAS 32, 16 enthält Ausnahmen von der kein Eigenkapital darstellenden Verbindlichkeit nach IAS 32, 11.[59]

Voraussetzungen für Eigenkapital sind danach u.a.[60]

- keine Verpflichtung zur Lieferung *„flüssige*[r] *Mittel"* an andere Unternehmen und keine Verpflichtung zum Austausch von Vermögen und Verbindlichkeiten mit anderen Unternehmen zu ggf. nachteiligen Konditionen, IAS 32.16 (a) (i) und (ii);
- bei *„kündbaren Instrumenten"* Vereinbarung eines qualifizierten Nachrangs, der ohne vorherige *„Umwandlung in ein anderes Instrument"* eintritt, IAS 32 16A (b) mit gleichen Bedingungen für alle Nachrangforderung derselben Rangklasse, IAS 32 16A (c) sowie
- die Beteiligung am Liquidationserlös, IAS 32 16A (a)und

---

59 Zu Ansatz und Bewertung s. IAS 39 bei *Doralt/Wagenhofer*, Kodex des Int. Rechts, Internationale Rechnungslegung IAS/IFRS 2012/2013, 11. Aufl. 2013.

60 Vgl. zu IAS/IFRS bei *Doralt/Wagenhofer* (Fn. 59), S. 233 ff.; die hier zitierten bzw. umrissenen Kriterien sind nur ein Ausschnitt weniger in IAS 16 und 16A ff. niedergelegter Voraussetzungen; für Einzelheiten wird auf die angegebene Fundstelle bzw. die anderweitigen Textwiedergaben des Regelwerkes verwiesen.

- das Postulat, dass die erwarteten „*cash flows* [über die gesamte Laufzeit des Instruments beispielsweise] *im Wesentlichen auf den Gewinnen oder Verlusten* [beruhen]", IAS 32 16A (e).

Die Bewertung von Genussrechten als Eigenkapital nach dem Handelsgesetzbuch muss aus diesen Gründen nicht zwangsläufig mit IAS/IFRS identisch sein. Damit sind die Genussrechtsbedingungen jeweils unter dem Blickwinkel der anzuwendenden Bilanzierungsmethode des Emittenten zu betrachten.

6. Zusammenfassung: Systematisierung von Genussrechten, anzuwendendes Recht

a) Ist die rechtliche Struktur eines Genussrechts nach Lehre und Rechtsprechung auch ein durch die Vertragsfreiheit bestimmtes, als solches nicht legal definiertes schuldrechtliches Rechtsinstrument, so sind doch die oben dargestellten gesellschaftsrechtlichen, aber auch die bilanzrechtlichen Eckpunkte ebenso wie das kreditwesenrechtliche Verbot des Einlagengeschäfts ohne Erlaubnis gemäß § 32 KWG neben den allgemein gültigen zwingenden Bestimmungen der Rechtsordnung zu beachten. Im Vordergrund der zu wählenden Struktur stehen zunächst die Zielsetzungen des Emittenten, die sich innerhalb der gesetzlichen Grenzen bewegt.

b) Danach lassen sich die Genussrechte einteilen

- in Genussrechte, die in Schuldverschreibungen als Genussscheine verbrieft sind und die entweder an der Börse gehandelt werden sollen oder nicht. Im ersten Falle sind neben den generell für die inländischen Inhaberschuldverschreibungen heranzuziehenden §§ 793 ff. BGB die weiteren börsen- bzw. wertpapierrechtlichen Vorschriften zu beachten.

Im Mittelpunkt stehen dabei die Bestimmungen des Schuldverschreibungsgesetzes (2009), das insbesondere die Restrukturierung der etwa in die Krise geratenden Zielgesellschaft ins Auge fasst.

Nicht übersehen werden darf dabei, dass die Schuldverschreibungen im Einklang mit dem unionsrechtlich determinierten internationalen Vertragsrecht nach der Rom I-Verordnung[61] auch (wie so oft bei größeren Transaktionen unter internationaler Beteiligung) ausländischem Recht unterstehen können, beispielsweise US-amerikanischem Recht (von New York) oder dem Recht von England und

61 Verordnung (EG) Nr.593/2008 des Europ. Parlaments und des Rats v. 17.06.2008 über das auf vertragliche Schuldverhältnisse anzuwendende Recht (Rom I), ABl. (EU) L 137 v. 04.07.2008, S. 6.

Wales. Dies führt dann dazu, dass der Inhalt des Genussrechts insgesamt und nicht nur schuldverschreibungsrechtliche Regelungen im engeren Sinne ausländischem Recht unterstehen. Hierauf ist bei der Investition in ein solches Instrument zu achten.[62]

- in Genussrechte ohne Verbriefung; natürlich ist auch hier darauf zu achten, ob das Instrument inländischem oder ausländischem Recht unterliegt, da der Emittent nach europäischem Recht weitgehend frei darin ist, unter welchem Recht er sein Instrument anbietet.
- Genussrechte mit und ohne eigenkapitalähnlichen Charakter.

7. Rechtsvergleichende Hinweise zu „Genussrechten" in Rechtsordnungen, die der inländischen ähnlich sind

a) Österreich

Betrachtet man mit einem kurzen Blick rechtsvergleichend zwei Rechtsordnungen, die der inländischen ähnlich sind und die ein Genussrecht kennen, so stellt man fest, dass das österreichische Recht das Genussrecht zivilrechtlich ganz ähnlich wie das deutsche Recht sieht. Nach § 174 österr. AktG haben die Emittenten „*weitgehende Gestaltungsfreiheit*", „*gesetzliche Regelungen* [habe] *der Gesetzgeber bewusst nicht erlassen [um] die Entwicklung dieses Instruments unter Achtung* [der] *Privatautonomie nicht zu hindern*". Nach der zitierten Entscheidung des österreichischen obersten Gerichtshofs sind „[Genussrechte] *schuldrechtlicher Natur und gewähren reine Gläubigerrechte* [...]."[63] Das Urteil des österr. Obersten Gerichtshofs (OGH) betraf die Klage gegen eine während des Prozesses in den Konkurs gefallene AG, die 420.000 teilweise an der Börse gehandelte Genussscheine emittiert hatte. Gegenstand der sog. „Verbandsklage" nach den §§ 28 ff. des österr. Konsumentenschutzgesetzes war der Angriff der klagebefugten Partei gegen bestimmte Allgemeine Geschäftsbedingungen der beklagten Partei, die diese bei den emittierten Genussrechten verwendet hatte. In einem Urteil vom 29.01.2003[64] hat der OGH darauf erkannt, „*Genussrechte*

62 Auf die Problematik eines ausländischen Gerichtsstandes sowie die Beachtung ausländischer börsenrechtlicher und ähnlicher Bestimmungen ist vorliegend nicht einzugehen.

63 OGH, Urteil vom 06.07.2010 – 1 Ob 105/10p, verfügbar über www.ris.bka.gv.at, mit Verlinkungen (Abruf: 30.10.2014).

64 OGH, Urteil vom 29.01.2003 – 7 Ob 267/02v, verfügbar über www.ris.bka.gv.at, mit Verlinkungen (Abruf: 30.10.2014).

nach [§] *174 AktG können von Kapital – wie auch Personalgesellschaften, Genossenschaften, ja unter Umständen sogar von Einzelkaufleuten ausgegeben werden. Der häufigste Inhalt des Genussrechtes ist ein Anspruch auf Zahlungen aus dem jeweiligen Gewinn*", so dass auch insoweit eine der Rechtslage in Deutschland vergleichbare Situation besteht. Der OGH hat zu „*Partizipationsscheinen*" im Falle von Kapitalleistungen zur Stärkung der Eigenkapitalbasis in einem Urteil vom 29.04.2014 seine Auffassung zur Würdigung von Genussrechten als Dauerschuldverhältnis mit außerordentlichem Kündigungsrecht bestätigt und die Koppelung der Herabsetzung des Kapitals der Partizipationsscheine an die Herabsetzung des Aktienkapitals in den Emissionsbedingungen gebilligt; dabei hat sich der OGH „in den wesentlichen Grundzügen" auf das „*Klöckner-Urteil*" des BGH (zu II ZR 172/91) bezogen.[65] Die Partizipationsbedingungen in dem „*Hypo Alpe Adria*"-Urteil sahen wie bei typischen eigenkapitalähnlichen Genussrechten in Deutschland „*gewinnabhängige Dividendenausschüttungen*" und „*Teilnahme am Verlust*" sowie an „*nominellen Kapitalherabsetzungen*" vor, die Rückzahlung war im Ergebnis in das Ermessen der Emittentin gestellt. Das Handelsgericht Wien als Erstgericht hatte das Partizipationskapital als „*sondergesetzlich gestaltetes Genussrecht*" betrachtet, überwiegend wird diese Meinung auch in Österreich vertreten, der OGH lässt dies offen, lässt aber die Regelung in den Partizipationsbedingungen zur automatischen Erstreckung der aktienrechtlichen Kapitalherabsetzung auf das Partizipationskapital als schuldrechtliches Verhältnis durchschlagen.[66]

b) Schweiz

aa) Art. 657 OR. Im schweizerischen Recht gibt es im Obligationenrecht (zur schweiz. AG und zur schweiz. GmbH) ebenfalls Bestimmungen zum „*Genussschein*" (Neuregelungen im Jahr 2005, in Kraft ab 1.1.2008), die aber anders strukturiert sind und nicht (mehr) „*zur Kapitalbeschaffung*" dienen, vgl. Art. 657 OR, insb. Art. 657 Abs. 3 OR und Art. 774a OR.

Die Norm des Art. 657 OR lautet (im Auszug):

„*(1) Die Statuten können die Schaffung von Genussscheinen zugunsten von Personen vorsehen, die mit der Gesellschaft durch frühere Kapitalbeteiligung oder*

65 OGH, Urteil vom 29.04.2014 – 2 Ob 84/13m, „*Land Kärnten gg. Hypo Alpe Adria*" = österr. AnwBl. 2014, 504, verfügbar über www.ris.bka.gv.at (Abruf: 30.10.2014).

66 Vgl. OGH, Urteil vom 29.04.2014 – 2 Ob 84/13m, „*Land Kärnten gg. Hypo Alpe Adria*", vorige Fn., Ziff. I 1., III. 1.1., 1.2, 2.6 der Entscheidungsgründe.

als Aktionär, Gläubiger, Arbeitnehmer oder in ähnlicher Weise verbunden sind. [...]

(2) Durch die Genussscheine können den Berechtigten nur Ansprüche auf einen Anteil am Bilanzgewinn oder am Liquidationsergebnis oder auf den Bezug neuer Aktien verliehen werden.

(3) Der Genussschein darf keinen Nennwert haben; er darf weder Partizipationsschein genannt noch gegen eine Einlage ausgegeben werden, die unter den Aktiven der Bilanz ausgewiesen wird."

Für die GmbH des Rechts der Schweiz können ebenfalls Genussscheine nur mit den vorstehenden Beschränkungen ausgegeben werden, Art. 774a OR.

bb) Partizipationsscheine. Daneben stehen die „Partizipationsscheine" nach Art. 656a OR, die nach den Statuten der Aktiengesellschaft vorgesehen werden können, *„gegen Einlage ausgegeben werden"*, aber **kein Stimmrecht** gewähren (Abs. 1). Sie sind ausdrücklich als solche bei der Ausgabe zu benennen (Art. 656a Abs. 3 OR). Im Übrigen bestimmt Art. 656a Abs. 2 OR:

„Die Bestimmungen über das Aktienkapital, die Aktie und den Aktionär gelten, soweit das Gesetz nichts anderes vorsieht, auch für das Partizipationskapital, den Partizipationsschein und den Partizipanten."

Es handelt sich um Risikokapital, wobei allerdings die Investoren (mangels Stimmrecht) keinen Einfluss auf die Geschäfte nehmen können, sie seien auf allgemeine gesellschaftsrechtliche Instrumente zu ihrem Schutz angewiesen.

cc) Partizipationskapital im vorstehenden Sinne ist bei der **GmbH** nicht vorgesehen.

dd) Judikatur. Das schweizerische Bundesgericht (BG) ist daher der Auffassung, dass zwischen dem Genussschein und dem Partizipationsschein ein deutlicher gesetzlicher Unterschied besteht und zudem die Ausgabe von Partizipationskapital auf die Aktiengesellschaft beschränkt ist.

Nachdem sich in der Schweiz nach der zitierten Entscheidung des BG der Partizipationsschein seit den *„1960er-Jahren* [zur] *Sonderart des aktienrechtlichen Genussscheins"* zur Kapitalbeschaffung (wie in Deutschland) anstelle von Aktienkapital und der Emission von Anleihen entwickelt hatte, sah man offenbar insgesamt Missbrauchsanfälligkeit, so dass heute die *„Ausgabe von Genussscheinen zur* Kapitalbeschaffung [...] nicht mehr zulässig ist."[67]

---

67 S. insgesamt schweiz. BG, Urteil vom 28.04.2014 – 4A_363/2013, *„Zulässigkeit von Partizipationssscheinen bei der Genossenschaft"*, Erwägungen 3.1, 3.2, 3.2.1, 3.3.2, 3.4.2, verfügbar über http://relevancy.bger.ch, mit Verlinkungen. Dem gegenüber hatte eine Literaturstimme zur Genossenschaft in der Schweiz die Auffassung vertreten,

ee) Fazit. Die Rechtslage in der Schweiz unterscheidet sich damit maßgeblich von derjenigen in Deutschland, aber auch in Österreich. Die in der Bundesrepublik mit der aktuellen Gesetzesinitiative der Bundesregierung zu einem „*Kleinanlegerschutzgesetz*" (Sommer 2014, s. unter V 3c) angestrebte Eindämmung des anlegerschädlichen Missbrauchs von Genussrechten wird in der Schweiz durch Verneinung eines nur der Vertragsfreiheit verpflichteten Refinanzierungsinstruments zu erreichen versucht.

8. Empirische Feststellungen zu Genussrechten

a) Emissionen von Genussrechten in der Unternehmenspraxis

Emittenten von Genussrechten waren in großem Maßstab vor der Bankenkrise bis etwa zum Jahre 2008 die Kreditinstitute.[68] Die Judikatur bestätigt die Feststellung in der Literatur, dass die Ausgabe von Genussrechten bei Aktiengesellschaften verbreitet war (s.o.).[69]

Aktuell ist das offenbar erhebliche Interesse an der Zeichnung durch private Anleger bei Gesellschaften, die in neueren Geschäftsfeldern der Wirtschaft tätig sind (z.B. erneuerbare Energien, Umwelt, soziale Pflegedienste), ggf. auch bei Unternehmen oder Branchen, bei denen die „klassischen" Finanzintermediäre an ihre Grenzen stoßen, z.B. im Hinblick auf aufsichtsrechtliche Vorgaben (Basel III), wegen der Sorge von „*Klumpenrisiken*" und ähnlicher Umstände. „*Prokon*"[70] ist hier lediglich ein in der Öffentlichkeit bekannter gewordenes Beispiel, einmal im Hinblick auf die im Jahr 2014 eingetretene Insolvenz, zum anderen im Hinblick auf die Zahl der Beteiligten (ca.73.000) und das von einem privaten Unternehmen ausgegebene Volumen (ca. 1,3 Mrd. €).

---

diese könne sich sogar nach Maßgabe des „*Grundsatz der Privatautonomie* [...] *Eigenkapitalfinanzierungsinstrumente sui generis*" schaffen, einen nunmehr vom BG wohl versperrten Weg, s. *Taisch/Troxler*, Eigenkapitalbeschaffung bei Genossenschaften – Möglichkeiten und Grenzen de lege lata, Aktuelle Juristische Praxis (AJP) 2013, 407, 424.

68 S. dazu die parl. Anfrage BT-Drs. 17/3969 v. 26.11.2010 zu „*Hybridkapital in der Finanzmarktkrise*" bei öffentl. Banken, zur Antwort der BReg. s. BT-Drs. 17/4496 v. 19.01.2011.

69 *Luttermann*, Unternehmen, Kapital und Genußrechte, 1998.

70 S. AG Itzehoe, Beschluss vom 01.05.2014 – 28 IE 1/14 u.a., Rn. 6 ff. = ZInsO 2014, 1106.

b) Wesentliche Merkmale von eigenkapitalähnlichen Genussrechten

Abbildung 2 Wesentliche Merkmale eigenkapitalähnlicher Genussrechte an Beispielen[71][72]

Wesentliche Merkmale	**Fundstelle**
Verlustteilnahme einschl. Kapitalherabsetzung (nach Heranziehung der freien und gesetzl. Rücklagen u. des Agio); keine Wiederauffüllung der Genussrechte	BGHZ 119, 305 ff.
Rückzahlung zum Nennbetrag; Rangrücktritt; Verlustteilnahme; Wiederauffüllung; gewinnabhängige Ausschüttung, soweit kein Bilanzverlust entsteht	BGHZ 120, 141 ff.
Elektronisches Genussrechtsregister; 5% Agio; keine Verbriefung; Sonderrechte ab bestimmten Zeichnungsbeträgen; gewinnabhängige Verzinsung, soweit kein Fehlbetrag entsteht (ggf. Nachzahlungsanspruch); Verlustteilnahme vor dem gezeichneten Kapital; Wiederauffüllung; Rangrücktritt nach den Gläubigern; keine Beteiligung am Liquidationserlös; Mindestlaufzeit 6 Jahre; Kündigung 12/6 Monate	Internet, Sozialbereich, Prospektinhalt 2012
Zeichnung ab 100 €; kein Agio; keine Verbriefung; Genussrechtsregister; Namensrechte; Gesamtnennbetrag bis 10 Mrd. €; Typ A des Genussrechts mit Auszahlung oder Wiederanlage der Zinsen; Typ B mit Zinsthesaurierung; Beteiligung „*am Jahresüberschuss bzw. Jahresfehlbetrag*"; Liquiditätsvorbehalt für Zinsleistungen; Grundverzinsung 6%; weitergehende Überschussbeteiligung der Zeichner; freie Verfügung der Emittentin über 30% des Gewinns vor der Verzinsung der Genussrechte zur Rücklagenbildung; Nachrang der Genussrechte „*nach sonstigem Eigenkapital der Emittentin*"; Kündigung/ Mindestlaufzeit bei Typ A: 6 Monate mit danach vierwöchiger Kündigungsfrist; Laufzeit bei Typ B: 5 – 10 Jahre ohne Kündigung. Evtl. Problem: Info des Ins. Verwalters v. 1.5.2014 (Internet) über nach damaliger Einschätzung „*mangelhaftes*", „*über viele Jahre wissentlich vernachlässigtes Rechnungswesen.*"[71]	Internet, „*Prokon*"-Gesellschaft[72]

71 Nach einer Pressemitteilung im Hamburger Abendblatt v. 02.05.2014, Pressekonferenz des Insolvenzverwalters, s. unter www.abendblatt.de (Abruf: 01.11.2014).

72 S. die „*Prokon Genussrechtsbedingungen*" (Stand: 04.12.2012) der Prokon Regenerative Energien GmbH, unter www.anleihen-finder.de, mit Verlinkungen (Abruf: 01.11.2014).

Jährliche Ausschüttung an die Genussrechtsinhaber aus dem Bilanzgewinn auf der Basis von 12-Monats-EURIBOR zzgl. 150 Basispunkte (= 1,5 Prozentpunkte Aufschlag auf EURIBOR); Gewinnvorbehalt; vollständige Teilnahme an Bilanzverlust und Kapitalherabsetzung; Wiederauffüllung des Genussrechtskapitals durch künftige Überschüsse; Nachrang gegenüber allen anderen Gläubigern mit Ausnahme weiterer nachrangiger Gläubiger (mit denen danach Gleichrang besteht).	BGH, Urt. v. 28.05.2013, BGHZ 197, 284 ff.

IV. Genussrechte in der Insolvenz des Emittenten

1. Genussrechte ohne eigenkapitalähnlichen Charakter und ohne Verbriefung

a) Differenzierung zwischen Genussrechten mit und ohne eigenkapitalähnliche Struktur und zwischen unverbrieften und in wertpapierrechtlicher Form verbrieften Rechten.

Gerät der Emittent der Genussrechte in die Insolvenz, so stellt sich die Frage, wie dessen Rechtsposition im Verfahren zu behandeln ist. Dabei ist zwischen den (selteneren) Genussrechten ohne und solchen mit eigenkapitalähnlichem Charakter zu unterscheiden. Aufgrund der geschilderten Interessenlage der Emittenten dürfte die große Mehrheit ausgegebener Genussrechte in eigenkapitalähnlichen Instrumenten bestehen. Ferner ist dahingehend zu differenzieren, ob Genussscheine ausgegeben worden sind, die Rechte somit wertpapierrechtlich „verbrieft" wurden oder nicht. Wurden die Rechte im Rahmen einer Anleihe emittiert, ist wiederum danach zu differenzieren, ob sie börsennotiert sind, also an einem regulierten Markt gehandelt werden oder nicht. In den Fällen der Ausgabe von Genussscheinen sind mehrere Regelwerke anzuwenden, insbesondere das Schuldverschreibungsgesetz (2009, SchVG). Aufgrund der bestehenden weiten rechtlichen Gestaltungsmöglichkeiten gibt es beispielsweise auf Genussrechte in Form von Wandelgenussscheinen, die dem Inhaber die Option einräumen, am Ende der Laufzeit den Genussschein in Aktien der Gesellschaft umzuwandeln.[73] Die jeweilige Struktur hat entscheidende Bedeutung für die insolvenzrechtliche Betrachtung des Finanzinstruments.

73 S. dazu BGH, Urteil vom 01.07.2014 – II ZR 381/13 = WM 2014, 1810 = ZIP 2014, 1876.

b) Unverbriefte Genussrechte ohne eigenkapitalähnliche Struktur.

Handelt es sich um ein Genussrecht ohne eigenkapitalähnliche Funktion, ohne Verbriefung und ohne Umwandlungsrecht und ist das Recht auch nicht besichert, dann ist der Inhaber gewöhnlicher Insolvenzgläubiger nach § 38 InsO. Er ist nicht absonderungsberechtigt, das SchVG 2009 ist ebenso wenig wie börsenrechtliche Regelwerke anzuwenden. Er hat eine schuldrechtliche Forderung auf Rückzahlung, die jedenfalls insolvenzrechtlich nach § 41 InsO fällig geworden ist. Im Rahmen eines Insolvenzplans kann er mit den anderen ungesicherten Finanzgläubigern in einer Gruppe nach § 222 Abs. 1 Satz 2 Nr. 2, Abs. 2 Satz 1 InsO zusammengefasst werden, ohne dass dies einen Verstoß gegen das Kriterium, die Gruppen sachgerecht voneinander abzugrenzen, darstellen würde – im Gegenteil.

2. Eigenkapitalähnliche Genussrechte ohne Verbriefung

a) Eigenkapitalähnliche Genüsse mit und ohne Verbriefung

Insolvenzrechtlich deutlich komplexer sieht die Situation bei den eigenkapitalähnlichen Genussrechten aus, bei denen zunächst die nicht „verbrieften" Rechte betrachtet werden sollen.

b) Problemfelder der unverbrieften eigenkapitalähnlichen Rechte

Diese Rechte begründen, wie oben dargestellt, ein lediglich schuldrechtliches Rechtsverhältnis zu dem Emittenten. Ihr in den Genussrechtsbedingungen verabredeter Nachrangcharakter und die Verlustteilnahme, also die wesentlichen Elemente der Eigenkapitalähnlichkeit, bedingen erhebliche Änderungen bei der insolvenzrechtlichen Betrachtung im Vergleich zu den nicht dem Eigenkapital angenäherten Rechten.

Insbesondere stellen sich die nachstehenden Problemfelder, die nachfolgend abzuhandeln sind:

(1) Kann angesichts des Nachrangcharakters dieser Genussrechte als Folge des § 39 Abs. 2 InsO Zahlungsunfähigkeit eintreten oder scheidet dieser Insolvenzgrund aus?
(2) Kann noch nicht fälliges nachrangiges Genussrechtskapital drohende Zahlungsunfähigkeit begründen?
(3) Können solche Genussrechte zur Überschuldung beitragen?
(4) Anfechtung gegenüber Genussrechtsinhabern
(5) Genussrechte im Regelverfahren und im Insolvenzplanverfahren
(6) Genussrechte in der Eigenverwaltung?
(7) Anlegerrisiken und Anlegerschutz (s. unter V.)

c) Eigenkapitalähnliche Genussrechte und Zahlungsunfähigkeit?

aa) Ablehnung schematischer Antworten

Aufgrund des Nachrangs der eigenkapitalähnlichen Genussrechte (dasselbe gilt für die emittierten Genussscheine = Genussrechtsschuldverschreibungen) liegt scheinbar die Folgerung nahe, dass sie die Zahlungsunfähigkeit nicht auslösen können. Der Insolvenzantrag eines Genussrechtsinhabers, der dieses im Einklang mit den Genussrechtsbedingungen kündigen durfte oder das endfällig geworden ist und nicht bezahlt wurde, könnte mangels Rechtsschutzinteresse sogar unzulässig sein. Eine schematische Betrachtungsweise wie sie einer solchen Erwägung zu Grunde liegt, verbietet sich jedoch. Man muss bei der Antwort auf diese Frage vielmehr u.a. unterscheiden zwischen

- Fremdantrag und Eigenantrag auf Eröffnung des Insolvenzverfahrens.
- endfälligem Genussrechtskapital nach Ablauf der Laufzeit.
- außerordentlich und ordentlich kündbarem und auch tatsächlich gekündigtem Genussrechtskapital. Die außerordentliche (fristlose) Kündigung aus wichtigem Grund kann bei einem Dauerschuldverhältnis wie hier ohnehin nicht ausgeschlossen werden.
- verbrieftem und dem Schuldverschreibungsgesetz (2009) mit evtl. collective action clauses unterliegendem Genussrechtskapital. Kündigungsrechte können ggf. nur durch Kollektivakt nach § 5 Abs. 5 SchVG erfolgen.
- verbrieftem Genussrechtskapital, bei dem die Schuldverschreibung ausländischem Recht unterliegt.

bb) Rolle der Genussrechtsbedingungen

Im Mittelpunkt stehen die Genussrechtsbedingungen, die allerdings jedenfalls dann, wenn die Genussrechte nicht wertpapierrechtlich als Schuldverschreibungen begeben wurden, der AGB-rechtlichen Inhaltskontrolle unterliegen.[74] Damit könnte eine Regelung in den Genussrechtsbedingungen, die vorsieht, dass bei Insolvenzgefahr als Folge von Zahlungen des Emittenten an den Rechtsinhaber eine „Zahlungssperre" eintritt, also eine bedingte Stundungsabrede oder eine „Zahlungsaussetzungsklausel" vorliegt, als unangemessen und daher nach § 307 BGB als unwirksam angesehen werden. Bejaht man die Wirksamkeit einer solchen Regelung, ist Zahlungsunfähigkeit zu verneinen, jedenfalls bei einem Fremdantrag auf

---

74 Bei dem Wertpapieremissionen, die dem SchVG (2009) unterliegen, ist die Problematik umstritten, vgl. *Dippel/Preuße*, in: Preuße, SchVG, § 1 Rn. 29 ff.

Eröffnung des Insolvenzverfahrens gegen den Emittenten durch den Rechtsinhaber. Wird allerdings ein Eigenantrag gestellt mit der Begründung, fällige Zahlungsansprüche von Genussrechtsinhabern seien der Grund des Eintritts der Zahlungsunfähigkeit, wird das Insolvenzgericht im allgemeinen keine Möglichkeit haben, den Antrag zurückzuweisen, auch wenn es den Inhalt der Genussrechtsbedingungen kennen sollte, zumal es nicht seine Aufgabe ist, über materiell-rechtliche Fragen der Genussrechtsbedingungen zu entscheiden. Beim Fremdantrag ist diese Frage schwieriger zu entscheiden, insbesondere, wenn der Rechtsinhaber einen unstreitigen und fälligen Zahlungsanspruch hat, auf den nicht bezahlt worden ist und wenn er in seinem Antrag ausdrücklich die AGB-rechtliche Unwirksamkeit der Klausel vorträgt. Das Gericht wird in diesem Fall von der Zulässigkeit des Antrags ausgehen können, so dass die Möglichkeit eröffnet ist, dass emittierende Unternehmen, gegen das der Insolvenzantrag gestellt wurde, nach § 14 Abs. 2 InsO zu hören. Der Emittent kann allerdings dem Antrag nur mit der Argumentation widersprechen, er müsse deshalb nicht zahlen, weil er sonst zahlungsunfähig werde. Mit anderen Worten wendet er damit drohende Zahlungsunfähigkeit ein (und das Bestehen eines daher eingreifenden Liquiditätsvorbehaltes in den Genussrechtsbedingunegen); eine Pflicht zum Insolvenzantrag ist damit noch nicht begründet. Bei dieser Situation spricht manches dafür, dass das Insolvenzgericht den Antragsteller darauf verweisen kann, die Unwirksamkeit der entsprechenden Genussrechtsbedingung in einer Zahlungsklage gegen den Emittenten vor dem ordentlichen Gericht zu klären und den Insolvenzantrag mangels Glaubhaftmachung des Insolvenzgrundes abweist, s. dazu aber die gegenteilige Entscheidung des Insolvenzgerichts in dem unter (dd) beschriebenen Beispielsfall („*Prokon*“).

cc) Keine Verneinung der Zahlungsunfähigkeit allein aufgrund des Nachrangs eines Genussrechts

Der bloße Nachrangcharakter des Genussrechts vermag hingegen nichts an der Zahlungsunfähigkeit des Emittenten zu ändern, wenn fällige Zahlungsansprüche bestehen. Der wesentliche Grund hierfür ist, dass auch der nachrangige Gläubiger Insolvenzgläubiger ist, mag er auch seine Forderung nicht ohne weiteres anmelden können (vgl. § 174 Abs. 3 InsO) und mögen solche Forderungen auch im Insolvenzplanverfahren mangels anderweitiger Bestimmung als erlassen fingiert werden (vgl. § 225 Abs. 1 InsO). Die zitierten Normen belegen zusammen mit der Definition des Insolvenzgläubigers in § 38 InsO gerade das Gegenteil, nämlich die Eigenschaft auch des Nachranggläubigers als Insolvenzgläubiger. Wie auch der Begriff des Nachrangs zeigt, handelt es sich dabei nicht um die umfassende Verkürzung der Beteiligungsrechte, sondern ausschließlich um eine Rangposition im Rahmen der Befriedigung der Ansprüche nach dem „Wasserfall“ der §§ 38, 39 InsO.

dd) Der Praxisfall: „Prokon" und das AG Itzehoe

Das Amtsgericht Itzehoe hat daher freilich im Fall „*Prokon*" völlig zu recht das Insolvenzverfahren ohne Beachtung des Nachrangs der streitgegenständlichen Genussrechte eröffnet.[75] Die amtsgerichtliche Entscheidung beleuchtet die oben umrissene Problematik eingehend, sie zeigt, dass die Frage der Zahlungsunfähigkeit, soweit ein Liquiditätsvorbehalt gemacht wurde, im Wesentlichen eine quaestio facti ist. So standen zwar die „*Zinszahlungsansprüche in den Genussrechts Bedingungen* [...] *ausdrücklich unter einem Liquiditätsvorbehalt*", wohingegen sie sich über die „*Rückzahlungsansprüche*" bezüglich des Kapitals nicht verhielten. Wie das Gericht entschieden hätte, wenn auch der Kapitalrückzahlungsanspruch unter einem solchen Vorbehalt gestanden hätte, darf offen bleiben. Die Entscheidung steht nach der zutreffenden Einschätzung des Gerichts im Einklang mit der höchstrichterlichen Rechtsprechung, der BGH hat in der auch vom AG Itzehoe zitierten Entscheidung vom 19.7.2007 zwar darauf erkannt, die Forderung eines Gläubigers, der „*je nach den finanziellen Möglichkeiten des Schuldners mit einer nachrangigen Befriedigung einverstanden war*", sei bei der Prüfung der Zahlungsunfähigkeit nicht heranzuziehen.[76] Man wird aber, wie das AG Itzehoe, folgern dürfen, dass der Senat neben einer insolvenzrechtlichen Nachrangabrede auch eine Stundung fälliger Forderungen für notwendig gehalten hat, um deren Einbeziehung in den für die Zahlungsunfähigkeit maßgeblichen Liquiditätsstatus auszuschließen. Eine analoge Anwendung des § 19 Abs. 2 Satz 2 InsO im Interesse des Ausschlusses der Zahlungsfähigkeit scheidet nach zutreffender Auffassung in der Literatur aufgrund der völlig unterschiedlichen Ansätze der §§ 17 bzw. 19 InsO aus,[77] wenn man nicht der Auffassung ist, Überschuldung sei strukturelle Zahlungsunfähigkeit auf der Ebene des Gesamtvermögens des Schuldners, so dass eine Analogie vor diesem Hintergrund gerechtfertigt sei. Aufgrund der klaren

---

75 AG Itzehoe, Beschluss vom 1.5.2014 – 28 IE 1/14 u.a., juris Rn. 6 ff. = ZInsO 2014, 1106 = ZIP 204, 1038 m. Anm. *Jacoby* EWiR 2014, 427; der Entscheidung stimmen *Bitter/Rauhut* ZIP 2014, 1005 zu. Zu der Thematik s. auch *Bork* ZIP 2014, 997. *Bitter* und *Bork* waren an Gutachten in Sachen „*Prokon Regenerative Energien GmbH*" zu dem Themenumfeld beteiligt. Das Gericht hat nach dem Inhalt des Beschlusses ebenso wie der vorläufige Insolvenzverwalter erhebliche Mühe aufgewandt, um die relevanten Rechtsfragen klären zu lassen, insgesamt wurden offenbar vier wissenschaftliche Gutachten beauftragt und vorgelegt einschließlich eines gerichtlichen Gutachtens.

76 BGH, Beschluss vom 19.07.2007 – IX ZB 36/07, Rn. 19 = BGHZ 173, 286 = ZInsO 2007, 939 = ZIP 2007, 1666; s. auch AG Itzehoe, Beschluss vom 01.05.2014 – 28 IE 1/14 u.a., juris Rn. 6 = ZInsO 2014, 1106.

77 *Bork* ZIP 2014, 997, *Bitter/Rauhut* ZIP 2014, 1005.

gesetzgeberischen Vorgaben, die sich bei der heutigen Fassung des § 19 InsO manifestiert haben, kann jedoch von einer Regelungslücke, die Voraussetzung einer Analogie, nicht die Rede sein. Die hier zu entscheidenden Fragen sind damit allerdings weniger solche der dogmatischen Struktur, sondern der jeweils getroffenen und ggf. auszulegenden Abreden, also tatrichterliche Wertungen. Daher kann nicht genug auf klare Formulierungen in den Genussrechtsbedingungen geachtet werden, die transparent sein müssen und die mit *Jacoby* auch dem Postulat einer anlegerfreundlichen Auslegung standzuhalten haben.[78]

ee) Unwirksamkeit bzw. fehlende Durchsetzbarkeit von Verlustteilnahmeregelungen und Zahlungsunfähigkeit

Geht man davon aus, dass Nachrangabreden und Verlustteilnahme in Genussrechtsbedingungen nach der jüngsten Judikatur des Bundesgerichtshofs[79] nicht der Inhaltskontrolle gem. den §§ 307 ff. BGB unterliegen, weil es sich bei beiden Regelungen um den „*Hauptleistungsinhalt*" handelt, so bleibt dennoch die Notwendigkeit, das Transparenzgebot einzuhalten. Zahlungsunfähigkeit ist aber dann zu bejahen, wenn dem Genussrechtsinhaber ausnahmsweise ein fälliger Schadensersatzanspruch gegen das emittierende Unternehmen deswegen zusteht, weil die Tatsachen, die „formell" zur Verweigerung der Zahlung von Zinsen oder von Kapital gegenüber dem Rechtsinhaber geeignet sind, auf geschäftlichen Tätigkeiten des Emittenten beruhen, „*die schlechterdings kein seriöser Kaufmann durchführen würde*". Ein solches Geschäftsgebaren bedeutet zugleich eine entsprechende Tätigkeit des Emittenten außerhalb seines Geschäftsgegenstandes.[80] Stellt sich im Zuge des Insolvenzeröffnungsverfahrens heraus, dass das emittierende Unternehmen ein sog. „Schneeballsystem" unterhält oder kann der Antragsteller dies bereits in seinem Antrag glaubhaft machen, so dass ihm ein fälliger Ersatzanspruch zusteht, spielen die die Geltendmachung des Rückforderungsanspruchs hindernden Klauseln der Genussrechtsbedingungen keine Rolle, denn die Natur des fälligen Ersatzanspruchs (§ 271 BGB) ist eine andere. In einem solchen Fall ist auch die Verlustteilnahmeregelung bedeutungslos geworden.[81]

---

78 *Jacoby*, EWiR 2014, 427.

79 BGH, Urteil vom 29.04.2014 – II ZR 395/12, Rn. 29 zu §§ 307 ff. BGB, Rn. 27 f. zum Transparenzgebot = WM 2014, 1076 = ZIP 2014, 1166.

80 BGH, Urteil vom 29.04.2014 – II ZR 395/12, Rn. 21 = WM 2014, 1076 = ZIP 2014, 1166.

81 BGH, Urteil vom 29.04.2014 – II ZR 395/12, Rn. 40 = WM 2014, 1076 = ZIP 2014, 1166.

d) *Eigenkapitalähnliche Genussrechte und drohende Zahlungsunfähigkeit*

Geht man zutreffend davon aus, dass auch insolvenzrechtlich nachrangige Forderungen bei Fälligkeit und fehlender Stundungsabrede oder fehlender konkludenter Stundung bzw. beim Fehlen sonstiger Instrumente, die den Schuldner zur Leistungsverweigerung berechtigen, die Zahlungsunfähigkeit begründen und damit unter der Voraussetzung des § 15a InsO sogar die Insolvenzantragspflicht hervorrufen, gilt erst recht, dass im Falle drohender Zahlungsunfähigkeit (§ 18 InsO) der Emittent der Genussrechte die Möglichkeit haben muss, Eigeninsolvenzantrag zu stellen. Die Ablehnung der Möglichkeit des Eigenantrags wegen nur drohender Zahlungsunfähigkeit bei diesen Fallkonstellationen würde zudem dem Schuldner die von ihm für notwendig erachtete Restrukturierung seiner Passivseite unter Einschluss des Genussrechtskapitals nahezu verunmöglichen. Er müsste abwarten, bis Zahlungsunfähigkeit eingetreten ist, die im Übrigen nie eintreten könnte, sofern man anders als in den vorstehenden Ausführungen mit Literatur und Judikatur den Eintritt der Zahlungsunfähigkeit generell verneinen würde, wenn die betroffene fällige und auch *„ernsthaft eingeforderte"* Forderung des Insolvenzgläubigers nachrangig nach § 39 Abs. 2 InsO wäre und die Zahlungsunfähigkeit nur auf der Nichtzahlung dieser Forderungen beruhen würde. Zugleich würde man damit das „Schutzschirmverfahren" des § 270b InsO und die dort gewollte im Interesse der Sanierung in die Wege geleitete verfahrensmäßige Restrukturierung verunmöglichen. Damit würde die Struktur der nachrangigen Forderung in ein Mittel zur Verhinderung der Insolvenz zum Nachteil des Unternehmens und der Gesamtheit der Gläubiger umgewidmet.[82]

e) *Eigenkapitalähnliche Genussrechte und Überschuldung*

Nachrangverbindlichkeiten sind im Überschuldungsstatus nicht zu passivieren, sie nehmen an der Überschuldung nicht teil, § 39 Abs. 2 S. 2 InsO. Voraussetzung ist freilich, dass die Nachrangvereinbarung wirksam ist, was z.B. bei *„Prokon"* aus dem Blick des Eröffnungsbeschlusses nicht der Fall war.[83] Das Insolvenzgericht hat einen Verstoß gegen das Transparenzgebot des § 307 Abs. 1 S. 2 BGB bejaht, insbesondere hat es bei den dort zugrunde liegenden Genussrechtsbedingungen

---

82 Ganz abgesehen davon steht es im Belieben des Schuldners, ob er sich auf Gegenrechte beruft, die die Fälligkeit des Anspruchs hinausschieben oder für dauernd hemmen, oder ob sonstige Gegenrechte der Durchsetzung des Anspruchs entgegenstehen und ob der Schuldner diese Rechte einwendet oder nicht.

83 AG Itzehoe, Beschluss vom 01.05.2014 – 28 IE 1/14 u.a., Rn. 11 ff. und 14 ff. = ZInsO 2014, 1106.

(„Nachrangklausel", „Verlustzuweisungsklausel") das „Bestimmtheitsgebot" des § 307 BGB als verletzt angesehen. Das Gericht hat damit eine Weichenstellung dahingehend vorgenommen, dass es allgemeine Genussrechtsbedingungen AGB – rechtlich gewürdigt hat und das Ergebnis in die Beurteilung des Vorliegens des Insolvenzgrundes der Überschuldung hat einfließen lassen.

Die frühere Kommentarliteratur, die sich auf die damalige Fassung des § 19 InsO bezog, war bereits der Auffassung, Genussrechte seien als *„Quasi-Eigenkapital"* nicht zu passivieren; anders sei dies freilich, wenn mit Kündigungen zu rechnen sei.[84] Genussrechte ohne eigenkapitalähnliche Struktur sind wie jede Verbindlichkeit zu passivieren geeignet, die Überschuldung herbeizuführen. Dies gilt auch dann, wenn sich eine Nachrangabrede als Folge des Urteils des Gesellschaftsrechtssenats zu II 395/12 gegenüber dem Genussrechtsinhaber zwar durchsetzt, an die Stelle des nachrangigen Anspruchs aber ein Schadensersatzanspruch des Anlegers tritt, der eine gewöhnliche Insolvenzforderung darstellt und damit eine insolvenzrechtliche Aufstufung des schuldrechtlichen Anspruchs des Anlegers durch Umwandlung in einen Ersatzanspruch eintritt. Dass diese Konstellation ganz außerordentlich selten sein wird und dem Anleger eine erhebliche Darlegungs-und Beweislast aufbürdet, ändert nichts daran, dass der BGH in diesen Fällen den Schutz der Gläubiger des Emittenten dem Anlegerschutz hintanstellt.

f) Insolvenzanfechtung von Leistungen auf Genussrechte

aa) Kongruenz, Bargeschäft, § 133 InsO?

Die Leistung von Entgelten auf Genussrechte (Zinsen und Kapitalrückzahlungen) sind, soweit sie vertragsgerecht und damit auch im Einklang mit den Genussrechtsbedingungen erfolgen, zwar kein Bargeschäft gemäß § 142 InsO, aber immerhin nur wegen kongruenter Deckung der Anfechtung nach § 130 InsO unterworfen. In der vorinsolvenzlichen Phase wird es meist an der subjektiven Kenntnis des Anlegers von der Zahlungsunfähigkeit fehlen, auch die Voraussetzungen des § 130 Abs. 2 InsO dürften selten vorliegen. Anders jedoch tendenziell im Fall *„Prokon"*; die Geschäftsführung bemühte sich dort wochenlang, den Kündigungen von Genussrechtskapital entgegenzuwirken, indem man die Anleger sehr intensiv auf bereits erfolgte Kündigungen und das Risiko des Zusammenbruchs des Unternehmens bei Aufrechterhaltung derselben bzw. beim Eintritt weiterer Kündigungen aufmerksam machte.[85] Tatsächlich erfolgende Zahlungen

---

84 *Uhlenbruck*, in: Uhlenbruck, InsO, 13. Aufl. 2010, § 19 Rn. 113 f.

85 S. dazu *„Prokon-Insolvenz bereits im Januar?"*, 11.01.2014, www.wallstreet-online.de, mit weiterer Verlinkung (Abruf: 1.11.2014) und *„Windkraft-Genussrecht – Anlage-Anbieter*

und Kündigungen sind dann noch immer kongruent, Zahlungen können gleichwohl sogar Anfechtungsansprüche wegen vorsätzlicher Gläubigerbenachteiligung generieren, § 133 Abs. 1 InsO.

bb) Anfechtung gem. §§ 135 f. InsO?

Eine Anfechtung gemäß den §§ 135, 136 InsO gegenüber Gesellschaftern oder stillen Gesellschaftern scheidet jedoch grundsätzlich aus, da Genussrechtsinhaber keine Gesellschafter sind. Für eine analoge Anwendung dieser Vorschriften mit dem Argument, die entsprechenden Rechte seien dem Eigenkapital ähnlich, fehlt es erkennbar an der notwendigen Regelungslücke für eine Analogie.

cc) Anfechtungsrechtliches Sonderrisiko „Schneeballsystem“

Ein beachtliches Risiko besteht für die Anleger, wenn sie im Rahmen eines „Schneeballsystems“ Zahlungen auf Scheingewinne erhalten haben. In diesen Fällen droht nämlich die Anfechtung wegen objektiv unentgeltlicher Leistung (§ 134 InsO), wobei dem Anleger die Aufrechnung mit einem Schadensersatzanspruch gegen den Emittenten und Insolvenzschuldner versagt bleibt.[86]

g) Eigenkapitalähnliche Genussrechte im Regel- bzw. Insolvenzplan-verfahren

aa) Im **Insolvenzverfahren** gelten für die **eigenkapitalähnlichen** Genussrechte keine anderen Vorschriften als sie auch sonst für nachrangige Forderungen gelten, nämlich die Beschränkung der Anwendung der § 174 Abs. 3 InsO und die Erlassfiktion des § 225 Insolvenzordnung.

bb) Leistungen an nachrangige Gläubiger und damit auch an die Genussrechtsinhaber sind nur möglich, wenn nicht nur die Masseverbindlichkeiten, sondern auch die Forderungen sämtlicher „gewöhnlicher“, nicht nachrangiger, Insolvenzgläubiger einschließlich ihrer nachrangigen Forderungen gemäß

Prokon droht mit Insolvenz“, FAZ v. 11.01.2014, s. http://www.faz.net/aktuell/finanzen mit weiterer Verlinkung (Abruf: 01.11.2014).

86 S. dazu aus der Rechtsprechung des BGH die „Phoenix"-Fälle, BGH, Urteil vom 02.04.2009 - IX ZR 221/07, juris, st. Rspr.; Fortführung von BGH, Urteil vom 11.12.2008 - IX ZR 195/07, „*Teilnahme am Erfolg oder Misserfolg von Optionsgeschäften*“ = BGHZ 179, 137 = NJW-RR 2008, 1006; *Cranshaw* jurisPR-InsR 12/2009, Anm. 2; fortgeführt von BGH, Urteil vom 18.07.2013 - IX ZR 198/10, „*Beteiligung der Anleger als Kommanditisten/evtl. Anfechtbarkeit der Auszahlung eines Auseinandersetzungsguthabens*“ = ZInsO 2013, 1533.

§ 39 Abs. 1 InsO in vollem Umfang befriedigt worden sind, und angesichts der vorhandenen Verteilungsmasse auf die unter § 39 Abs. 2 InsO zu subsumierenden Rückzahlungsforderungen der Genussrechtsinhaber dennoch eine Quote bezahlt werden kann. Sie sind aber auf jeden Fall zu befriedigen, bevor irgendwelche Leistungen an Gesellschafter erfolgen. Allerdings wird man bei einer solchen Konstellation zwischen den einzelnen Genussrechtsinhabern wiederum eine Rangfolge dahingehend bilden müssen, dass in entsprechender Anwendung der §§ 366 Abs. 2, 367 BGB mangels anderweitiger Regelung in den Genussrechtsbedingungen zunächst die nachrangigen Zinsen gemäß § 39 Abs. 1 Nr. 1 InsO befriedigt werden, sodann die Kosten der Genussrechtsinhaber gemäß § 39 Abs. 1 Nr. 2 InsO, schließlich die vorinsolvenzlich entstandenen und fälligen Zinsen und zum Schluss das Genussrechtskapital. Dabei ist zu beachten, dass die Fälligkeit mit Eröffnung des Verfahrens gemäß § 41 InsO eintritt. Diese Erwägungen sind nicht nur theoretischer Natur, wenn der Emittent eine Vielzahl von Genussrechten ausgegeben hat und deren Strukturen nicht sämtlich identisch sind.

cc) Insolvenzplan. Scheidet die Erlassfiktion des § 225 InsO aus, bedarf es im Insolvenzplan einer Sonderregelung für die zu berücksichtigenden Ansprüche der Genussrechtsinhaber, die einer gesonderten Gruppe zugeordnet werden müssen (§ 222 Abs. 1 Nr. 3 InsO). Entfällt auf sie eine Quote nach vollständiger Befriedigung aller anderen Insolvenzgläubiger, so steht ihnen in ihrer Gruppe auch uneingeschränkt das Stimmrecht zu. Aufgrund ihrer nachrangigen Position wird aber die Verweigerung ihrer Zustimmung zu dem Plan stets nach § 245 InsO überwunden werden können. Die Rechtsbehelfe nach § 251 InsO bzw. nach § 253 InsO werden im Regelfall ins Leere gehen. Erfolgt die Unternehmenssanierung u.a. mittels eines debt equity swap (§ 225a Abs. 2 InsO), liegt es nahe, dass insbesondere die nachrangigen Genussrechtsinhaber an der Umwandlung in gezeichnetes Kapital der Gesellschaft im Umfang ihrer im Plan vorgesehenen Quote teilnehmen. Da ihre bisher schuldrechtlichen Forderungen bilanziell bereits Eigenkapital waren, so bedeutet die Teilnahme an dem debt equity swap nichts anderes als eine ökonomische Umwidmung, die ihnen die Möglichkeit verschafft, ihre Vermögensverluste aus dem bisherigen Genussrecht aus den künftigen Dividendenerträgen des fortgeführten Unternehmens zu reduzieren. Als Gesellschafter können sie entsprechenden Einfluss in den Gremien ausüben und die Geschicke des Unternehmensträgers beeinflussen. Können die vorrangigen Insolvenzgläubiger nur deshalb in vollem Umfang befriedigt werden, weil dies aus den künftigen Erträgen des fortgeführten Unternehmens erfolgt, so dürfte eine Kapitalerhöhung bei dem Insolvenzschuldner durch Umwandlung von Genussrechtskapital in gezeichnetes Kapital unverzichtbar sein, wenn die Genussrechtsinhaber überhaupt noch eine Quote erhalten können sollen. Ist das Unternehmen freilich bilanziell überschuldet und fehlt es auch an stillen Reserven, so scheidet nach der auch hier vertretenen (jedenfalls noch) herrschenden Meinung ein debt equity swap aus, da das Kapital vollständig aufgezehrt ist und daher ein Umwandlungsbetrag nicht mehr zur Verfügung steht.[87]

3. Besonderheiten bei den in Schuldverschreibungen „verbrieften" Genussrechten

a) *Ausgabe von Genussscheinen, wertpapierrechtliche Besonderheiten*

Die in Schuldverschreibungen emittierten Genussrechte, die Genussscheine, unterliegen als Wertpapiere dem SchVG (2009),[88] soweit sie **inländischem Recht** unterstellt sind und *„inhaltsgleiche Schuldverschreibungen aus Gesamtemissionen"* darstellen (§ 1 Abs. 1 SchVG),[89] die nicht dem Pfandbriefgesetz unterliegen oder deren Emittenten nicht die in § 1 Abs. 2 SchVG genannten Gebietskörperschaften oder sonstigen öffentlich-rechtlichen Schuldner sind. Ansonsten ist das in den Emissionsbedingungen festgelegte Recht maßgeblich (vgl.Art.3 Abs. 1 Rom I-Verordnung)[90] und das SchVG nicht heranzuziehen. Den Genussschein gibt es

---

87 S. *Cranshaw*, in: Cranshaw/Paulus/Michel, Bankenkommentar zum Insolvenzrecht, § 225a InsO Rn. 39 ff. m.w.N. zu der Diskussion zur Einbringung zum Nominalbetrag, unabhängig vom Wert der Forderung (= Insolvenzquote). Anders als hier *Spliedt*, in: K. Schmidt, InsO, 18. Aufl. 2013, § 225a Rn. 22 ff., der die von Literaturstimmen vertretene Kapitalerhöhung zum Nominalbetrag bejaht, aber der Praxis zur Einhaltung der bisher anerkannten Vorgehensweise rät.

88 Schuldverschreibungsgesetz v. 31.07.2009, BGBl. I, S. 2512 bis zu Art. 2 d. Gesetzes v.13.09.2012, BGBl. 2012 O, S. 1914.

89 Für das frühere SchVG (1899) war das aufgrund von Zweifeln an dem Bestehen eines *„im Voraus bestimmten Nennwerts"* streitig, vgl. *Preuße*, in: Preuße, SchVG, § 1 Rn. 20, auch zum Begriff des Genussscheins und der möglichen Vielfalt der Erscheinungsformen.

90 Verordnung (EG) Nr. 593/2008 des Europ. Parlaments und des Rats v. 17.06.2008 über das auf vertragliche Schuldverhältnisse anzuwendende Recht (Rom I), ABl. (EU) L 137 v. 4.07.2008, S. 6 ff. Die Verordnung ist anwendbar, da Genussrechte bzw. Genussscheine als schuldrechtliche Rechtsbeziehungen nicht der Bereichsausnahme des Art. 1 Abs. 2 lit. f) unterliegen, die gesellschaftsrechtliche Beziehungen von der Verordnung ausnimmt und sie damit den anderweitigen Regelungen zum internationalen Gesellschaftsrecht zuweist. In der Praxis dominiert das Recht der USA (von New York) bzw. das englische Recht, jedenfalls soweit internationale Emissionen betroffen sind.

als Namens-, Order- oder Inhabergenussschein (Inhaberschuldverschreibung),[91] zudem in Gestalt der oben erwähnten Wandelschuldverschreibung (Wandelgenussschein). Die Ausgabe der Papiere bedarf bei der Aktiengesellschaft eines vorherigen Hauptversammlungsbeschlusses (§ 221 Abs. 4 AktG, s.o.), Aktionäre haben ein Bezugsrecht, soweit dieses nicht ausgeschlossen wurde (§ 186 AktG). Bei der GmbH dürfte das entsprechend gelten (analog § 186 AktG).[92] Das SchVG ist kein Regelwerk, das sämtliche Fragen zu den Schuldverschreibungen und damit auch nicht zu den Genussscheinen regelt. Neben den börsenrechtlichen Bestimmungen zum materiellen Recht sind z.B. die Vorschriften der §§ 793 ff. BGB zu den Inhaberschuldverschreibungen zu erwähnen, die aber ebenfalls nicht abschließend sind. Maßgeblich sind daher die jeweiligen Genussschein-Bedingungen (Emissionsbedingungen), die ohne Verbriefung der AGB-rechtlichen Kontrolle unterliegen; bei den dem SchVG unterliegenden Wertpapieremissionen ist das umstritten (s.u.).[93] Damit kann eine Stundungs- oder Zahlungsaussetzungsklausel als unwirksam angesehen werden, auch wenn es nicht Sache des Insolvenzgerichts sein mag, über materiell-rechtliche Fragen zu entscheiden.[94] Für die Genussscheine ergeben sich in Krise und Insolvenz für die Restrukturierung wesentliche Fragen, nämlich u.a. dahingehend, ob

- auf „*Altschuldverschreibungen*" vor Inkrafttreten des SchVG (2009) dessen Bestimmungen anwendbar sind.
- die Emissionsbedingungen (Schuldverschreibungsbedingungen), die den eigenkapitalähnlichen Charakter des Genussscheins (Genussrechts) beschreiben, wirksam sind und/oder ob sie der AGB-rechtlichen Kontrolle standhalten, soweit auf Schuldverschreibungen überhaupt die Vorschriften des BGH über die AGB herangezogen werden können.
- es bei den nachrangigen Genussscheinen einer gesonderten Gläubigerversammlung in der Insolvenz des Emittenten gem. § 19 Abs. 2 Satz 2 InsO bedarf,[95] um einen gemeinsamen Vertreter zu bestellen, soweit das in den

---

91 S. die Kurzcharakterisierung bei *Heise*, in: Assies/Beule/Heise/Strube, Handbuch des Fachanwalts Bank- und Kapitalmarktrecht, 3. Aufl. 2012, Kap. 7, 8. Wertpapiere, Emission von Schuldverschreibungen, Rn. 80.

92 Vgl. *Arnold/Born*, in: Bork/Schäfer, GmbHG, 2. Aufl. 2012, § 55 Rn. 21 m.w.N.; der BGH hat die Streitfrage in dem Urteil vom 18.04.2005 – II ZR 151/03, Rn. 9 = ZIP 2005, 985 unentschieden gelassen.

93 S. *Dippel/Preuße*, in: Preuße, SchVG, § 1 Rn. 29 ff.

94 Im Fall der „*Prokon*" hat das AG Itzehoe das aber implizit anders gesehen, vgl. AG Itzehoe, Beschluss vom 01.05.2014 – 28 IE 1/14 u.a., Rn. 6.

95 Vgl. dazu *Thole* ZIP 2014, 293.

Emissionsbedingungen noch nicht geschehen ist. Auf die Frage des Verhältnisses von § 340 InsO zu § 19 Abs. 1 Satz 2 SchVG soll dabei vorliegend nicht eingegangen werden.[96]

- die Emissionsbedingungen (bei neueren Emissionen üblich) *„collective action clauses"* enthalten, die nach § 5 Abs. 1, 2 SchVG durch Mehrheitsbeschluss umfassende Restrukturierungsmöglichkeiten eröffnen.

b) Anwendung des SchVG (2009) auf Altschuldverschreibungen?

Die in der Überschrift dieses Abschnitts angeschnittene Fragestellung liegt in der Übergangsvorschrift des § 24 Abs. 2 SchVG (2009) begründet, der für „Altschuldverschreibungen", die vor dem 5.08.2009 begeben wurden, eine *„opt in"*-Regelung vorsieht. Die Reichweite der Norm ist in Literatur und Rechtsprechung umstritten. Aufgrund des langfristigen Charakters der Wertpapiere findet die Übergangsvorschrift sicherlich noch eine Reihe von Jahren Anwendung.[97] Der BGH hat wie auch in der Literatur und weiterer Judikatur vertreten, das opt-in für alle Anleihen unter deutschem Recht zugelassen, unabhängig, ob sie dem SchVG (1899) unterlegen haben oder nicht, so dass die Gläubigerversammlungen entsprechend beschließen, Anleihebedingungen ändern und die zur Restrukturierung sachlich gebotenen Entscheidungen treffen und vollziehen können.[98] Zwingend einzuhalten ist jedoch der Grundsatz der *„gleichen Bedingungen für alle Gläubiger"* nach § 5 Abs. 2 Satz 2 SchVG, ohne dessen Einhaltung die entsprechende Beschlussfassung – auch ohne Anfechtung – nichtig ist.[99]

c) Inhaltskontrolle der Genussschein-Bedingungen nach § 307 BGB

Die Frage der AGB-rechtlichen Kontrolle kennzeichnet ein Spannungsverhältnis zwischen dem individuellen Schutzinteresse des Anlegers in Genussrechten (Genussscheinen) und dem Funktionieren der Kapitalmärkte, die durch dergleichen Kontrollen beeinträchtigt werden (können). Eine Kontrolle der Einbeziehung der Emissionsbedingungen nach Maßgabe des § 305 BGB findet nach

---

96 Vgl. *Thole* ZIP 2014, 293.

97 S. dazu z.B. *Kessler/Rühle* BB 2014, 907.

98 S. dazu OLG Schleswig, Beschluss vom 10.12.2013 -2 W 82/13 = SchlHA 2014, 327 = ZInsO 2014, 256 = ZIP 2014, 221; BGH, Urteil vom 01.07.2014 – II ZR 381/13, Rn. 8-13 = ZInsO 2014, 1900 = ZIP 2014, 1876; betroffen waren nicht nachrangige Wandelgenussscheine, BGH a.a.O., Rn. 1.

99 BGH, Urteil vom 01.07.2014 – II ZR 381/13, Rn. 20, 21, 25 m.w.N = ZInsO 2014, 1900 = ZIP 2014, 1876.

der Rechtsprechung des BGH nicht statt.[100] Schützenswert ist auch ansonsten nur der Verbraucher, nicht andere institutionelle Anleger; für den Verbraucher gilt das insbesondere als Folge der Missbrauchsrisiken bei zudem komplexen Papieren wie Genussscheinen und angesichts der Mahnung, sich zum Vermögensaufbau und zur Stärkung der Altersvorsorge auch börsennotierter Papiere zu bedienen. In der Literatur[101] wird die Auffassung verfochten, das SchVG (2009) enthalte selbst hinreichend Transparenzregelungen (vgl. § 3 SchVG), so dass eine gesonderte Kontrolle am Maßstab des § 307 Abs. 1 Satz 2 BGB entbehrlich mache. Die von der höchstrichterlichen Judikatur vertretene Inhaltskontrolle sei abzulehnen, da die Möglichkeit der Unwirksamkeit einzelner Klauseln der Emissionsbedingungen in einem insgesamt transparenten Regelwerk das Risikoprofil der Anleihe ändern könne. Daher wird vorgeschlagen, § 3 SchVG dahingehend zu ändern, dass die Kontrolle der Anleihebedingungen die dort vorgesehene Risikoverteilung zwischen Anleger und Emittent wahren müsse und im Übrigen die Anwendung der §§ 305 ff. BGB zu den AGB ausdrücklich ausgeschlossen wird.

d) *Versammlung der Genussscheininhaber trotz Nachrangs der verbrieften Genussrechte, § 19 Abs. 2 SchVG*

Geht man zu Recht davon aus, dass das Insolvenzrecht in der Insolvenz des Emittenten Vorrang genießt, wie dies auch § 19 Abs. 1 Satz 1 SchVG bestimmt, kann es keinen Zweifel geben, dass eine gesonderte Versammlung der Genussscheingläubiger unter den Voraussetzungen des § 19 Abs. 2 SchVG erforderlich und vom Insolvenzgericht einzuberufen ist. Zur Begründung kann auf die oben erörterte Frage der Behandlung der nachrangigen Genussrechtsforderung, die nicht wertpapiermäßig verbrieft ist, verwiesen werden. Auch der nachrangige Gläubiger ist Insolvenzgläubiger und daher nach Maßgabe des § 174 Abs. 3 InsO bzw. des § 225 InsO nach weiterer Regelung des Insolvenzplans zu beteiligen. Die Versammlung findet freilich nur statt, wenn es um die Wahl eines noch nicht bestellten gemeinsamen Vertreters geht. Damit lässt sich vertreten, eine

---

100 BGH, Urteil vom 28.06.2005 – XI ZR 363/04 = ZIP 2005, 1410; dazu *Cranshaw* jurisPR-InsR 17/2005, Anm. 4.

101 S. hierzu und zu den folgenden Erwägungen einschließlich des Vorschlags von Gesetzesänderungen zum SchVG die Darstellung des *„Arbeitskreis Reform des Schuldverschreibungsrechts"* (AK am ILF, Univ. Frankfurt; beteiligt sind die in dem Aufsatz bezeichneten Hochschullehrer bzw. Praktiker), Reform des Schuldverschreibungsgesetzes, ZIP 2014, 845, 847.

Versammlung erst dann einzuberufen, wenn eine Beteiligung der Genussscheininhaber in Frage kommt. Es ist bei einer solchen Konstellation daher eine Versammlung der Schuldverschreibungsgläubiger weder alsbald nach Eröffnung des Insolvenzverfahrens durchzuführen, wie dies im Regelfall nötig sein mag, noch ist eine solche Versammlung andererseits nur aufgrund des Nachrangs grundsätzlich obsolet.[102] Dies harmoniert auch mit § 174 Abs. 3 Satz 1 InsO, wonach der nachrangige Gläubiger Forderungen erst nach vorausgehender Aufforderung des Insolvenzgerichts anmelden kann. Die Anmeldung vor Aufforderung, deren Zeitpunkt im Ermessen des Gerichts liegt, ist unzulässig.[103] Hat sich der Insolvenzschuldner weitgehend durch nachrangige Genussrechte, Genussscheine o.ä. Instrumente refinanziert, so dass die Wahrscheinlichkeit einer Quote für die Nachranggläubiger sehr schnell erkennbar wird (wie ggf. im Fall „*Prokon*"), sollte das Insolvenzgericht dann auch umgehend eine Versammlung der Genussscheingläubiger einberufen. Das gilt insbesondere, wenn ein Fortführungsinsolvenzplan entwickelt wird, da es dort auf schnelle Entscheidungen ankommt und ein gemeinsamer Vertreter[104] zuerst noch akquiriert und von der Versammlung bestellt werden muss einschließlich der Festlegung der Rahmenbedingungen seiner Arbeit, die nicht allein die Versammlung vornehmen kann. Vielmehr ist das nur gemeinsam mit dem Vertreter möglich, der die Aufgabe nur zu für ihn akzeptablen Bedingungen in der extremen Krisensituation annehmen wird (s. beispielsweise die Fragen von Haftungsrisiken und Honorierung, deren Charakter entgegen der kapitalmarktrechtlichen Literatur keineswegs unzweifelhaft Masseverbindlichkeit ist).[105]

---

102 S. zu der Thematik *Scherber*, in: Preuße, SchVG, § 19 Rn. 26 m.w.N., der die Versammlung bei Nachrangforderungen für regelmäßig überflüssig hält.

103 *Jungmann*, K. Schmidt, InsO, 18. Aufl. 2013, § 174 InsO Rn. 63 f.

104 Nach der Meinung des Gutachters (Prof. Dr. N. Horn) im Insolvenzverfahren der FuBus KGaA (Infinus-Gruppe), über deren Vermögen am 1.4.2014 das Insolvenzverfahren vom AG Dresden eröffnet wurde (Az.: 532/534 IN 2257/13), ist § 19 Abs. 2 SchVG analog auch auf unverbriefte Genussrechte anzuwenden; einer der dortigen Gründe ist wie bei den Schuldverschreibungen der Bedarf nach Koordinierung der Gläubigerrechte in der Insolvenz, unabhängig davon, ob sie verbrieft wurden oder nicht. Das Ergebnis erscheint dennoch fraglich, da zwar eine vergleichbare Interessenlage vorliegen mag, es aber an einer vom Gesetzgeber nicht bedachten Regelungslücke als Voraussetzung einer Analogie fehlt oder fehlen dürfte. Das Gutachten ist veröffentlicht unter www.fubus.de (Abruf: 01.11.2014).

105 S. dazu *Scherber*, in: Preuße, SchVG, § 19 Rn. 35 m.w.N.; a.A. *Cranshaw*, in: Ebke/Seagon/Blatz, Solvenz – Insolvenz – Resolvenz, S. 117 ff. und 137 m.w.N.

e) Materiell-rechtliche Voraussetzungen der Restrukturierung, § 5 SchVG

aa) Restrukturierungsmaßnahmen und deren Voraussetzungen, Reformansätze der Beschlussanfechtung, Parallelen zu den §§ 251, 253 InsO

(1) Die Restrukturierung der Genussscheine ist materiell-rechtlich nach Maßgabe der üblichen Instrumente (z.B. Stillhalteabkommen, Verzichte, Laufzeitverlängerung, Zinsreduzierung, debt equity swap usw.) möglich. Voraussetzung ist dabei, dass die Emissionsbedingungen, wie bereits oben erwähnt, Kollektivregelungen nach § 5 SchVG enthalten, die die konkrete Maßnahme ermöglichen (§ 5 Abs. 3 SchVG) oder dass die Gläubiger zunächst eine Änderung der Emissionsbedingungen nach § 5 Abs. 1 SchVG beschließen und eine gesetzeskonforme und den Emissionsbedingungen genügende Mehrheitsentscheidung vorliegt.

(2) Diese Beschlussfassung ist von der Versammlung der Anleihegläubiger nach § 19 SchVG zu unterscheiden. Das Risiko für den Insolvenzplan beschränkt sich bei entsprechender Beschlussfassung der Versammlung der Genussscheininhaber im Sinne der Festlegungen des vorgelegten Planes (vgl. § 234 InsO) dann auf das Risiko der Nichtigerklärung dieser Entscheidung (§ 20 SchVG), da in diesem Fall der gemeinsame Vertreter dem Insolvenzplan nicht mehr zustimmen kann, obwohl dieser Regelungen enthält, die zuvor von der Mehrheit der Genussscheingläubiger beschlossen worden sind. Der „*Arbeitskreis Reform des Schuldverschreibungsrechts*" schlägt im Interesse der Förderung der Sanierung vor, das Blockade- und Missbrauchspotential von Anleihegläubigern und den aus dortiger Sicht u.a. deswegen bestehenden Wettbewerbsnachteil des inländischen Anleihemarktes durch eine Änderung des SchVG aufzuheben. Man will die Nichtigkeitsklage des § 20 SchVG auf „*besonders schwerwiegende Rechtsverstöße*" beschränken und im Übrigen einen Anspruch auf Wertersatz anstelle der Nichtigkeit der Beschlussfassung einführen.[106] Die Überlegung erscheint sachgerecht, denn der Anleihe- bzw. Genussscheingläubiger hat, wie der Arbeitskreis zutreffend meint, kein (rechtlich schützenswertes) Interesse an der Aufhebung des Beschlusses der Versammlung der Anleihegläubiger insgesamt, sondern nur ein Interesse „*auf Vermögensschutz*".[107] Außerdem besteht damit ein Gleichklang mit dem durch das ESUG geschaffenen Grundsätzen der §§ 251 Abs. 3, 253 Abs. 4

---

106 *Arbeitskreis Reform des Schuldverschreibungsrechts*, Reform des Schuldverschreibungsgesetzes, ZIP 2014, 845, 846, 848 und 854 ff.; die Nichtigkeitsgründe werden in diesem Vorschlag enumerativ aufgeführt (§ 20 Abs.1 SchVG-Vorschlag Arbeitskreis).

107 *Arbeitskreis Reform des Schuldverschreibungsrechts*, ZIP 2014, 845, 845 f.

InsO, die ebenfalls das Interesse am Vollzug des Insolvenzplans im allseitigen Interesse der anderen Beteiligten über das Interesse des Antragstellers stellen.[108] Die Regelungen sind einander in ihrem materiellen Inhalt sehr ähnlich, denn auch der „*Wertersatzanspruch*“ für „*Wertminderung*“ ist nach dem Vorschlag des genannten Arbeitskreises kein Schadensersatzanspruch, sondern „*die Korrektur der unrechtmäßig eingetretenen Verkürzung* [der] *Rechtsposition* [des betroffenen Gläubigers] *in einer typisierenden Betrachtung*“. Der Anspruch ist verschuldensunabhängig, er besteht in der Differenz zwischen dem Wert der Schuldverschreibung vor und nach der Beschlussfassung der Versammlung der Anleihegläubiger[109] (bzw. Genussscheingläubiger). Das ist im praktischen Ergebnis, wenn auch nicht in der dogmatischen Struktur, nichts anderes als die Schlechterstellung nach § 251 Abs. 3 Satz 1, § 253 Abs. 4 Satz 2 InsO. Entgegen seinem Wortlaut ist auch der aus § 253 Abs. 4 Satz 3 InsO resultierende Anspruch kein Schadensersatzanspruch, sondern er kann mit *Jungmann* als „*Aufopferungsanspruch*“[110] begriffen werden; inhaltlich ist er dasselbe wie der „Wertersatzanspruch“ des „*Arbeitskreis Reform des Schuldverschreibungsrechts*“. Ob es allerdings zutrifft, dass die derzeit geltende Regelung des § 20 SchVG bei „*eilbedürftigen Sanierungsbeschlüssen der Gläubiger im Vorfeld einer drohenden Insolvenz [...] regelmäßig ungleich größer als bei aktienrechtlichen Kapitalmaßnahmen* [usw.]“ sei, wie der Arbeitskreis meint, darf erheblich bezweifelt werden.[111]

bb) Erleichterungen der Restrukturierung bei den eigenkapitalähnlichen Genussscheinen, debt equity swap?

(1) Erleichterung der Restrukturierung als Folge der Struktur des Genussscheins. Bei den **eigenkapitalähnlichen Genussscheinen** ist die Restrukturierung insoweit einfacher, als die Emissionsbedingungen angesichts der üblichen Regelungen über Nachrang und Verlustteilnahme, Aussetzung von fälligen Zahlungen bei Liquiditätsproblemen usw. bereits zu entsprechender Anspruchsreduzierung in der Insolvenz führen. Ein Problem stellt auch hier der debt equity swap dar und zwar im Hinblick darauf, dass zwar § 254 Abs. 4 InsO die Differenzhaftung aufhebt, aber eben nicht für diejenigen Fälle, bei denen den Beteiligten positiv bekannt ist, dass der Umwandlungsbetrag der Genussscheine in gezeichnetes

108 Vgl. *Arbeitskreis Reform des Schuldverschreibungsrechts*, vorige Fn. ZIP 2014, 845, 846 und 856 (§ 20 Abs. 4 SchVG-Entwurf Arbeitskreis).

109 *Arbeitskreis Reform des Schuldverschreibungsrechts*, vorige Fn., ZIP 2014, 845, 846 und 856.

110 *Jungmann*, in: K. Schmidt, InsO, 18. Aufl. 2013, § 253 Rn. 19.

111 *Arbeitskreis Reform des Schuldverschreibungsrechts* ZIP 2014, 845, 846.

Kapital mangels entsprechender Werthaltigkeit der umzuwandelnden Forderung zu hoch ausfällt. Die scheinbar nahe liegende Begründung, es handele sich beim Genussscheinkapital ohnehin um Eigenkapital, aus welchem Grunde zu 100% umgewandelt werden könne, wäre unzutreffend. Gerade das Gegenteil ist richtig.[112] Gibt es keine Quote für die Genussscheininhaber, kann auch nicht umgewandelt werden. Geht man dennoch so vor und wandelt den Nominalbetrag um, dann ergibt sich gleichwohl keine positive Eigenkapitalposition in der Bilanz, weil die Genussrechte ohnehin dort bilanziert waren, also ein bloßer Passivtausch verschiedener Eigenkapitalpositionen vorgenommen wird. Außerdem droht dem Inferenten die Differenzhaftung.

(2) Kein debt equity swap ohne anfängliche Aufnahme in den Genussscheinbedingungen oder ausdrückliche Zustimmung der betroffenen Inferenten. Zum debt equity swap ist ferner zu bemerken, dass die Versammlung der Genussschein-Gläubiger dies auch dann nicht beschließen kann, wenn sie zuvor die Emissionsbedingungen wirksam geändert hat. Analog den sonstigen Wandelschuldverschreibungen mit Wandlungsrecht des Zielunternehmens (zu den besonderen CoCo-Anleihen s.o.) muss diese Möglichkeit **von Anfang an** vorgesehen werden. Eine Beschlussfassung, die mehrheitlich einen debt equity swap verabschiedet, würde nämlich jedem einzelnen Genussrechtsinhaber eine Beteiligung an dem Zielunternehmen und Emittenten zuweisen, da die Gläubiger nicht miteinander in einer gesellschaftsrechtlichen Verbindung stehen. Eine solche Beteiligung könnte die Risiken dieses Gläubigers erheblich vergrößern und weit über die bisherigen Rückzahlungsrisiken hinaus erweitern; man darf hier an den Genussscheingläubiger denken, der 11% der Genüsse hält und zugleich mit Darlehen bei dem Emittenten engagiert ist. Er würde bezüglich dieser Finanzierung ggf. ein Nachrangrisiko gem. § 39 Abs. 1 Nr. 5, Abs. 4, 5 bzw. gem. § 135 InsO eingehen (wenn nämlich das gesellschaftsrechtliche Sanierungsprivileg später bei gerichtlicher Prüfung nicht greift).[113] Daher ist ein debt equity swap unter Beteiligung von Genussscheingläubigern, soweit diesen überhaupt eine Quote zugemessen werden kann, nicht durch Beschlussfassung der Anleihegläubiger herbeizuführen. Vielmehr muss jeder einzelne befragt werden bzw. es muss eine Zustimmung nach § 225a Abs. 2 Satz 2 InsO eingeholt werden, wenn

112 Vgl. *Spliedt*, in: K. Schmidt, InsO, 18. Aufl. 2013, § 225a Rn. 22 ff., der die von Literaturstimmen vertretene Kapitalerhöhung zum Nominalbetrag vertritt, aber empfiehlt, dennoch an der herrschenden Meinung zum *Grundsatz der realen Kapitaleinbringung* festzuhalten, Rn. 25.

113 S. dazu *Cranshaw*, in: Ebke/Seagon/Blatz, Solvenz – Insolvenz – Resolvenz, S. 117 ff., 139 f., 140.

die Emissionsbedingungen nicht schon **von Anfang an** diese Möglichkeit vorgesehen haben. § 5 Abs. 3 Nr. 5 SchVG muss daher in diesem Sinne teleologisch reduziert werden.[114]

V. Anlegerrisiken, Anlegerstrategie, Anlegerschutz,?

1. Risikofelder

a) Risikofeld der unzureichenden Risikovermittlung gegenüber dem privaten Anleger

Der private Anleger in Genussrechten wird häufig damit eingeworben, dass er sich an einem zukunftsträchtigen Produkt beteiligt, das nicht nur Gewinn abwirft, sondern auch noch wie erneuerbare Energien einem ethisch einwandfreien Zweck dient. Jedenfalls wird ihm vermittelt, er beteilige sich ohne die Zwischeneinschaltung von Banken an einem florierenden Unternehmen. Was häufig bei den eigenkapitalähnlichen Genussrechten von den privaten Anlegern übersehen werden dürfte, ist der Umstand, dass sie eben weder an dem Zielunternehmen selbst in irgendeiner Weise gesellschaftsrechtlich beteiligt werden noch eine wirkliche Kontrolle darüber haben, ob die von ihnen aufgebrachten Kapitalbeträge tatsächlich in Produktionsanlagen investiert werden oder lediglich in Beteiligungen des Zielunternehmens an demjenigen Unternehmen, welches beispielsweise die erneuerbare Energie produziert. Möglicherweise werden die eingeworbenen Beträge auch als Darlehen an Konzernunternehmen weiter gereicht, die dann die geplant ethisch einwandfreien Produkte erzeugen bzw. Dienstleistungen erbringen. Das ist ebenfalls ein zulässiges Geschäftskonzept, der Anleger muss es nur wissen. In der Krise des Zielunternehmens schlägt es zum Nachteil des Genussrechtsinhabers aus, dass sein potentieller Rückforderungsanspruch zum einen ungesichert, zum anderen nachrangig nach § 39 Abs. 2 InsO ist. Es wird dabei nicht verkannt, dass die Besicherung eines nachrangigen Anspruchs in gewisser Weise ein insolvenzrechtliches Paradoxon darstellen würde. Geht man von dieser Situation des Anlegers aus, so lassen sich die Anlegerrisiken in Risikofeldern beschreiben, wie sie im Folgenden in Übersicht dargestellt werden (auf die Bemerkungen zu den Investorenrisiken in Abschnitt I 3 wird ebenfalls verwiesen).

---

114 So im Ergebnis auch *Spliedt*, in: K. Schmidt, InsO, 18. Aufl. 2013, § 225a Rn. 29 m.w.N.; er spricht von „*antizipierter Zustimmung*“.

b) Risikofeld des Totalverlustes des Investment

Für den Anleger in eigenkapitalähnliche Genussrechte besteht in der Krise der Zielgesellschaft ein deutlich überdurchschnittliches Risiko des Totalverlustes des eingesetzten Vermögens. Die zugleich mit dem insolvenzrechtlichen Nachrang aufgrund vertraglicher Vereinbarung (Genussrechtsbedingungen) verbundene Abrede der Verlustbeteiligung kann bei typischem Verlauf einer Krise bereits dazu führen, dass das Genussrechtskapital aufgezehrt ist. Dies ist dann der Fall, wenn das Unternehmen nach Maßgabe eines Überschuldungsstatus überschuldet ist, das vorhandene Eigenkapital einschließlich der Genussrechte somit durch Verluste aufgezehrt worden ist, keine stillen Reserven vorhanden sind und das Vermögen bei Ansatz von Liquidationswerten geringer ist als die Summe der Passiva. Auch in diesem Fall wird es häufig so sein, dass eine positive Fortführungsprognose besteht (§ 19 Abs. 2 Satz 1 InsO) und es damit an dem Tatbestand der insolvenzrechtlichen Überschuldung fehlt. Eine Sanierung wird dann u.a. einer Rekapitalisierung durch einen Kapitalschnitt bedürfen. Zwar stellt das Genussrechtskapital kein gezeichnetes Kapital dar, das unter die Vorschriften über die Kapitalherabsetzung und die Kapitalerhöhung der Aktiengesellschaft bzw. der GmbH fällt, es stellt auch keinen durch die Vorschriften der §§ 171 ff. HGB geschützte Pflichteinlage einer Kommanditgesellschaft dar. Hierauf kommt es aber nicht an, denn die Vereinbarung, dass das Genussrechtskapital bei Veränderungen des gezeichneten Kapitals diesem quotal folgt, hat, wie bereits erwähnt, die automatische Reduzierung auch des Genussrechtskapitals zur Konsequenz. Der erste Schritt des Kapitalschnitts, welcher bei einer solchen Lage als Sanierungsinstrument in einer Kapitalherabsetzung auf „Null" besteht, führt nicht nur zum Erlöschen der Beteiligungsrechte der Gesellschafter (sowohl der Vermögens- als auch der Mitgliedschaftsrechte), sondern auch zum Erlöschen der Genussrechte. Ob die „Altgesellschafter" und Genussrechtsinhaber ein Bezugsrecht für die Kapitalerhöhung bekommen und die Ausgabe neuer Genussrechte erwogen wird (eine wohl nur theoretische Überlegung), ist für die letzteren im Ergebnis nicht von Interesse, da sie erneut Kapitaleinzahlungen tätigen müssten, ohne dass sie auch in Zukunft Einfluss auf die Geschicke des Unternehmens nehmen könnten. Sie haben ihr Kapital vollständig verloren.

c) Insolvenzanfechtungsrechtliches Risikofeld

Haben sie in der Krise Zinszahlungen bzw. Rückzahlungen auf das Genussrechtskapital erhalten, kann ein insolvenzanfechtungsrechtliches Risiko bestehen. Liegt in Ausnahmefällen gar ein Schneeballsystem vor, das sich auf einen kleinen Teil der Anleger beschränken kann, führt § 134 InsO zu einem potentiellen Risiko für die Anleger über den gesamten Anfechtungszeitraum von vier Jahren. Im Einzelnen wird zu der Anfechtungsthematik auf Abschnitt IV 2f) verwiesen.

d) Steuerliche Probleme in Fällen des Vorliegens eines Schneeballsystems – das steuerliche Risikofeld

Ist der Zusammenbruch des Emittenten der Genussrechte am Ende durch ein Schneeballsystem (genauer: „*Ponzi scheme*"), organisiert und unterhalten von dem emittierenden Unternehmen,[115] zunächst hinausgezögert und dann verursacht bzw. beschleunigt worden, so droht dem Anleger nach der gefestigten Judikatur des BFH ggf. ein erhebliches steuerrechtliches Risiko. Nicht nur tatsächliche Auszahlungen von Zinsen durch das emittierende Unternehmen sind nämlich zu versteuernde Einnahmen aus Kapitalvermögen, sondern sogar bloße Zinsgutschriften (über die der Rechtsinhaber freilich verfügen können muss) aus solchen betrügerischen Systemen, die also in Wahrheit überhaupt nicht auf einem realen Gewinn beruhen, sondern auf der Verwendung der Kapitaleinzahlungen neu geworbener Anleger für Auszahlungen auf Zinsansprüche bereits früher eingeworbener „Zeichner". Die Wiederanlage der Zinsen (als neues Genussrecht) führt, da sie eine Novation der ursprünglichen Zinszahlungsschuld darstellt, ebenfalls zur Versteuerung. Dies soll allerdings dann nicht gelten, wenn von vornherein im Interesse des Schuldners das Stehenlassen der Zinsansprüche verabredet worden ist, da dann wirtschaftlich und steuerrechtlich eine Stundung anzunehmen ist, die nicht zu einem Zufluss beim Steuerpflichtigen führt und damit auch nicht zur Steuerbarkeit fiktiver Einkünfte. Dieser Grundsatz gilt nach der Rechtsprechung des Bundesfinanzhofs jedenfalls dann, wenn der zur Zinszahlung verpflichtete Emittent „*auf Verlangen leistungsbereit und leistungsfähig gewesen wäre*". An dieser Voraussetzung kann es freilich fehlen, wenn die Zielgesellschaft über „*anderweitige Zahlungsmodalitäten*" verhandelt. Das bloße Angebot der Wiederanlage der versprochenen Zinsen zur Verschleierung des drohenden Zusammenbruchs

---

115 Die treffende Definition derartiger Geschäfte durch die US Securities and Exchange Commission (SEC) lautet: „*Funds from new investors are used to pay purported returns to earlier investors*" und „*A Ponzi scheme is an investment fraud*", unter http://www.sec.gov./answers/ponzi.htm (Abruf: 30.10.2014). Das System hat seinen Namen nach einem US-amerikanischen/italienischen Betrüger von Anfang des 20. Jahrhunderts. Die deutsche Terminologie des „Schneeballsystems" ist daher ungenau, denn darunter ist „eigentlich" ein System zu verstehen, bei dem der jeweilige Investor selbst weitere Personen für ein scheinbares Produkt oder Dienstleistung wirbt; die SEC, a.a.O., nennt das „*Pyramid Scheme*". Man kann aber der Übersichtlichkeit halber beides begrifflich zusammenfassen.

der Zielgesellschaft reicht aber nicht aus, um eine zu versteuernde Einnahme aus Kapitalvermögen zu verneinen, wenn auf Verlangen trotzdem ausbezahlt wird,[116] um das „Schneeballsystem" zu verschleiern. Unbeachtlich ist nach dieser Rechtsprechung auch, wenn der zur Zinszahlung verpflichtete Emittent gar nicht mehr zur Zahlung in der Lage gewesen wäre, wenn eine Vielzahl von Zeichnern Zahlung oder Rückzahlung begehrt hätte und es mangels Liquidität zu einem Zusammenbruch des betroffenen Unternehmens gekommen wäre; der Betreiber des Schneeballsystems darf nach Auffassung des BFH damit rechnen, dass bei Zahlung auf fällige Verpflichtungen Massenkündigungen und Zahlungsverlangen der Gesamtheit der Anleger ausbleiben.[117] Mit anderen Worten bleibt der Betreiber des Schneeballsystems nach dieser Meinung des BFH liquide, solange er das betrügerische Handeln fortsetzt und weitere Anleger schädigt mit den beschriebenen steuerlichen Folgen für die Empfänger der Scheingewinne. Ohne Bedeutung ist ferner, ob der Anleger später aufgrund Anfechtung durch den Insolvenzverwalter nach § 134 InsO als Folge der Judikatur des BGH (s. dazu Abschnitt IV 2 f) die empfangenen Zahlungen herausgeben muss, da das Behaltendürfen der betreffenden Beträge nicht Voraussetzung des hier relevanten Zuflusses nach § 11 Abs. 1 EStG sei.[118] Ist eine zur Steuerpflicht führende Novation zu bejahen, so entfällt zwar nach dem BFH die Steuerpflicht, wenn die in neues Genussrechtskapital umgewandelte Zinsforderung wertlos war. Ohne Vorliegen eines Antrags auf Eröffnung des Insolvenzverfahrens könne davon aber im Regelfall nicht gesprochen werden.[119] Fasst man zusammen, sind daher Scheinerträge des Geschädigten eines Schneeballsystems im jeweiligen Jahr des Zuflusses regelmäßig zu versteuern. Eine etwaige zivilrechtliche Rückzahlungsverpflichtung als Folge der Insolvenzanfechtung spielt dabei keine Rolle; das ist allerdings zunächst wohl richtig, denn der Anfechtungsanspruch des Insolvenzverwalters oder Sachwalters entsteht erst mit der Insolvenzeröffnung und es ist keineswegs sicher, ob er auch geltend gemacht wird und ob er nicht verjährt.

e) Risikofeld des vorzeitigen Verkaufs mit hohen Abschlägen

Ist die Krise eingetreten, droht dem Anleger tendenziell ein weiteres Risiko, nämlich der frühzeitige unkritische Verkauf der Anlage und deren Übertragung an einen daran interessierten Dritten, der zu hohen Abschlägen auf den Nominalbetrag

---

116 BFH, Urteil vom 11.02.2014 –VIII R 25/12, Rn. 23, 35 m.w.N = DStR 2014, 890.

117 BFH, Urteil vom 11.02.2014 –VIII R 25/12, Rn. 36 = DStR 2014, 890.

118 BFH, Urteil vom 11.02.2014 –VIII R 25/12, Rn. 21 = DStR 2014, 890.

119 BFH, Urteil vom 11.02.2014 –VIII R 25/12, Rn. 38 = DStR 2014, 890.

zu erwerben versucht, um später an der erwarteten höheren Quote mit wirtschaftlich hohen Erträgen im Verhältnis zu dem getätigten Investment zu partizipieren. Der Anleger kann solche Verkäufe daher nur informiert durchführen. Eine Trennung von der Anlage vor Kenntnis der Entwicklungschancen und -risiken der in die Krise gekommenen Investition (der Anleger muss z.B. fragen: Gibt es einen Insolvenzplan? Wie sieht der Bericht des Insolvenzverwalters im Berichtstermin aus?) führt tendenziell zur Steigerung des Ausfallrisikos bzw. zementiert es auf die Differenz zwischen dem Kaufpreis, den der Dritte anbietet, und dem vormals eingesetzten Kapital. Der Erwerber investiert mit dem Kaufpreis zwar seinerseits Risikokapital, das er aber mit entsprechendem risikoadaptierten Abschlag auf den Nominalbetrag einschließlich seiner Ertragserwartungen kalkuliert. Er kann dabei seinen Vorsprung an know how und Erfahrungswissen nutzen, das der professionelle Erwerber gegenüber dem Privatanleger im Allgemeinen hat. In Extremfällen kann natürlich auch Insiderwissen des Erwerbers nicht ausgeschlossen werden; aus dessen Nutzung zu Lasten des Anlegers könnten wieder (hier nicht zu erörternde) zivilrechtliche Haftungsrisiken des Erwerbers resultieren.

2. Risikomanagement des Anlegers

a) Die **Risikostrategie bzw. das Risikomanagement** des Anlegers muss, worauf ebenfalls bereits hingewiesen wurde, wie stets darin bestehen, die ins Auge gefasste Anlage vor dem Investment sorgfältig zu prüfen. Das gilt für den privaten ebenso wie für den institutionellen Anleger, der Gelder in Genussrechten investiert. Für den letzteren ist diese Vorgehensweise Ausdruck der üblichen kaufmännischen Vorsicht und nicht anders zu strukturieren als bei einem gewöhnlichen M&A-Prozess, dessen Ziel die unternehmerische Beteiligung beispielsweise durch Erwerb von Aktien, GmbH-Geschäftsanteilen, einer Kommanditbeteiligung oder einer atypisch stillen Beteiligung ist. Bei diesen Konstellationen erwirbt der Investor an der Zielgesellschaft in Abhängigkeit von seiner eingebrachten Kapitalquote das gesamte Spektrum der gesellschaftsrechtlichen Beteiligung, also eine Gesamtheit von Vermögens-und Mitgliedschaftsrechten, die ihm neben den Gewinnerwartungen und -auszahlungen, der Beteiligung am Liquidationserlös und sonstigen vermögenswerten Positionen auch den notwendigen Einfluss auf die Geschicke des Unternehmens ermöglichen, mögen diese für den Minderheitsaktionär bei der Publikumsaktiengesellschaft auch sehr zusammengeschrumpft sein und sich auf die Teilnahme an der Hauptversammlung, die Teilnahme an der Abstimmung und Fragerechte beschränken. Jedenfalls im Einzelfall spielt die tatsächliche Beteiligungsquote des Investors nicht einmal eine entscheidende Rolle. Er nimmt an der Hautversammlung oder Gesellschafterversammlung teil und kann seine

Argumente einbringen. Er erlangt gegenüber anderen Investoren des Zielunternehmens (Finanzierer, Lieferanten usw.) einen Informationsvorsprung als Insider, der für ihn nützlich sein kann.[120] Allein schon das „Rederecht" in der Gesellschafterversammlung eröffnet bei wirtschaftspsychologischer Betrachtung Einflussnahmen.

b) Due diligence-Prozesse des professionellen Anlegers. Der professionelle Investor wird bei dem Zielunternehmen verschiedene Spielarten der due diligence durchführen, von der Prüfung der Jahresabschlüsse nebst den Prüfungsberichten bis zur tax due diligence, der legal due diligence und der Prüfung der ökologischen Verhältnisse,[121] um ein paar Beispiele zu nennen. Verglichen mit einer gesellschaftsrechtlichen Beteiligung ist die Zeichnung von eigenkapitalähnlichen Genussrechten mindestens im Einzelfall ungleich problematischer. Der Investor hat nur einen nachrangigen schuldrechtlichen Anspruch, der in der Insolvenz im Rang nur vor den Gesellschaftern befriedigt wird (s. § 199 InsO), und keine gesellschaftsrechtlichen Informations- und Mitspracherechte. Der Unterschied zum unternehmerischen Risiko des Gesellschafters ist aber angesichts der üblichen Genussrechtsbedingungen eher graduell. Daher gebietet es ordnungsgemäßes kaufmännisches Verhalten, die Entscheidung zum Erwerb von Genussrechten von mindestens ebenso strengen Prüfungskriterien abhängig zu machen wie diejenige zum Erwerb einer Beteiligung. Private mögen das nicht immer beachten. Mangels hinreichender gesellschaftsrechtlicher Informationsrechte gegenüber der Zielgesellschaft und mangels Möglichkeit einer due diligence durch den privaten (Klein)Anleger steht der Anlageprospekt im Fokus, er übernimmt die Rolle der Prüfung des geplanten Investment im Wesentlichen.

3. Die Rolle der Anlageprospekte beim Risikomanagement

a) Wertpapierprospektgesetz

Vor dem Hintergrund des Anlegerschutzes hat der Gesetzgeber Regelwerke geschaffen, die im Vorfeld des Erwerbs einer Kapitalanlage für den notwendigen Anlegerschutz sorgen sollen, indem im Inland öffentlich angebotene

---

120 Dieser Informationsvorsprung und seine Nutzung ist der Hintergrund der Definition, des Verbots und der Strafbewehrtheit von Insidergeschäften nach den §§ 12 ff., 38 WpHG.

121 Bsp.: Gefährdet die geplante Windkraftanlage, für deren Planung, Errichtung und Betrieb Gelder eingeworben werden, ein Biosphärenreservat? Gibt es bereits Bedenken gegen eine beworbene Offshore-Anlage wegen Gefährdung von Fauna und Flora im Wattenmeer oder auf hoher See in der ausschließlichen Wirtschaftszone? Die Beispiele sind beliebig fortzuführen.

Vermögensanlagen der Vorlage eines Prospektes bedürfen. Zum einen geht es um das **Wertpapierprospektgesetz**, dessen Regelungsgegenstand Wertpapiere sind, die öffentlich angeboten oder zum Handel an einem organisierten Markt zugelassen werden sollen.[122] Unter dieses Gesetz sind auch Genussrechte zu subsumieren, die als „Genussscheine" in Schuldverschreibungen verbrieft sind. Unionsrechtlich verlangt die Prospektrichtlinie[123] die Auflegung eines geeigneten Prospektes beim öffentlichen Angebot über Wertpapiere mit weitgehenden Pflichten. Der EuGH hat jedoch jüngst zutreffend entschieden, dass eine Pflicht zur Veröffentlichung eines Prospekts nicht besteht, wenn Wertpapiere nur im Rahmen einer Zwangsversteigerung, also bei vollstreckungsrechtlicher Verwertung, angeboten werden.[124] Die Entscheidung hat auch Bedeutung für die Verwertung von Wertpapieren im inländischen Vollstreckungsrecht, denn nach § 821 ZPO sind Wertpapiere mit einem Markt- oder Börsenwert freihändig vom Gerichtsvollzieher zu verkaufen oder – wie in dem Fall des EuGH aus den Niederlanden – wenn sie einen solchen Preis nicht haben, öffentlich zu versteigern. Dasselbe gilt, wenn der Insolvenzverwalter solche Wertpapiere als massezugehörige oder mit einem Absonderungsrecht belastete Assets der Masse verwertet, denn auch dies ist „Zwangsvollstreckung" im Sinne des Urteils des EuGH, wie u.a. aus der Systematik des § 1 Satz 1 InsO folgt.

b) Vermögensanlagengesetz

Für sonstige im Inland öffentlich angebotene Vermögensanlagen, somit die nicht verbrieften Schuldscheine, bedarf es eines Prospektes nach Maßgabe zunächst des früheren Verkaufsprospektgesetzes (bis 31.05.2012),[125] seither nach

---

122 Wertpapierprospektgesetz, WpPG, Gesetz v. 22.06.2005, BGBl. I, S. 1698, Vgl. § 1 Abs. 1 WpPG mit den Ausnahmen des § 1 Abs. 2 WpPG.

123 Richtlinie 2003/71/EG des Europ. Parlaments und des Rates v. 4.11.2003 betreffend den Prospekt, der beim öffentlichen Angebot von Wertpapieren oder bei deren Zulassung zum Handel zu veröffentlichen ist, und zur Änderung der Richtlinie 2001/34/EG, ABl. (EU) L 345 v. 31.12.2003, S. 64 ff., bis zur Fassung durch die RL 2014/51/EU des Europ. Parlaments und des Rates v. 16.04.2014, ABl. (EU) L 153 v. 16.04.2014 bzw. L 218 v. 24.7.2014, S. 8 (Änderung verschiedener Richtlinien und Verordnungen im Hinblick auf geänderte Befugnisse der Europäischen Aufsichtsbehörde für das Versicherungswesen und die betriebliche Altersversorgung sowie der Europäischen Wertpapier und Marktaufsichtsbehörde).

124 EuGH, Urteil vom 17.09.2014 – Rs C-441/12, „*Almer Beheer* u.a.", Vorlage des Hoge Raad der Nederlanden, juris, Leitsatz und Tenor, öffentliche Versteigerung gepfändeter Aktien.

125 Verkaufsprospektgesetz, VerkProspG v. 13.12.1990 i.d.F. d. Bek. v. 9.09.1998, BGBl. I, S. 2701.

den Bestimmungen des **Vermögensanlagengesetzes.**[126] Die §§ 6 ff. Vermögensanlagengesetz verlangen die Veröffentlichung eines Verkaufsprospekts und ein Vermögensanlagen-Informationsblatt. Das Gesetz regelt ferner gewisse Eingriffsrechte der BaFin (§§ 16 ff.), die jedoch aufgrund der eingeschränkten gesetzlichen Möglichkeiten weder *„die Seriosität des Emittenten* [prüft] *noch kontrolliert sie das Produkt.*"[127] Soweit die Produkte nicht an einem organisierten Handel teilnehmen, gehören sie zum Grauen Kapitalmarkt und können nach dem KWG erlaubnisfrei vertrieben werden,[128] abgesehen von gewerberechtlichen Vorgaben, u.a. nach § 34f GewO („*Finanzanlagenvermittler*").

c) *De lege ferenda – ist die Lösung der Probleme des Anlegerrisikos ein Kleinanlegerschutzgesetz?*

Die in der vorliegenden Darstellung mehrfach herangezogene Prokon-Insolvenz im Jahr 2014 war eines der auslösenden Momente dafür, den grauen Kapitalmarkt intensiver zu regulieren. Dazu hat die Bundesregierung am 28.7.2014 den *„Entwurf eines Kleinanlegerschutzgesetzes"* vorgelegt, ein Artikelgesetz, das eine Reihe bestehender Gesetzesregelwerke ändert und ergänzt. Art. 2 Kleinanlegerschutzgesetz-RegE (= Änderung des Vermögensanlagengesetzes) erfasst in § 1 Abs. 2 Nr. 5 n.F. Vermögensanlagengesetz Genussrechte, soweit sie nicht in Wertpapieren nach dem Wertpapierprospektgesetz verbrieft sind und auch nicht Anteil an einem Investmentvermögen nach § 1 Abs. 1 Kapitalanlagegesetzbuch sind. Auf Einzelheiten dieses nicht unumstrittenen Gesetzentwurfes ist vorliegend nicht einzugehen. Es darf jedoch darauf hingewiesen werden, dass in § 12 Abs. 3 S. 2 n.F. Vermögensanlagengesetz die Verpflichtung eingefügt werden soll, in die *„Ankündigung und die Bewerbung von öffentlich angebotenen Vermögensanlagen"*, die als solche bereits bestimmten Vorgaben entsprechen müssen, folgenden Text zusätzlich aufzunehmen: *„Der Erwerb einer Vermögensanlage ist mit nicht unerheblichen Risiken*

---

126 Vermögensanlagengesetz v. 06.12.2011, BGBl. I, S. 2481 bis zur Änderung d. d. Gesetz v. 04.10.2013, BGBl., S. 3746.

127 S. dazu auf der Internetseite der Behörde unter www.bafin.de, mit Verlinkungen unter *„Prospekte für Vermögensanlagen"*. Die Aufsichtsbehörde führt unter dieser Internetadresse auch eine Datenbank über *„Hinterlegte Vermögensanlagen-Verkaufsprospekt"*. S. auch *Maier/Ilka Meschkat/Carny*, Vermögensanlagen: Prospektprüfung und Vermögensanlagen für Verbraucher, BaFin Journal Oktober 2013, S. 13 ff., verfügbar unter www.bafin.de (Abruf: 01.11.2014).

128 S. dazu *Fußwinkel*, Grauer Kapitalmarkt: Rendite und Risiko – Marktabgrenzung, Regulierung und Verantwortung des Anlegers, BaFin Journal März 2014, S. 9 ff., s. www.bafin.de (Abruf: 01.11.2014).

verbunden und kann zum vollständigen Verlust des eingesetzten Vermögens führen. Grundsätzlich gilt: Je höher die Rendite oder der Ertrag, desto größer das Risiko eines Verlustes." Denselben Hinweis soll das Vermögensanlagen-Informationsblatt aufnehmen müssen, dessen Erhalt und Kenntnisnahme von dem Anleger unter Angabe von Ort und Datum unterschrieben werden muss (§ 13 Abs. 6 Vermögensanlagengesetz n. F.).

4. Schadenseingrenzung des Anlegers durch Haftungsansprüche gegen den Anlagevermittler bei fehlerhafter Beratung?

Der Präventivschutz des Anlegers soll also durch das Kleinanlegerschutzgesetz verbessert werden. Scheitert dieser, steht dem Anleger unter anderem auch ein Anspruch gegen den Anlagevermittler zu, soweit diesem eine Falschberatung bzw. ein Verstoß gegen die Grundsätze der „*anlegergerechten*" oder der „*anlagegerechten*" („*objektgerechten*") Beratung vorzuwerfen ist. Entsprechend gilt dies, wenn es an einer Dokumentation über die Belehrung und das Anlegerprofil fehlt.[129]

5. Teilweise Schadensliquidation in der Insolvenz bei Nachranganlage durch Aufstufung zur gewöhnlichen Insolvenzforderung?

Die bereits oben im Kontext mit Schneeballsystemen angesprochene und von der Judikatur bejahte Frage, ob dem Anleger ein Ersatzanspruch zustehen kann, obwohl er am Verlust beteiligt ist und sein Genussrecht bzw. Genussschein zudem nachrangig ist, ist um die Frage zu ergänzen, wie der Ersatzanspruch zu berechnen ist, d.h. nach dessen Höhe. Der BGH hat auch hierzu im Zusammenhang mit den Phoenix-Fällen geurteilt und darauf erkannt, der vertraglich begründete Ersatzanspruch des Anlegers bemesse sich nach der Differenz zwischen dem teilweisen Verlust der Anlage unter Berücksichtigung der ggf. bereits erhaltenen Rückzahlungen, d.h. bis zu 100% der ursprünglichen Rückzahlungsforderung.

129 S. hierzu z.B. OLG Brandenburg, Urteil vom 17.07.2013 – 7 U 120/12 sowie BGH, Urteil vom 29.04.2014 – XI ZR 130/13, Rn. 16 = BGHZ 201, 55 = ZIP 2014, 1324; Hinweis auf BGH, Urteil vom 06.07.1993 - XI ZR 12/93 = BGHZ 123, 126, 128 f.; in Erweiterung der zu ausländischen Wertpapieren ergangenen Entscheidung aus dem Jahr 1993 genügt es nicht, wenn die vermittelnde Bank lediglich den Inhalt eines Anlage(pflicht)prospekts zur Kenntnis nimmt, sie muss vielmehr selbst relevante Umstände in dem ihr möglichen und zumutbarem Umfang prüfen, um dem Verdikt der Haftung für Fehlberatung zu entgehen – oder den Anleger unterrichten, dies sei ihr nicht möglich.

Etwaige Verwaltungsgebühren und Verlustbeteiligungen können nicht berücksichtigt werden, da dies gegen Treu und Glauben verstoße.[130] Ein Widerspruch zu dem Urteil des 2. Zivilsenats zu II ZR 395/12 existiert nicht, vielmehr besteht der Ersatzanspruch nach diesem Urteil in der Höhe der „*Minderung des Rückzahlungsanspruchs*" (als Folge der Verlustteilnahme).[131] Der 2. Zivilsenat hat zwar zum Ausdruck gebracht, der Schadenersatzanspruch werde von dem auch dort vereinbarten Nachrang der Genussscheine ebenfalls erfasst;[132] dies gilt aber nicht, wenn die Nachrangabrede selbst, wie bei einem Schneeballsystem, nicht (mehr) wirksam ist.

6. Konfliktpotential des Gläubigerstreits in Sonderfällen?

Unter den Mezzaningläubigern kann es in der Insolvenz zu erheblichem Konfliktpotential kommen, wenn zwar generell Verlustbeteiligung, Rangrücktritt und Auszahlungssperren vertraglich vereinbart wurden, diese Regelungen aber nicht bei allen Finanzinstrumenten wirksam sind, so dass ggf. die einen Gläubiger eine Quote erhalten, die anderen nicht.[133]

VI. Zusammenfassung, Fazit

1. Genussrechte/Genussscheine sind schuldrechtliche Vermögensanlagen bei Unternehmen ohne gesellschaftsrechtliche Mitgliedschaftsrechte. Gesetzliche Regelungen gibt es praktisch keine. Entscheidend ist die privatautonome Gestaltung (durch den Emittenten im Einzelfall).

---

130 BGH, Urteil vom 10.04.2014 – IX ZR 176/13 = ZInsO 2014, 1051 = WM 2014, 988 = ZIP 2014, 1084; dazu *Cranshaw* jurisPR-InsR 12/2014, Anm.1.

131 S. BGH, Urteil vom 29.04.2014 – II ZR 395/12, Rn. 12, 40 = WM 2014, 1076.

132 BGH, Urteil vom 29.04.2014 – II ZR 395/12, Rn. 40 = WM 2014, 1076.

133 Vgl. die Insolvenz der Infinus AG Finanzdienstleistungsinstitut bzw. von dortigen Gruppenunternehmen; die I. hatte u.a. Genussrechte begeben, deren Nachrang ebenfalls nicht den Anforderungen standhalten soll, so dass sie gewöhnliche Insolvenzforderungen sind. Vgl. dazu *Desirée Backhaus*, Skandalfirma Infinus droht Gläubigerstreit, Finance Nachrichten v. 09.10.2014, www.finance-magazin.de/geld-liquiditaet/kredite-und-anleihen/skandalfirma-infinus-droht-glaeubigerstreit/ (Abruf: 1.11.2014). S. auch die Gläubigerinformation des Insolvenzverwalters v. 23.05.2014 unter www.infinus.de (Abruf: 1.11.2014). Da die Infinus ein beaufsichtigtes Finanzdienstleistungsinstitut ist, kam das Insolvenzverfahren auf Antrag der BaFin in Gang und wurde auf deren Antrag vom AG Dresden am 6.05.2014 (Az.: 561 IN 430/14) eröffnet.

2. In der Praxis werden sie regelmäßig eigenkapitalähnlich ausgestattet, prägend sind der Nachrang gem. § 39 Abs. 2 InsO, die vom Unternehmenserfolg abhängige Verzinsung und die Verlustbeteiligung des Genussrechtskapitals.
3. Den Emittenten geht es um die Stärkung ihrer Eigenkapitalseite, ohne den Anlegern Beteiligungsrechte einzuräumen. Das Genussrecht ist keine stille Beteiligung.
4. Es kann verbrieft und als Wertpapier (Genussschein als Inhaberschuldverschreibung) zum Börsenhandel nach Maßgabe der hierfür geltenden Regelungen zugelassen werden.
5. Das Genussrecht ist ein Produkt des sog. „grauen" Kapitalmarkts, der von Verkaufsprospekten, die eingeschränkt von der BaFin geprüft werden, abgesehen, keiner Aufsicht unterliegt.
6. Es eignet sich für erfahrene, kritische und risikoorientierte Anleger. Unzureichend ist, sich als Anleger allein durch ein ethisch einwandfreies Produkt des Emittenten und eine weit überdurchschnittliche Vergütung der Anlage verführen zu lassen. Gefordert ist der wache, idealtypische Investor der Marktwirtschaft, der seine Rechte und ökonomischen Optionen wahrt.
7. In der Insolvenz des Emittenten ist bei der üblichen Struktur der „Genüsse" mit einem Ausfall zu rechnen.
8. In der Praxis werden Genüsse verbreitet bei Aktiengesellschaften eingesetzt, aber auch als Hybridkapital bei Banken, ebenso aber auch bei kleineren Unternehmen mit z.T. problematischen Konstruktionen („*Naturalvergütung*" u.ä.). Die Rechtsform spielt keine Rolle.
9. Im Augenblick (Herbst 2014) ist bei kleineren Emittenten in volatilen Märkten wohl ein überdurchschnittliches Risiko für Anleger zu bejahen. Der eine oder andere Emittent mag sich ggf. fehlende Seriosität vorhalten lassen müssen, die im Schneeballsystem gipfelt oder in der „*wissentlichen Vernachlässigung des Rechnungswesens.*"
10. In der Presse wurden 2013/2014 Krisen-/Insolvenzfälle mit Ausfällen von Genussrechten wie auch von Anleihen bekannt. Die Medien diskutieren die Thematik auch unter dem Aspekt von (gescheiterten) „*Mittelstandsanleihen*".[134]

---

134 Vgl. etwa „*Verluste durch Anlagegeschäfte*", Rheinpfalz, Ludwigshafen, 12.02.2014, S. 2. Danach drohten verschiedenen kirchlichen Stellen der protestantischen und katholischen Kirche erhebliche Verluste durch betrügerische Anlagegeschäfte (Insolvenz Infinus). Man hatte sich durch hohe nicht marktübliche Zinsen und angebliche in ethisch einwandfreien Branchen („*Solar, Wind, Wasser, Müllrecycling*") zu tätigende Investitionen entgegen wohl der kaufmännischen Vorsicht verlocken lassen. S. auch *Röver/Günther* ZInsO Newsletter 1/2014, S. 3.

Die zitierte Literaturstimme weist darauf hin, dass diese Anlageform sich dynamisch entwickelt habe. Eine Untersuchung der DZ-Bank[135] von Anfang des Jahres 2014 weist 119 Emittenten aus, die ein Volumen von 6,5 Mrd. € mit einem Durchschnittszins (2013) von 7,46% p.a. begeben haben.[136] Angesichts der am Kapitalmarkt seit Jahren ansonsten nur erzielten niedrigen Zinsen ist offenbar, dass mit einer solchen Anlage strukturell ein höheres Risiko (= höhere Verlustwahrscheinlichkeit) einhergehen muss, da es jeder kaufmännischen Vernunft eines marktwirtschaftlich idealtypisch handelnden Unternehmens widerspricht, einem Investor ein Entgelt zu versprechen, das ggf. sogar ein Mehrfaches über dem marktüblichen Satz liegt. Dabei ist der Ansatz der gerade mittelständischen Unternehmen, ihre Refinanzierung bankunabhängiger zu strukturieren als es herkömmlich üblich ist, richtig; dies schon angesichts der restriktiven aufsichtsrechtlichen Regelwerke der Kreditwirtschaft (u.a. ausgehend von Basel III), die die Kreditvergabe schwieriger gemacht haben.

Die Stuttgarter Börse hat im Jahr 2010 eine Anleiheplattform „*bondm*" für Mittelstandsanleihen geschaffen,[137] weitere Börsen ebenfalls.

Die Gründe für die Krise der „Mittelstandsanleihen" sehen *Röver/Günther* in der zitierten Kurzdarstellung in der Strukturkrise der auf dem Segment der regenerativen Energien tätigen Unternehmen, die bevorzugt innovative Finanzprodukte begeben haben und in „*strukturellen Defiziten*" der Anleihen (unbesichert, insolvenzrechtlicher Nachrang), wozu die Autoren auch ungenügende

---

135 *Rohleder*, Unternehmensanleihen, Eine Research-Publikation der DZ-Bank AG v. 30.01.2014, verfügbar unter www.dvfa-blog.de (Abruf: 01.11.2014). 2013 seien „*42 Anleihen mit einem Gesamtvolumen von rund 2,2 Mrd. € begeben*" worden, a.a.O., S. 2. Die Spreizung der Einzelvolumina habe zwischen 8,1 Mio. bzw. 250 Mio. € gelegen bei einem Durchschnitt von 55 Mio. €, a.a.O., S. 2.

136 *Rohleder*, Unternehmensanleihen, vorige Fn., S. 2 f. Zur Risikolage: 14% des Volumens seit 2010 entfallen danach auf Insolvenzfälle, betroffen waren 910 Mio. € oder 14% des Bestandes. Der Autor meint daher in dieser Studie von Anfang 2014, die „Investitionen in diesem Segment [haben] überwiegend spekulativen Charakter", a.a.O., S. 4. Für Genussrechte bzw. Genussscheine dürfte dasselbe gelten, obwohl diese Instrumente in der Studie nicht ausdrücklich angesprochen werden.

137 *Röver/Günther* ZInsO Newsletter 1/2014, S. 3. S. auch die Informationen der Stuttgarter Börse zu „*bondm*" als „*erstes öffentlich-rechtlich überwachtes Handelssegment für Anleihen mittelständischer Unternehmen*". Die teilnehmenden Unternehmen sind zu „*fortlaufender Transparenz und Publizität*" verpflichtet, die die Regelungsmechanismen des Freiverkehrs übertreffen, vgl. unter http://www.boerse-stuttgart.de, mit Verlinkungen zu bondm (Abruf: 01.11.2014).

Ratings zählen und zudem „*vereinzelte Betrugsfälle*" ansprechen.[138] Dieser notwendig holzschnittartigen Kurzanalyse wird man zustimmen müssen, für die Genussrechte bzw. Genussscheine gilt das ohne Weiteres, wie die oben zitierten Beispiele der Praxis zeigen.

Auf eine Prüfung durch die BaFin kann sich der Anleger nicht verlassen, da dort de lege lata keine inhaltliche Prüfung des Anlageangebots stattfindet und die Behörde im Ergebnis auch nicht haftet.[139] Die Autoren der zitierten Analyse aus der Praxis erwarten auch in den Jahren nach 2014 weitere Krisen von Unternehmen, die Mittelstandsanleihen aufgelegt haben, eine Aussage, die für die nicht in Wertpapieren verbrieften Genussrechte und ähnliche Anlagen in derselben Weise gelten. Richtig ist, dass die Anleihegläubiger bzw. die weiteren Kapitalanleger (seien es Inhaber von unverbrieften Genussrechten oder Schuldscheindarlehensgläubiger) sinnvoll zum richtigen Zeitpunkt in den Sanierungsprozess eingebunden werden müssen, wenn dieser erfolgreich gestaltet werden soll, z.B. über einen Fortführungsinsolvenzplan. Bei einer Vielzahl von Anlegern, ob Anleihe oder nicht, kann es sinnvoll sein, dass diese ihre Interessen über einen Interessenvertreter bündeln, sei es ein gemeinsamer Vertreter[140] nach § 19 SchVG (soweit dies nicht schon in den Emissionsbedingungen vorgesehen ist), sei es (wie bei Schuldscheindarlehen sinnvoll) über einen Lenkungsausschuss („*steering committee*" o.ä.) bei Schuldscheindarlehensgläubigern und vergleichbare Strukturen.

---

138 *Röver/Günther* ZInsO Newsletter 1/2014, S. 3, 4 sowie die dortigen Beispiele von betroffenen Unternehmen.

139 Die BaFin erfüllt ihre Aufgaben und Befugnisse allein im öffentlichen Interesse, hat also kraft Gesetzes keine Amtspflicht im Sinne des deutschen Staatshaftungsrechts nach Maßgabe des Art. 34 GG, § 839 BGB, vgl. § 4 Abs. 4 Finanzdienstleistungsaufsichtsgesetz (FinDAG) v. 22.04.2002, BGBl. I, S. 1310 bis zu Art. 12 d. Gesetzes v. 15.07.2014, BGBl., S. 934. S. aus der Rechtsprechung zu der Thematik, die § 4 Abs. 4 FinDAG für grundgesetzkonform und für vereinbar mit dem europäischen Recht hält, BGH, Urteil vom 07.05.2009 - III ZR 277/08, Rn. 19, 21 ff., 25 = BGHZ 181, 12; BGH, Urteil vom 20.01.2005 - III ZR 48/01, BGHZ 162, 49, 59 - 66.

140 *Röver/Günther* ZInsO Newsletter 1/2014, S. 3, 5, zur „frühzeitigen" Einschaltung der Anleihegläubiger über einen gemeinsamen Vertreter.

Prof. Dr. Jan Roth*

Sanierungssteuerrecht

I. Begriff des Sanierungssteuerrechts

Der Begriff des Sanierungssteuerrechts ist nirgends legaldefiniert und das Gebiet des Sanierungssteuerrechts ist auch nicht in einem besonderen Gesetz kodifiziert. Der Begriff wird vielmehr verwendet, um eine Vielzahl von Problemstellungen zusammen zu fassen, die sich in steuerrechtlicher Hinsicht im Zusammenhang mit zivilrechtlichen Maßnahmen ergeben, die auf eine Sanierung oder wirtschaftliche Gesundung von Unternehmen gerichtet sind.

Die sich im Bereich des Sanierungssteuerrechts ergebenden Probleme sind zumindest auch Ausfluss der Unabgestimmtheit zwischen Steuerrecht und Insolvenzrecht. Zwar ist nicht jede Sanierung von Unternehmen, bei der sich sanierungssteuerrechtliche Fragen ergeben, gleichzeitig auch eine Sanierung im Rahmen eines Insolvenzverfahrens. In steuerrechtlicher Hinsicht ergeben sich aber bisweilen zwischen einer Sanierung im Rahmen eines Insolvenzverfahrens und einer außerinsolvenzlichen Sanierung keine oder nur geringfügige Unterschiede. Dadurch, dass der Gesetzgeber den Bereich des Insolvenzsteuerrechts praktisch völlig unkodifiziert und damit allein der nach wie vor in vielen Bereichen völlig uneinheitlichen Rechtsprechung und Literatur überlassen hat, hat er auch die Ordnung des Sanierungssteuerrechts der Rechtsanwendungspraxis überantwortet.

II. Sanierungsgewinne

1. Grundsatz: Besteuerung von erlassbedingten Gewinnen

Findet im Rahmen einer Fortführung des Unternehmens eine Sanierungsmaßnahme statt, so ist damit regelmäßig ein zumindest teilweiser Verzicht auf

---

* Der Autor ist Rechtsanwalt, Fachanwalt für Steuer- und Insolvenzrecht sowie Partner bei der Sozietät Jost · Roth · Collegen. Er ist zudem Honorarprofessor an der Christian-Albrechts-Universität zu Kiel sowie Lehrbeauftragter an der Goethe-Universität Frankfurt am Main.

Forderungen seitens der Gläubiger verbunden. Erlässt der Gläubiger dem Schuldner aus betrieblichem Anlass eine zu dessen Betriebsvermögen gehörende Schuld, führt deren Erlöschen (§ 397 Abs. 1 BGB) zur Erhöhung des Betriebsvermögens beim Schuldner und damit nach § 4 Abs. 1 S. 1 EStG zu einem steuerpflichtigen Gewinn.

a) Die gesetzliche Regelung des § 3 Ziffer 66 EStG a.F.

Durch den Erlass von Verbindlichkeiten entstehen Betriebsvermögensmehrungen, die den Gewinn des schuldnerischen Unternehmens erhöhen. Nach § 3 Ziffer 66 EStG a.F. waren Erhöhungen des Betriebsvermögens, die dadurch entstanden, dass Schulden zum Zweck der Sanierung ganz oder teilweise erlassen wurden, von der Einkommensteuer befreit.

Nach ständiger höchstrichterlicher Rechtsprechung setzte die Steuerfreiheit des Sanierungsgewinns voraus, dass das Unternehmen sanierungsbedürftig war, die Gläubiger in Sanierungsabsicht handelten und der Schulderlass sanierungsgeeignet war.[1]

Fehlte nur eine dieser Voraussetzungen, war das Vorliegen eines steuerfreien Sanierungsgewinns zu verneinen.

In Folge der Abschaffung von § 3 Ziffer 66 EStG wurden die Sanierungsgewinne vom Grundsatz her in vollem Umfange steuerpflichtig. Dadurch trat eine – vom Gesetzgeber wohl nicht bedachte – Erschwernis von Sanierungsvorhaben sowohl innerhalb als auch außerhalb von Insolvenzverfahren ein.

Allerdings hat der Gesetzgeber später zu erkennen gegeben, dass er mit der Aufhebung von § 3 Ziffer 66 EStG eine apodiktische Besteuerung der Sanierungsgewinne nicht hat herbeiführen wollen.

b) Sanierungserlass des BMF v. 27.03.2003

Daher hat das BMF im Einvernehmen mit den obersten Finanzbehörden der Länder mit Schreiben vom 27. März 2003 eine **Verwaltungsvorschrift** erlassen, die die **Anwendung der Billigkeitsregeln** für diese Fälle vereinheitlichen soll.[2] Dieses Schreiben setzt die Rechtsfolge des früheren § 3 Ziffer 66 EStG im Wege der Billigkeit - zum Teil - wieder in Kraft. Ein Sanierungsgewinn ist danach die Erhöhung des Betriebsvermögens, die dadurch entsteht, dass Schulden zum Zweck der Sanierung ganz oder teilweise erlassen werden. Voraussetzungen für

1 BFH, Urteil vom 14.03.1990 – I R 64/85 = NJW 1991, 944.
2 BMF-Schreiben vom 27.03.2003 – IV A 6 - S 2140 - 8/03 = DStR 2003, 690.

die Annahme eines begünstigten Sanierungsgewinns sind **Sanierungsbedürftigkeit** und **Sanierungsfähigkeit** des Unternehmens, die **Sanierungseignung des Schulderlasses** und die **Sanierungsabsicht der Gläubiger**.

Die OFD Hannover[3] weist zu Recht ergänzend darauf hin, dass die **Überschuldung** allein allerdings kein Grund ist, die **Sanierungsbedürftigkeit** anzunehmen, wenn die übrigen Umstände (eigene Umsätze, Umsatzrendite und Bruttorendite) einen Zusammenbruch des Unternehmens ausschließen und nicht von einer drohenden Zahlungsunfähigkeit auszugehen ist. Aus handelsrechtlichen oder gar nur steuerlichen Verlusten kann noch nicht auf die Sanierungsbedürftigkeit geschlossen werden.

Für die Frage der **Sanierungsfähigkeit** des Unternehmens und der Sanierungseignung des Schulderlasses sind alle Umstände zu berücksichtigen, die die Ertragsaussichten des Unternehmens beeinflussen können.

c) Stand der Rechtsprechung

Das **Finanzgericht Münster**[4] hat über das BMF-Schreiben vom 27.03.2003 hinaus die Auffassung vertreten, der Steuerpflichtige habe einen Anspruch auf **Erlass** der auf den verbleibenden Sanierungsgewinn entfallenden Steuern, wenn die Voraussetzungen eines steuerfreien Sanierungsgewinns i.S.d. § 3 Ziffer 66 EStG a.F. vorliegen und nach Ausschöpfung der ertragsteuerlichen Verlustverrechnungsmöglichkeiten ein Sanierungsgewinn verbleibt. Es genügt danach für die Sanierungseignung, wenn der Forderungserlass dem Einzelunternehmer ermöglicht, das von ihm betriebene Unternehmen aufzugeben, ohne von weiter bestehenden Schulden beeinträchtigt zu sein.

Ähnlich hat das **Finanzgericht Köln**[5] geurteilt, ein **Erlass** der auf Sanierungsgewinne entfallenden Steuern komme auch über das BMF-Schreiben vom 27.03.2003 hinaus in Betracht. Sachlich unbillig ist danach die Besteuerung des Gewinns aus dem Erlass von Schulden, wenn der Abzug des Verlustes aus der Entstehung der Schuld nicht möglich ist. Das BMF-Schreiben vom 27.03.2003 sei insofern zu eng gefasst, als es eine Unbilligkeit nur dann annehmen will, wenn ein Sanierungsgewinn vorliegt und die Sanierung unternehmensbezogen ist.

Nach Auffassung des **Finanzgerichts München**[6] sollen Billigkeitsentscheidungen der Finanzverwaltung auf der Grundlage des BMF-Schreibens vom 27.3.2003

---

3 Verfügung vom 11.02.2009 – S 2140 - 8 - StO 241 = DStR 2009, 532.

4 FG Münster, Urteil vom 27.05.2004 – 2 K 1307/02 = ZInsO 2004, 1322.

5 FG Köln, Urteil vom 24.04.2008 – 6 K 2488/06 = BB 2008, 2666.

6 FG München, Urteil vom 12.12.2007 – 1 K 4487/06 = ZIP 2008, 1784.

gegen den Grundsatz der Gesetzmäßigkeit der Verwaltung verstoßen. Für eine abweichende Festsetzung der Ertragsteuer bestünden weder sachliche noch persönliche Billigkeitsgründe. § 3 Ziffer 66 EStG a.F. sei vom Gesetzgeber bewusst und in Ansehung der historischen Entwicklung und Rechtsprechung abgeschafft worden.

Das **Finanzgericht Sachsen**[7] hat sich dem FG München angeschlossen. Die Argumentation ist identisch: Da der Gesetzgeber die Steuerbefreiung für Sanierungsgewinne nach § 3 Nr. 66 EStG a.F. für nach dem 31.12.1997 endende Wirtschaftsjahre abgeschafft hat, besteht seither nach dem Grundsatz der Gesetzmäßigkeit der Verwaltung wegen des ausdrücklichen Willens des Gesetzgebers im Regelfall keine Rechtsgrundlage mehr für den von der Verwaltung und Rechtsprechung praktizierten Einkommensteuererlass auf Sanierungsgewinne wegen sachlicher Unbilligkeit auf Basis des BMF-Schreibens v. 27.3.2003. Die Revision ist zugelassen und eingelegt worden.

Schließlich hat auch der **I. Senat des BFH** bisher keine Entscheidung über die Anwendbarkeit und die Reichweite der Verwaltungsanweisungen getroffen. In einer durch den I. Senat entschiedenen Streitsache ging es allein um die Festsetzung des Gewerbesteuermessbetrages.[8] Der sog. Sanierungserlass ist danach weder eine allgemeine Verwaltungsvorschrift der Bundesregierung noch eine allgemeine Verwaltungsvorschrift einer obersten Landesfinanzbehörde i. S. des § 184 Abs. 2 AO, so dass sich daraus für die Festsetzung des Gewerbesteuermessbetrags grundsätzlich keine Zuständigkeit des Finanzamtes zur abweichenden Festsetzung aus sachlichen Billigkeitsgründen nach § 163 S. 1 AO ergeben kann; zuständig dafür sind die Gemeinden. Ausdrücklich offen gelassen hat der I. Senat, inwieweit der Erlassgeber in Randnummer 15 des Sanierungserlasses ausschließlich die Stundung und den Erlass nach § 227 AO, nicht aber auch die abweichende Steuerfestsetzung gemäß §§ 163, 184 AO regeln wollte und dies auch nur bezogen auf die Gewerbesteuer, nicht aber auf den Gewerbesteuermessbetrag. Unbeantwortet geblieben sind ausdrücklich auch „die nach wie vor umstrittenen Fragen danach, ob der Sanierungserlass den Erfordernissen des allgemeinen Gesetzesvorbehalts sowie des unionsrechtlichen Beihilfeverbots … uneingeschränkt genügt".

---

7 FG Sachsen, Urteil vom 24.04.2013 – 1 K 759/1 = ZIP 2013, 2274.

8 BFH, Urteil vom 25.04.2012 – I R 24/11 = ZIP 2012, 1571.

2. Abweichende Festsetzung von Steuern aus Billigkeitsgründen (§ 163 AO)

§ 163 AO erlaubt es der Finanzbehörde ausnahmsweise, unter bestimmten Voraussetzungen Steuern aufgrund sachlicher oder persönlicher Besonderheiten des Einzelfalls abweichend von der gesetzlichen Regelung niedriger festzusetzen. § 163 AO betrifft das Festsetzungsverfahren.

3. Erlass nach § 227 AO

Gemäß § 227 AO können die Finanzbehörden Ansprüche aus dem Steuerschuldverhältnis ganz oder zum Teil erlassen, wenn deren Einziehung nach Lage des einzelnen Falls unbillig wäre. § 227 AO ist im Zusammenhang mit § 163 AO zu sehen. § 163 AO betrifft die abweichende Festsetzung von Steuern, während § 227 AO im Erhebungsverfahren verortet ist und somit den Erlass (unanfechtbar festgesetzter) Ansprüche betrifft. § 163 AO gilt nur für Steuern i.S.v. § 3 Abs. 1 Satz 1 AO, während § 227 AO alle Ansprüche aus dem Steuerschuldverhältnis (§ 37 AO) zum Gegenstand hat.

4. Unionsrechtliche Bedenken hinsichtlich des Sanierungserlasses

Die Europäische Kommission hat mit Beschluss vom 26.01.2011 die Unvereinbarkeit der deutschen Sanierungsklausel in § 8c Abs. 1a KStG mit dem Europäischen Beihilferecht festgestellt.

Es muss daher derzeit davon ausgegangen werden, dass der Sanierungserlass die Voraussetzungen des Art. 107 Abs. 1 AEUV erfüllt und somit eine grundsätzlich verbotene Beihilfe darstellt.

5. Praxishinweise hinsichtlich des Vorgehens bei Sanierungsgewinnen

Die Praxis steht gegenwärtig vor 3 Herausforderungen, wenn es um den Erlass von Steuerforderungen geht, die aus Sanierungsgewinnen resultieren.

a) Darlegung der Tatbestandsmerkmale des Sanierungserlasses

Die ***erste*** **Herausforderung** bezieht sich zunächst darauf, der Finanzverwaltung das Vorliegen der **Tatbestandsmerkmale des Sanierungserlasses** darzulegen.

b) Planungssicherheit – verbindliche Auskunft

Die ***zweite*** **Herausforderung** besteht darin, Planungssicherheit zu schaffen. Es ist deswegen notwendig, bereits im Zusammenhang mit der Sanierungsmaßnahme

Planungssicherheit dahingehend zu erhalten, dass die Finanzverwaltung die Sanierungsgewinne schlussendlich erlässt.

c) Europarechtliche Implikation

Die ***dritte* Herausforderung betrifft die europarechtliche Dimension**. Diesbezüglich ist darauf zu achten, dass ein etwaiger Erlass jedenfalls rechtzeitig und ordnungsgemäß durch die Finanzverwaltung bei der Europäischen Kommission angezeigt wird.

7. Unternehmensbezogene Sanierung versus unternehmerbezogene Sanierung

Abzugrenzen sind die Regelfälle, in denen Sanierungsmaßnahmen darauf gerichtet sind, ein Unternehmen oder einen Unternehmensträger (juristische oder natürliche Person) vor dem finanziellen Zusammenbruch zu bewahren und wieder ertragsfähig zu machen (= **unternehmensbezogene Sanierung**) von den daneben auftretenden Fällen, in denen sich die steuerlichen Auswirkungen bei Gesellschaftern (z.B. bei Personengesellschaften) oder Erben ergeben (= **sog. unternehmerbezogene Sanierung**).

Das BMF-Schreiben bezieht in seinen Anwendungsbereich nur solche Sanierungen ein, die unternehmensbezogen sind. Wird das Unternehmen nicht fortgeführt oder trotz der Sanierungsmaßnahme eingestellt, liegt eine Sanierung im Sinne dieser Verwaltungsanweisung nur vor, wenn die Schulden aus betrieblichen Gründen erlassen werden. Keine begünstigte Sanierung ist gegeben, soweit die Schulden erlassen werden (sollen), um ***dem Steuerpflichtigen*** oder ***einem Beteiligten*** einen **schuldenfreien Übergang in sein Privatleben** oder **den Aufbau einer anderen Existenzgrundlage** zu ermöglichen.

Der **Bundesfinanzhof hat dazu eine eigene Abgrenzung entwickelt**: Nach seiner Rechtsprechung[9] ist von einer unternehmerbezogenen Sanierung auszugehen, wenn dem Schuldner durch den Erlass eine schuldenfreie Liquidierung seines Unternehmens und der Aufbau einer Existenz in selbstständiger oder nichtselbstständiger Position ermöglicht wird, ohne dass er durch Schulden aus einer früheren unternehmerischen Tätigkeit belastet bleibt. Auf die Sanierungseignung des Unternehmens ist in diesen Fällen nicht abzustellen. Eine unternehmensbezogene Sanierung soll hingegen den Fortbestand des Unternehmens sichern. Es soll vor dem Zusammenbruch bewahrt und wieder ertragsfähig gemacht werden. Daran

9 BFH, Urteil vom 14.08.2010 – X R 34/08 = ZIP 2010, 1807.

fehlt es, wenn das Unternehmen seine werbende Tätigkeit bereits vor dem Schuldenerlass eingestellt hat.

8. Steuerliche Auswirkungen des Wegfalls von Verbindlichkeiten im Rahmen der Restschuldbefreiung

Die unklare Rechtslage bezüglich der Versteuerung stiller Reserven und der Sanierungsgewinne wirkt sich auch auf die steuerlichen Folgen der Restschuldbefreiung aus. Restschuldbefreiung kann natürlichen Personen auf Antrag erteilt werden, die ein Insolvenzverfahren durchlaufen und eine sechsjährige Wohlverhaltensphase (§ 287 InsO) durchlaufen haben. Wird die Restschuldbefreiung erteilt, so sind Insolvenzforderungen im Rang von § 38 InsO gegen den Schuldner nicht mehr durchsetzbar, § 301 Abs. 1 InsO. Von der Restschuldbefreiung sind auch Forderungen des Steuergläubigers erfasst.

III. Schicksal der Verluste bei Sanierungsvorgängen

1. Ermittlung des Verlustes

Verlust i.S.d. § 10d EStG ist der negative Gesamtbetrag der Einkünfte. Dabei sind die Vor-schriften über die abziehbaren Aufwendungen i.S.d. § 9 KStG (z.B. Spenden) und die nichtabziehbaren Aufwendungen des § 10 KStG wie Einkunftsermittlungsvorschriften anzusehen, d.h. sie sind bereits vor der Ermittlung des Gesamtbetrags der Einkünfte zu berücksichtigen.

2. Verlustrücktrag bei der Einkommensermittlung

Der Verlustrücktrag ist ab 2002 auf 511.500 Euro begrenzt. Durch den Verlustrücktrag verringert sich die Körperschaftsteuer für das Abzugsjahr. In der Handels- und Steuerbilanz ist die zu erstattende Körperschaftsteuer zum Schluss des Wirtschaftsjahres, in dem der Verlust entstanden ist, als Forderung zu aktivieren. Im Abzugsjahr ist die Körperschaftsteuer so zu berechnen und bilanziell so zu behandeln, als ob es einen Rücktrag nicht geben würde.

3. Ausschluss des Verlustabzugs nach § 8 Abs. 4 KStG a.F.

Der durch das UntStReformG 2008[10] aufgehobene § 8 Abs. 4 KStG verlangt für den Verlustausgleich i. S. d. § 2 Abs. 3 EStG und den Verlustabzug nach § 10 d EStG bei einer Körperschaft, dass sie nicht nur rechtlich, sondern auch wirtschaftlich mit

10 Unternehmenssteuerreformgesetz 2008 vom 14.08.2007, BGBl. I, S. 1912.

der Körperschaft identisch ist, die den Verlust erlitten hat. § 8 Abs. 4 KStG in der am 23. Dezember 2001 geltenden Fassung ist neben § 8c KStG in der Fassung des Artikels 2 des Gesetzes vom 14. August 2007 letztmals anzuwenden, wenn mehr als die Hälfte der Anteile an einer Kapitalgesellschaft innerhalb eines Zeitraums von fünf Jahren übertragen werden, der vor dem 1. Januar 2008 beginnt und der Verlust der wirtschaftlichen Identität vor dem 1. Januar 2013 eintritt (§ 34 Abs. 6 S. 3 KStG).

4. Schädliche Anteilsveräußerungen

Schädliche Übertragung von Anteilen sind sowohl der Verkauf von Anteilen als auch die Übertragung von Anteilen im Wege der Schenkung (auch im Wege der vorweggenommenen Erbfolge).

Hinsichtlich des Zeitpunktes der Übertragung von Anteilen ist auf den zivilrechtlichen Übergang der Anteile abzustellen. Das gilt sowohl für die Frage, wann die erste Übertragung stattfand, als auch für die Frage, wann der schädliche Anteil übertragen wird.

Der BFH berücksichtigt nur unmittelbare Anteilsübertragungen auf der Gesellschafterebene der Kapitalgesellschaft. Mittelbare Anteilsübertragungen bleiben bei der Feststellung der wirtschaftlichen Identität außer Betracht. Rz 28 Satz 1 des BMF-Schreibens vom 16.4.1999 ist damit überholt.

5. Zeitpunkt des Verlustes der wirtschaftlichen Identität

Der Verlust der wirtschaftlichen Identität trat erst im Zeitpunkt der schädlichen Zuführung des neuen Betriebsvermögens ein.

6. Zeitraum für die Zuführung neuen Betriebsvermögens

Nach der Rz. 12 des BMF Schreibens vom 16.04.1999 war die Zuführung neuen Betriebs-vermögens nach einem 5 Jahreszeitraum zu betrachten. Dieser beginnt zu dem Zeitpunkt, in dem der schädliche Anteilsverkauf stattfindet (der Verkauf, der zur Überschreitung der 50%-Grenze führt) bzw. die dem Hauptanwendungsfall gleich gestellten Vorgänge verwirklicht werden. Nach Auffassung des BFH setzt der Verlust der wirtschaftlichen Identität einen zeitlichen und sachlichen Zusammenhang zwischen der Übertragung der Geschäftsanteile und der Zuführung neuen Betriebsvermögens voraus. Bei einem zeitlichen Zusammenhang von bis zu einem Jahr hat der BFH eine durch den Steuerpflichtigen widerlegbare Vermutung eines sachlichen Zusammenhangs gesehen (Gesamtplan).

Das BMF sieht mit BMF- Schreiben vom 02.08.2007 unter Aufhebung der Tz.12 S. 2 des BMF- Schreibens vom 16.04.1999 einen zeitlichen und sachlichen Zusammenhang, wenn zwischen Anteilsübertragung und Betriebsvermögenszuführung nicht mehr als 2 Jahre (Zeitjahre) vergangen sind. Auch beim Überschreiten des Zwei-Jahreszeitraumes kann ein Verlust der wirtschaftlichen Identität eintreten, wenn ein sachlicher Zusammenhang zwischen der Anteilsübertragung und der Zuführung neuen Betriebsvermögens anhand entsprechender Unterlagen dargelegt werden kann.

In Sanierungsfällen ist die Zuführung neuen Betriebsvermögens unschädlich, auch wenn das Aktivvermögen vom Zeitpunkt der schädlichen Anteilsübertragung überstiegen wird.

7. Privilegierte Sanierungsfälle

Unschädlich ist die Zuführung neuen Betriebsvermögens in Sanierungsfällen. Die Finanzverwaltung verlangt jedoch gemäß BMF-Schreiben vom 16.4.1999, dass die Zuführung des Betriebsvermögens nur alleine der Sanierung dient und der Geschäftsbetrieb, der den Verlust verursacht hat, in einem nach dem Gesamtbild der wirtschaftlichen Verhältnisse vergleichbaren Umfang aufrechterhalten wird und die Körperschaft den Geschäftsbetrieb in diesem Umfang mindestens 5 Jahre lang fortführt.

8. Die Neuregelung des Verlustabzugs nach § 8c KStG

Die frühere Mantelkaufregelung des § 8 Abs. 4 KStG war in der Praxis schwierig zu handhaben. Der Gesetzgeber hat die Regelung mit dem Unternehmensteuerreformgesetz 2008 gestrichen und durch eine einfachere und zielgenauere Verlustabzugsbeschränkung für Körperschaften in § 8c KStG ersetzt. Der Neuregelung des § 8c KStG liegt der Gedanke zugrunde, dass sich die wirtschaftliche Identität einer Körperschaft durch das wirtschaftliche Engagement eines anderen Anteilseigners ändert.[11]

Ein für die Verlustnutzung schädlicher Beteiligungserwerb liegt nach dem Gesetzeswortlaut vor, wenn innerhalb eines Zeitraums von 5 Jahren, mittelbar oder unmittelbar mehr als 25 % (S. 1) bzw. mehr als 50% (S. 2) des Kapitals der Gesellschaft an einen Erwerber, an mehrere Erwerber, die als nahestehende Personen zu qualifizieren sind, oder an eine Gruppe von Erwerbern mit gleich gelagerten Interessen (S. 3) übertragen werden.

a) Schädliche Anteilsübertragung

Ein schädlicher Anteilseignerwechsel liegt vor, wenn – gemessen am Nennkapital – mehr als 25% der unmittelbar oder mittelbar (Unterschied zu § 8 Abs. 4 KStG

11 BT-Drucks. 16/4841, S. 76.

a.F.!) gehaltenen Anteile übertragen werden und die Übertragung der Anteile an **einen Erwerber** (§ 8c S. 1 1. Alt. KStG) oder **an einen Erwerber und diesem nahe stehende Personen (§ 8c S. 1 2. Alt. KStG) oder an eine Gruppe von Erwerbern mit gleichgerichteten Interessen (§ 8c S. 3 KStG) erfolgt**.

Eine Anteilsübertragung i.S.d. § 8c KStG kann jede entgeltliche oder unentgeltliche Übertragung sein, z.B. im Wege der Schenkung.

b) Quotaler Verlustuntergang

Bei einem schädlichen Beteiligungserwerb von mehr als 25% (mindestens 25,01%), aber weniger als 50% der Anteile der Verlustgesellschaft kommt es zu einem quotalen Verlustuntergang entsprechend der Höhe der schädlichen Anteilsübertragung. Dabei geht der Verlust anteilig verloren, der bis zum Zeitpunkt der schädlichen Anteilsübertragung entstanden war (§ 8c S. 1 KStG).

c) Vollständiger Verlustuntergang

Bei einem schädlichen Beteiligungserwerb von mehr als 50% (mindestens 50,01%) geht der zu diesem Zeitpunkt vorhandene Verlustvortrag der Körperschaft vollständig unter (§ 8c S. 2 KStG).

d) Mittelbarer Anteilseignerwechsel

Nach § 8c KStG sind mittelbare Anteilsübertragungen ausdrücklich mit in die Besteuerung einzubeziehen. Der Umfang des Anteilserwerbs bemisst sich bei mittelbaren Erwerben nach der durchgerechneten Beteiligungsquote.

e) Zeitpunkt des Erwerbs

Der Zeitpunkt des Beteiligungserwerbs oder des vergleichbaren Sachverhalts bestimmt sich nach dem Übergang des wirtschaftlichen Eigentums. Kapitalerhöhungen werden mit ihrer Eintragung ins Handelsregister wirksam. Die neuen Mitgliedschaftsrechte entstehen zu diesem Zeitpunkt.

f) Zusammenzurechnende Erwerber

Bezüglich der Berechnung der 25%-Grenze und der 50%- Grenze ist darauf abzustellen, ob die maßgeblichen Anteile durch eine Erwerbergruppe erworben wurden. Eine Erwerbergruppe bilden Gesellschafter, die einander nahe stehen und Gesellschafter, die über gleichgerichtete Interessen verfügen. Nahestehende Personen werden immer als Erwerbergruppe behandelt. Eine Zusammenrechnung erfolgt allerdings nur, wenn nicht bereits § 8c Satz1 bzw. 2 KStG zur Anwendung kommt.

g) *Erwerbergruppe mit gleichgerichteten Interessen*

Nach dem Gesetzeswortlaut gilt auch eine Gruppe von Erwerbern mit gleichgerichteten Interessen als Erwerbergruppe. Es ist Indiz für gleichgerichtete Interessen, wenn die Kapitalgesellschaft gemeinsam von den Erwerbern beherrscht wird.[12]

h) *Kapitalerhöhung mit Änderung der Beteiligungsquote*

Gem. § 8c Abs. 1 S. 4 KStG steht eine Kapitalerhöhung der Übertragung des gezeichneten Kapitals gleich, soweit sie zu einer Veränderung der Beteiligungsquoten am Kapital der Körperschaft führt.

i) *Unterjähriger Beteiligungserwerb*

Ob ein im Jahr des schädlichen Beteiligungserwerbs bis zum Übertragungszeitpunkt erwirtschafteter Gewinn (bzw. positiver Gesamtbetrag der Einkünfte) die der Verlustabzugsbeschränkung unterliegenden nicht ausgeglichenen oder abgezogenen negativen Einkünfte mindert, wird unterschiedlich beurteilt. Die Finanzverwaltung lehnt eine solche Rechtsfolge ab: Nach Tz. 31 des BMF-Schreibens vom 04.07.2008 unterliegt zwar ein bis zum unterjährigen schädlichen Beteiligungserwerb erzielter Verlust der Verlustabzugsbeschränkung (dort Satz 1); ein bis zum schädlichen Beteiligungserwerb erzielter Gewinn kann jedoch nicht mit noch nicht genutzten Verlusten verrechnet werden (dort Satz 2). Dem wird in der Literatur[13] teilweise zugestimmt. Das Hessische Finanzgericht[14] und ein anderer Teil der Literatur[15] sind allerdings gegenteiliger Auffassung und sprechen sich für eine Verrechnungsmöglichkeit aus. Der Bundesfinanzhof[16] hat sich zu Recht und mit überzeugender Argumentation der letztgenannten Auffassung angeschlossen.

j) *Konzernklausel*

Nach der eingeführten Konzernklausel liegt kein schädlicher Beteiligungserwerb vor, wenn an dem übertragenden und an dem übernehmenden Rechtsträger dieselbe Person zu jeweils 100 % mittelbar oder unmittelbar beteiligt ist. Hiermit

---

12 BMF-Schreiben vom 04.07.2008, BStBl I 2008, 736.
13 *Frotscher*, in: Frotscher/Maas, KStG, 126. Lfg., § 8c Rn. 78d.
14 Hessisches FG, Beschluss vom 07.10.2010 – 4 V 1489/10 = DStRE 2011, 289.
15 *Brandis*, in: Blümich, KStG, 126. Lfg., § 8c Rn. 56.
16 BFH, Urteil vom 30.11.2011 – I R 14/11 = DStR 2012, 458.

werden im Grundsatz schädliche Sachverhalte nach § 8c Abs. 1 S. 1-4 KStG innerhalb eines Konzerns ausgenommen.

aa) Übertragender und übernehmender Rechtsträger

Hierunter fallen insbesondere juristische Personen oder Personengesellschaften (in- und ausländische). Nach dem strikten Gesetzeswortlaut wäre eine natürliche Person nicht umfasst. Da nach dem Sinn und Zweck der Vorschrift keine Verlustverschiebung auf Dritte droht, dürfte diese auch für eine natürliche Person gelten.

Übertragender Rechtsträger i.S.d. Vorschrift ist jedenfalls bei unmittelbarer Übertragung der Anteile an der Verlustkörperschaft, derjenige Rechtsträger, der die Anteile bewegt. Übernehmender Rechtträger ist bei unmittelbarem Erwerb der Anteile an der Verlustkörperschaft der Übernehmer der Anteile an der Verlustkörperschaft und damit derjenige, der die Anteile aufnimmt.

bb) Übernehmender Rechtsträger bei Abwärtsverschmelzung

Der übernehmende Rechtsträger i.S.d. UmwG zum einen und im Sinne der Konzernklausel nach § 8c KStG zum anderen können auseinanderfallen, weil es nicht auf die Übernahme des Vermögens, sondern auf die Aufnahme der Beteiligung ankommt.

cc) Dieselbe beteiligte Person

Nach der Gesetzesformulierung muss dieselbe Person am übertragenden und übernehmenden Rechtträger zu 100% unmittelbar oder mittelbar beteiligt sein.

k) Beteiligung eines Dritten an der Kapitalgesellschaft als Rechtsträger

Nach dem Gesetzeswortlaut ist jede auch noch so kleine kapital-bzw. vermögensmäßige Beteiligung eines zweiten Gesellschafters am übertragenden bzw. übernehmenden Rechtsträger schädlich im Hinblick auf die Anwendung der Konzernklausel.

l) Verkürzung der Beteiligungskette

Bei der Verkürzung der Beteiligungskette in einer zweistufigen Zielstruktur überträgt die Tochtergesellschaft T 1 GmbH ihre Beteiligung an der Verlustkörperschaft V GmbH auf die Konzernmutter M AG. Die Übertragung kann im Wege der Einzelrechtsnachfolge (Veräußerung, Sachausschüttung, Liquidation, Schenkung) oder im Wege der Gesamtrechtsnachfolge (Aufwärts-oder Abwärtsverschmelzung der T-GmbH, Auf-oder Abspaltung unter Übertragung der Anteile an der V-GmbH auf die M-AG) erfolgen. Die T GmbH als übertragender Rechtsträger kann dabei bestehen bleiben oder erlöschen (so bei Verschmelzung und Liquidation). Die Konzernklausel kommt hier nicht zur Anwendung.

9. Verschonungsregelung

Die Verschonungsregelung setzt einen nach dem 31.12.2009 erfolgten schädlichen Beteiligungserwerb nach § 8c Abs. 1S. 1 oder 2 KStG voraus.

Nach § 8c Abs. 1 S. 6 KStG bleiben die nicht abziehbaren Verluste der Körperschaft abziehbar, soweit diese Verluste die anteiligen bzw. die gesamten zum Zeitpunkt des schädlichen Beteiligungserwerbs vorhandenen stillen Reserven des inländischen Betriebsvermögens der Körperschaft nicht übersteigen.

10. Sanierungsklausel gemäß § 8c Abs. 1a KStG

a) Suspendierung der Anwendbarkeit auf Grund Beschlusses der Europäischen Kommission

Die Europäische Kommission hat durch Beschluss v. 26.01.2011 die Sanierungsklausel der steuerlichen Verlustfallsregelung gemäß § 8c Abs. 1a KStG **rückwirkend** mit dem EU-Beihilferecht für unvereinbar erklärt. Das BMF hatte mit Schreiben vom 30.04.2010 bis zur Entscheidung der Kommission die Anwendung des § 8c Abs. 1 a KStG ausgesetzt.

Die Sanierungsklausel ist weiterhin anwendbar insoweit, als die Steuerfestsetzung vor dem 26.01.2011 erfolgt ist, der Beihilfebetrag 500.000 € nicht überschreitet, der Begünstigte zum 01.07.2008 kein Unternehmen in Schwierigkeiten war und die weiteren Voraussetzungen des Artikels 2 des Beschlusses der EU-Kommission vom 26.01.2011 erfüllt sind (§ 8c Abs. 1a KStG i.V.m. § 34 Abs. 7c Satz 3 Nr. 3 KStG).

b) Die Sanierungsklausel im Einzelnen

Nach § 8c Abs. 1 S. 1 KStG ist ein Beteiligungserwerb zum Zweck der Sanierung bei Anwendung von § 8c Abs. 1 KStG unbeachtlich. Bei einem nach § 8c Abs. 1a KStG begünstigten Beteiligungserwerb treten die Rechtsfolgen des § 8c Abs. 1 KStG nicht ein.

Der begünstigte Beteiligungserwerb führt weder unmittelbar zu einem Verlustuntergang noch ist er im Rahmen der Fünfjahresbetrachtung des § 8c Abs. 1 KStG mit anderen Erwerben zusammenzurechnen. Satz 2 der Vorschrift erläutert den Begriff der Sanierung. Die Sanierung ist eine Maßnahme, die auf die Verhinderung oder Beseitigung einer Zahlungsunfähigkeit oder Überschuldung gerichtet ist und zugleich die Erhaltung der wesentlichen Betriebsstrukturen sicherstellt.

Das Tatbestandsmerkmal der Erhaltung der wesentlichen Betriebsstrukturen wird in Satz 3 konkretisiert. Es muss zwingend eine der nachfolgenden drei Voraussetzungen[17] erfüllt sein: Abschluss einer geschlossenen Betriebsvereinbarung mit einer Arbeitsplatzregelung, Einhaltung einer bestimmten Lohnsumme, Zuführung von Betriebsvermögen durch Leistung von Einlagen in einer gesetzlich bestimmten Mindesthöhe.

17 *Brandis*, in: Blümich, KStG, 126. Lfg., § 8c 75 f.

Schriftenreihe des Centrum für Deutsches und Europäisches Insolvenzrecht Kiel

Herausgegeben von Stefan Smid, Silke Wehdeking und Mark Zeuner

Band 1 Stefan Smid (Hrsg.): Fragen des Deutschen und Europäischen Insolvenzrechts 10. Kieler Insolvenzsymposium. 2015.

Band 2 Sebastian Wilhelm Deichgräber: Gesellschaftsrechtliche Sitzverlegungen und haftungsrechtliche Begründungen internationaler insolvenzrechtlicher Zuständigkeiten. Zugleich ein Beitrag zur Verwendung in der Judikatur. 2012.

Band 3 Malte Engeler: Die zweigliedrige Personengesellschaft in der Insolvenz. 2012.

Band 4 Sebastian Müller: Verhandlungsgesteuerte Sanierung durch den prepackaged plan. Das Planinitiativrecht des Schuldners aus § 218 Abs. 1 S. 2 InsO als Ausgangspunkt steuer- und planbarer Gestaltungsprozesse. 2013.

Band 5 Christoph Pabst: Materielle Insolvenz – Die retrograde Ermittlung der Zahlungsunfähigkeit. 2013.

Band 6 Torsten Martini: Die Anfechtbarkeit der Zahlung der Vergütung des vorläufigen Insolvenzverwalters im Zweitverfahren. 2014.

Band 7 Stefan Smid: Zivilgerichtliche Verfahren. Grundlagen des Zivilprozesses und der Freiwilligen Gerichtsbarkeit. Ein Studienbuch. 2014.

Band 8 Philipp Schlenkhoff: Insolvenzgründe, Prognose und Antragspflicht. 2014.

Band 9 Alexander Bluhm: Die Anwendbarkeit und Auswirkungen der EU-Dienstleistungsrichtlinie auf Auswahl und Bestellung des Insolvenzverwalters. 2015.

Band 10 Karsten Andresen: Die objektiven Kriterien der Zahlungsunfähigkeit nach der Rechtsprechung des BGH und dem IDW. 2014.

Band 11 Rebecca Wolff: Stimmrechte im Insolvenzverfahren. 2014.

Band 12 Johannes Knop: Amtshaftungsansprüche bei insolvenzgerichtlichen Pflichtverletzungen. 2015.

www.peterlang.com

www.ingramcontent.com/pod-product-compliance
Ingram Content Group UK Ltd.
Pitfield, Milton Keynes, MK11 3LW, UK
UKHW021823290926
8980IPUK00004B/238

9 783631 668528